◎ 张明林 著

Industry Growth Mechanism in the Process of Industrialization of Agriculture

中国区域可持续发展文库

农业产业化进程中的产业链成长机制

科学出版社

北京

图书在版编目(CIP)数据

农业产业化进程中的产业链成长机制／张明林著．—北京：科学出版社，2010.8

(中国区域可持续发展文库)

ISBN 978-7-03-028471-6

Ⅰ．①农…　Ⅱ．①张…　Ⅲ．①农业产业化－研究－中国　Ⅳ．①F320.1

中国版本图书馆CIP数据核字(2010)第148968号

丛书策划：胡升华　侯俊琳　责任编辑：宋　旭　陈　超　赵　冰

责任校对：张　琪／责任印制：赵德静／封面设计：无极书装

编辑部电话：010-64035853

E-mail：houjunlin@mail.sciencep.com

科学出版社 出版

北京东黄城根北街16号

邮政编码：100717

http://www.sciencep.com

铭浩彩色印装有限公司 印刷

科学出版社发行　各地新华书店经销

*

2010年8月第　一　版　开本：B5（720×1000）

2010年8月第一次印刷　印张：11 3/4

印数：1—2 500　　字数：250 000

定价：32.00元

（如有印装质量问题，我社负责调换）

前　　言

本书是在我的博士论文《农业产业化进程中产业链成长机制》基础上修改而成。国内学者对农业产业化研究已经有近30年的历史，其中出现了大量优秀成果，前人对农业产业化组织微观研究已经非常深刻。我对农业产业化的研究始于2003年，当时我正在南昌大学攻读管理科学与工程专业的博士学位。时任江西省副省长、南昌大学管理科学与工程博士生导师胡振鹏教授将我引入农业产业化领域的研究。胡老师直入核心，指出农业产业化的发展关键在于农产品加工环节的壮大，并建议我从产业链的角度来研究其中观机制。国内外对农业产业化发展的中观机制研究文献不多，因而这样的研究会很有价值和意义。本书对农业产业链成长机制的研究，不仅包括对农业产业链成长中此长彼消力量的探索，还包括对农业产业链成长中的四个关键变量（技术创新、需求引导、交易费用、管理费用）相互作用的研究。该研究成果也为政府推进地方农业产业化发展提供了整体性的思维框架。

在胡老师的帮助下，我开始系统地学习杨小凯的新兴古典主义经济学及超边际分析方法。我永远记得和胡老师商谈论文中关于"农业产业链成长机制模型"的情景。在胡老师办公室，伴随着一支又一支点燃的香烟，在烟雾缭绕的房间里，思路一步步被打开，我认真聆听胡老师的教诲，不知不觉时间已到晚上十一点。我的另一名导师傅春教授，对我的博士论文也进行了认真的修改，并不断完善论文内容。在本书付梓之际，我要再次对他们表示由衷的感谢。

在本书出版之际，我要感谢江西师范大学对本书的出版提供的赞助；感谢科学出版社宋旭和陈超女士所做的努力；感谢我的妻子肖敏红女士，她最了解我为这本书付出的心血。

张明林

2010年4月20日

于江西师范大学

目　　录

第一章

绪　论

第一节　农业产业化经营的内涵与意义

一、农业产业化经营的内涵

20 世纪 70 年代，泰国正大饲料公司为了开辟中国市场，开始向农户提供技术服务和生产资料，在农户家庭中发展养鸡，这就是“正大模式”。1988 年 8 月，《人民日报》发表了题为“公司 + 农户 · 新的生长点”的文章，第一次正式概括了“公司 + 农户”的模式。1995 年《人民日报》发表的社论“论农业产业化”，将其定义为：以国内外市场为导向，以提高经济效益为中心，对当地农业的支柱产业和主导产品实行区域化布局、专业化生产、一体化经营、社会化服务、企业化管理，把产供销、贸工农、经科教紧密结合起来，形成一条龙的经营体制。同年，农业部主编的《中国农业发展报告'95》第一次明确阐述了农业产业化的基本内涵：在市场经济条件下，通过将农业生产的产前、产中、产后诸多环节联结整合为一个完整的产业系统，实现种加养、产供销、贸工农产业化经营，提高农业的增值能力和比较利益，形成自我积累、自我发展的良性循环发展机制。显然，这两个概念的内涵非常广阔，更侧重于宏观的角度，但在具体操作上存在着一定的困难。从此以后，政府官员与经济理论界对它本质和内涵的探讨到目前为止没有停止过。据不完全统计，关于农业产业化的概念至少有数十种，下面是几种有代表意义的看法。

温家宝在 2000 年召开的全国农业产业化会议上作的发言认为，“农业产业化经营是以市场为导向，以家庭承包经营为基础，依靠各类龙头企业和组织的带动，将生产、加工、销售紧密结合起来，实行一体化经营”，“发展农业产业化的关键在于形成利益共享、风险共担的经营机制”。

陈耀邦认为：农业产业化经营的本质就是延伸农业产业链，从田头到市场，把第一、第二、第三产业联结起来，强调农业产业化经营本质上就是一体化经营。

牛若峰（2002）和夏英（1998）认为，农业产业化是农工商、产供销一体化经营的简称，是以市场为导向，以加工企业和合作经济组织为依托，以农户为基础，通过将农业再生产过程中的产前、产中、产后诸环节连接为一个产业系统，实行产供销一体化经营。它强调以各参与主体互惠互利为准则，协同经营产、供、销构成的整个产业链条，并引导分散的农户小生产转变为社会化的大生产，形成风险共担、利益共享的经营机制。实际上，农业产业化经营是在农业劳动分工高度发达的基础上一种更高层次的经营方式，是一系列制度安排的总和，通过风险共担、利益共享的经营机制作用可以使产业链各环节分得平均利润。

陈吉之（1996）认为，农业产业化是市场化、社会化、集约化的农业。市场化农业是指以市场为导向，根据市场需求调整产业结构及其产量；社会化农业是指将“分散、互不联系的个别生产转变为相互联系的社会化过程”；集约化农业是指通过更多的科学技术、资金、劳动等要素的投入，提高其经济效益。农业产业化是农村分工不断深化的产物，是从传统农业走向现代农业的具体形式，是专业化、社会化和一体化的统一体。专业化是产业化的基础，社会化是产业化的主体，而一体化又是由社会化衍生出来的。

林毅夫（2000）指出，农业产业化是市场经济条件下适应生产力发展要求的产业组织形式，实质就是生产的专业化。当某些农户实行专业化经营之后，规模经济越来越大，生产成本就越来越小，从而使得那些非专业化农户的生产行为变得不合算，因此农业产业化就成了经济发达地区的必然选择。

樊纲（2004）认为，作为一种产业的农业，应该和其他产业一样存在规模经济并获得一份平均利润，这样才能使农业投资具有微观经济的合理性和持续性，才能与其他产业的投资成比例地不断增长。他和林毅夫都认为，通过产业化，农户的生产规模扩大，从而获得了规模报酬。

胡鞍纲回避了农业产业化的定义，但他强调了“农业企业化”，认为农业企业化是实现中国农村现代化的重要途径。他认为农业产业化是以市场为导向，以经济利益为中心，以主导产业、产品为重点，优化组合各种生产要素，实行区域化布局、专业化生产、规模化建设、系列化加工、社会化服务、企业化管理，形成种养加、产供销、贸工农、农工商、农科教一体化的经营体系①。这一定义和上面《人民日报》中提到的定义极其相似。

① 见生秀东在《中州学刊》2001年第6期的文章“20世纪90年代农业产业化研究理论进展”

二、对我国农业产业化经营内涵观点的评析

上述政府官员和学者对农业产业化的认识虽然存在着许多差异，但仍然存在一些共识。他们都认为农业产业化是社会分工不断深化、农业专业化水平不断提高的结果，因此，从某种意义上讲，农业专业化是农业产业化的前提条件和基础，农业分工越深化，农业产业链环节就越多，而将这些环节联结起来统一经营就必须进行制度安排或组织创新。

总体上，我国学者对农业产业化经营的认识分为两派观点：市场化观点和一体化观点。市场化观点通常是从长远和宏观角度来认识农业产业化，一体化观点主要从微观角度对农业产业化进一步进行探讨。为了区分两类不同的看法和观点，人们将宏观视角的农业产业化称为农业产业化，将微观视角的农业产业化称为农业产业化经营。前者侧重于对农业产业化对区域经济和社会发展的意义及政府对农业产业化发展的重要作用的研究，陈吉元、林毅夫、樊纲、胡鞍纲等的观点可归于此类；后者侧重于对产业化组织模式、运行机制和生产经营战略的研究，牛若峰和夏英的观点可归于此类。由于宏观视角的农业产业化在现实生活中难于操作，目前人们更倾向于农业产业化经营的概念，比如说，我国农业部在对农业产业化的经营现状进行调查时，其调查指标是基于企业与农户的利益联结关系而设定的。

笔者认为，农业产业化经营的直接主体是龙头企业、中介组织和农户，其中，龙头企业处于支配地位，农户往往处于被支配地位。龙头企业面临的任务主要有两个：一方面是通过组织创新或制度安排联结农户，即组织管理的任务；另一方面就是分析不确定的外部环境，寻找和捕获市场机会，制定战略，即生产经营的任务。当前大部分学者的研究视角集中于前者，甚至认为农业产业化经营的过程就是农业组织演变和创新的过程，只有丁力、胡定寰等少量学者认识到农业产业化经营中生产经营职能的重要性。笔者认为农业产业化经营重点在于“经营”，如果龙头企业缺乏把握市场机会的能力，无论采取怎样的组织结构，无论怎样节约交易费用，都无法将农业产业化经营推向深入。

三、农业产业化经营对国民经济发展的重要作用

农业产业化经营的出现和兴起被认为是我国改革开放以来农业经营体制的重大创举。改革开放以来，我国启动了“家庭联产承包经营”和“农产品市场化”两项改革措施，这极大地调动了农户的生产积极性。而随着农业生产的快速发展，原有计划经济体制时代的流通体系已经难以适应市场化条件下农业发展的需求，农户与市场之间缺乏有效的联结机制，“小农户与大市场”的矛盾日益凸

现。1987 年，山东省诸城市首先提出“商品经济大合唱”以及“贸、工、农一体化”的发展思路。1993 年，山东省潍坊市就提出“确立主导产业、实行区域化布局，专业化生产，依靠龙头企业带动，发展规模经营”的地方发展战略。1995 年，《人民日报》在头版报道了山东潍坊农业产业的发展经验，并配发了社论——“论农业产业化”。此后，这一现象引起了各级政府、经济理论界等社会各界的广泛关注和重视，农业产业化经营实践活动也在各地逐渐生起、成长，到目前已经形成燎原之势，从而对我国的农业生产格局产生深远的影响。党的“十五大”报告提出，要“积极发展农业产业化经营，形成生产、加工、销售有机结合和相互促进的机制，推进农业向商品化、专业化和现代化转变”。党的十六届三中全会提出“鼓励工商企业投资发展农产品加工和营销，积极推进农业产业化经营，形成科研、生产、加工、销售一体化的产业链”。2005 年温家宝总理在《政府工作报告》中指出：“推进农业区域化布局、专业化生产和产业化经营，大力发展特色农业，加快发展农产品加工业。”2006 年 3 月 5 日，温家宝总理作的《政府工作报告》再次强调：“继续调整农业结构，积极发展畜牧业，推进农业产业化，大力发展农业第二、第三产业，特别是农产品加工业，壮大县域经济。”由此可见，农业产业化经营已经成为我国农村经济发展的重要战略任务，是我国传统农业向现代农业转型非常重要的现实途径。

（一）农业产业化经营是提高农民收入的重要途径

我国是一个农业大国，农业人口占全国总人口的 2/3，占世界农业人口的 1/3，2000 年全国农民人均纯收入的一半是农业收入，西部地区农民人均收入 60% 以上是农业收入，贫困农民比例高达 70% ~80%。近年来，由于农产品价格指数持续下降，农民人均农业收入，尤其是贫困地区和贫穷农民收入受到严重影响。实行农业产业化经营，有利于解决小规模经营与采用科学技术的矛盾，形成一种新型的科技成果推广应用体系，促进传统农业向现代化农业的发展，从而提高农业生产力，增加农民收入。推进农业产业化经营，也可以改变原有分散的、细小的传统农业的生产方式，通过各种形式的农民合作经济组织和专业协会，把千家万户的农民联合起来，实现信息、技术共享，并将第一、第二、第三产业融为一体，通过规模经营和多层次加工实现农产品重复增值，使农民可以分享加工业和服务业的部分利润，从而增加农民收入，提高农业的比较效益。

（二）农业产业化经营有利于提高农业国际竞争力

我国加入 WTO 后，农产品市场开放程度进一步提高，面临的来自美国等农产品主要输出国家的竞争压力越来越大。由于我国农产品生产技术条件比较落后，分散作业的农户常常不按技术标准来生产农产品，许多出口农产品不符合进口国的技术标准。2002 年，日本、韩国、欧盟都曾设置技术壁垒以封杀我国有一定竞争优势的农产品，使得我国农产品出口大受影响，这实际上是我国农业国际竞争力偏低的体现。

应该说，农业产业化经营是提高我国农业国际竞争力的重要途径。龙头企业通过组织农户实行专业化、标准化和规模化生产，充分发挥家庭经营和农村劳动力成本较低的优势，再通过精深加工和提高科技含量，生产出一批有较强竞争力的名牌农产品，在国内外市场中参与竞争，既提高了农业的总体效益，又提高了农业企业的经济效益。

（三）农业产业化经营是农业结构调整的重要带动力量

农业结构战略性调整是对农产品的品种和质量、农业区域布局、产后加工转化进行全面调整的过程，也是加快农业科技进步、提高农业劳动者素质、转变农业增长方式、促进农业向深度进军的过程。当前，我国农产品品质普遍低下，各地区农业产业结构特征比较趋同，农、林、牧、副比例失调，农业经济结构亟须调整。发展农业产业化经营，通过“合同”、“订单”等形式，不仅可以有效地解决农民的“卖难”问题，还可以带动千家万户按照市场需求，进行专业化、集约化生产，避免分散的农户自发调整结构所带来的盲目性和趋同性，全面推进新阶段我国农业的技术创新、组织创新和制度创新。

（四）农业产业化经营是促进农业工业化的主要方式

农业产业化的重要意义在于改变农业的弱质地位，提高农业的规模化效应和竞争质量，促使农业突破传统的生产范围，向加工业、商业等领域拓展，形成生产、加工、科技、服务、销售的产业链，并逐步走向现代农业。而农产品加工业涉及食品、中药、化工等多个部门和产业，通过农业产业化经营，龙头企业和专业合作组织与千家万户建立多种形式的联合与合作，在不改变家庭承包经营的前提下，引导分散经营的小规模农户组成专业生产联合体和大规模的农产品生产基地，从而将农业和工业联结起来，在县域范围内形成食品、药品、纺织、化工等产业集群，从而促进地方特色经济的快速发展。

（五）农业产业化经营为建设社会主义新农村提供物质保证

目前，我国已经进入一个新时期，我们面临着全面建设社会主义小康社会和建设社会主义新农村的艰苦挑战。但我们必须清楚地看到，目前国家财政收入虽然有了较大的提高，具备一定的向农村转移支付的能力，但我国农村覆盖面广，我国经济底子长期比较薄弱，尤其一些欠发达地区的地方财政收入不高，是典型的“吃饭财政”，支持新农村建设的财政资金仍然比较紧张，大部分公共用品建设仍需要农村基层和农户的资金支持与配合，农民只有具备一定的收入来源，才能大力促进社会主义新农村建设。因此，大力发展农业产业化经营，可以从根本上提高我国的农业素质，增加农民的收入，提升农民的需求层次，从而为我国社会主义新农村建设提供物质保障。

第二节　我国农业产业化经营的发展现状

一、我国农业产业化经营快速发展

（一）农业产业化经营组织对农户的带动作用在增强

近年来，我国农业产业化组织数量不断增加，由 1996 年的 11 824 个，增长到 2002 年的 94 000 个；带动农户占全国农户总数的比例也不断增大，由 1996 年的 10%，增加到 2002 年的 30.5%；每户农户从农业产业化经营中增加的收入由 1998 年的 800 元，增加到 2002 年的 1000 元左右（表 1-1）。

表 1-1　农业产业化经营组织及其对农户的带动作用

指标	1996 年	1998 年	2000 年	2002 年
农业产业化经营组织总数/个	11 824	30 344	66 000	94 000
带动农户数目/万户	1 995	4 923	5 900	7 200
带动农户约占全国农户总数目比例/%	10	15	25	30.5
每户从农业产业经营中增加的收入/元	—	800	900	1 000

资料来源：农业部产业化办公室调查资料汇编。

（二）农业产业化经营组织的地区分布日趋合理

近年来，农业产业化经营组织分布在发生变化，从空间的维度来看，我国东部、中部、西部地区农业产业化组织数目自 1996 年以来在不断地增加，但西部地区增长幅度最大，因此其所占的比例也逐年上升，由 1996 年的 7.4%，增加到 2002 年的 23.3%。东部、中部、西部三大地区农业产业化发展逐渐呈现三足鼎立之势（表 1-2）。

表 1-2 农业产业化经营组织的地区分布特征变化

年份	分布	合计	东部	中部	西部
1996	组织数目/个	11 824	6 613	4 334	877
	地区分布/%	100	55.9	36.7	7.4
1998	组织数目/个	30 344	14 588	13 588	2 188
	地区分布/%	100	48.07	44.78	7.15
2000	组织数目/个	66 688	32 344	21 198	13 146
	地区分布/%	100	48.5	31.8	19.7
2002	组织数目/个	94 000	42 582	29 516	21 902
	地区分布/%	100	45.3	31.4	23.3

资料来源：农业部产业化办公室调查资料汇编。

（三）龙头企业数量与规模都得到提升

从龙头企业来看，其总体发展势态比较良好，其固定资产、销售收入、利润、数量都在增长。2000 年，龙头企业固定资产为 3072 亿元，到 2002 年为 4693 亿元；2000 年，龙头企业销售收入为 5900 亿元，到 2002 年为 9461 亿元；2000 年，龙头企业利润为 223 亿元，到 2002 年为 264 亿元；2000 年，销售收入过亿元的龙头企业个数为 1186，到 2002 年为 1762（表 1-3）。

表 1-3 我国龙头企业发展状况

年份	固定资产/亿元	销售收入/亿元	利润/亿元	销售收入过亿元龙头企业/个	省级龙头企业/个
2000	3072	5900	223	1186	1043
2002	4693	9461	264	1762	—

资料来源：农业部产业化办公室调查资料汇编。

二、我国农业产业化经营与发达国家相比还存在差距

美国早在 20 世纪之初就开始出现公司与农场相结合的农业产业化经营模式，第二次世界大战结束后到 20 世纪 60 年代的 20 年间是美国农业产业化迅速发展和完善的时期。在此期间，美国禽类产品已实现完全工业化，其他农产品生产部门中垂直一体化和市场契约方式已经非常明显，到今天，美国的养牛业、养猪

业、奶业、种植业都基本实现了农业产业化经营。因此，我国与美国等发达国家的农业产业化经营还存在很大差距，具体表现在以下几个方面。

（一）龙头企业存在差距

与发达国家龙头企业相比，我国农业产业化龙头企业在规模、科技、产品质量、品牌等方面普遍较弱。根据美国《财富》杂志2002年3期公布的数据，世界食品加工业50强中，排名前三位的是美国的菲利普－莫里斯（年销售收入729亿美元）、瑞士的雀巢公司（年销售收入502亿美元）、英国荷兰的联合利华（年销售收入461亿美元），而我国最大的重点龙头企业年销售收入只有100多亿人民币。总体上看，目前我国80%的农业企业的技术装备水平尚处于发达国家20世纪七八十年代的平均水平，15%左右处于20世纪90年代水平，只有5%左右达到国际先进水平。

（二）农业产业链存在差距

与发达国家相比，我国农业产业链存在的差距表现在以下几方面。

1. 农业产业链松散、脆弱、联系不紧密

农业产业链的发展强调相关行为主体相互协作、相互联系。在我国，长期的计划经济体制造成生产、加工、销售部门之间条块分割，从而人为地割断了农业产业链行为主体之间的信息交流，致使我国农业产业链松散，联系不紧密。而农业产业链松散的结果就是，市场不能为消费者提供有效的产品，生产者抱怨产品卖不出去，消费者抱怨买不到想要的产品。此外，在我国，加工企业和销售企业与农户的联结机制常常不稳定，双方违约率都比较高，这也是农业产业链脆弱性的重要体现。

2. 农业产业链呈“哑铃”结构，两头稍强、中间很弱

在农业产业链的上端是农产品生产环节，中间环节是加工环节，末端是销售和消费环节。长期以来，我国比较重视农产品生产，这一环节相对较强。改革开放以后，农产品市场体系逐步建立，农业销售和消费环节不断增强，但农业加工环节却一直处于非常薄弱的境地，农业产业链呈现两头稍强、中间很弱的现象。2003年，我国农产品加工业产值达3.1万亿元，比上年增长17%，占整个工业产值的22.4%。发达国家农产品加工业的产值与农业产值的比例平均为2∶1～4∶1，而我国只有0.8∶1，我国初级农产品加工率为20%左右，其中二次以上的深加工还不到一半，而发达国家加工率达80%甚至90%。发达国家的种植业、

养殖业产品加工成食品的比例都在30%以上，而我国仅为2%～6%。美国玉米深加工量占玉米总加工量的比例已达15%～20%，可加工出2000多种产品，而我国深加工比例仅9%，只能加工出100多种产品。

3. 区域之间产业链雷同，短而窄，且缺乏多样性

尽管我国区域间资源分布不平衡，各地都有自己的特色农产品，但我国大部分区域都能生产水稻、小麦、大豆等主要粮食产品，鸡、鸭、猪、牛等传统禽畜类产品和棉花、麻类、毛类、茧丝等纤维类产品，这三大类型构成我国农产品的主流。目前，由于我国各区域之间三大类型产业链短而窄，且差异极小，我国农产品过度竞争严重，农业比较效益低下。就粮食产业链来说，绝大部分地区是以粮食生产－粮食销售的两结点产业链为主，与发达国家相比，其宽度和深度还远远不够，极度缺乏产业价值链的多样性。禽畜类产业链相对宽长些，但产业链中间的加工环节仍非常薄弱；以棉花为代表的纤维类产业链最长，但与发达国家相比，其宽度和深度还远远不够，极度缺乏产业价值链的多样性。

（三）农业组织化程度存在差距

目前，我国农户经营规模小，分散化程度高，投资能力弱，经营手段和经营方式落后。农村人多地少，以农户家庭经营为主体，户均拥有土地0.5公顷，其中耕地不足0.2公顷，而美国户均耕地近200公顷。因此，大力发展中介组织，将千家万户的农民联结起来，有着尤其重要的意义。发达国家制定了较完备的合作社法，合作社依法从事生产、加工、销售活动，合作社已经成为农业产业化经营中的一个主要模式。而我国农村各类中介组织发展缓慢，目前加入各类农民专业合作经济组织的农户占全国农户总数的比率还很低，而且大部分的农民专业合作经济组织是没有产权关系的、松散型的自我技术服务性团体。

（四）农业产业化经营主体技术创新能力存在差距

目前，我国龙头企业的科技含量普遍较低，科技投入少，在农产品精加工、包装、营销、品牌管理等方面缺乏有力的技术支撑，其产品研发能力还很低，新开发产品还很少。美国每年向市场推出的新食品为12 000～15 000种，如美国开发的大豆加工产品1万多种，我国不过几百种。美国开发玉米3000多个品种，我国只有100多个品种。我国农产品专用程度和品质不能满足加工业的需求，直接影响了农产品加工的质量和加工品种的开发，因此，我国农业产业化经营主体技术创新能力与发达国家相比，存在非常大的差距。

第三节 我国学者对农业产业化经营的研究内容与重点

一、农业产业化经营组织模式

对农业产业化经营组织模式及其适用性的研究一直是我国学者研究的一个重点。张雪梅（1999）认为我国目前主要有两种农业产业化经营组织模式："公司+农户"模式和合作社模式。这两种模式在不同的空间和时间条件下又会产生许多具体形式。"公司+农户"模式是以一个技术先进、资金雄厚的公司为龙头，以分散的农户生产为基地，利用合同形式，把农户生产与公司加工、销售联结起来的一种模式。合作社模式是在家庭经营的基础上，按照合作制经济原则将分散的农户组织起来的一种模式。农业产业化经营组织模式的选择取决于农业生产力的发展水平，不同的生产力发展水平下，应该选择不同的产业化组织模式。经济不发达地区，由于公司与农户的地位非常不对称，双方容易引发矛盾和冲突，因此，合作社模式是更好的选择。而在经济发达地区应该选择"公司+农户"模式。胡定寰（1997）把农业产业化经营组织模式归纳为公司带动型、市场带动型、主导产业带动型、中介组织协调型、合作组织带动型、现代农业综合开发型等。王滔（2002）博士学位论文将其归纳为四种基本类型："公司+农户"或"公司+中介组织+农户"、"合作经济组织+农户"、"农村专业技术协会+农户"、"专业批发市场+农户"。夏英（1998）按照企业的一体化经营程度将农业产业化经营组织模式划分为完全垂直一体化模式、垂直协作模式和合作社模式。翟有龙（2004）总结嘉陵江流域农业产业化经营组织模式包括"农户+专业批发市场"、"公司+基地+市场"、"公司+农户+市场"、"风险投资公司+农户+市场"、"农业科技公司+农户+市场"、"农业经济合作组织+农户+市场"、"农业中介机构+农户+市场"、"农业专业协会+农户+市场"、"公司+合作社+农户"。王寒笑（2004）对中国肉鸡行业产业化组织形式进行了比较，指出"公司+农户"模式、"公司+基地+农户"模式、"公司+专业合作社+农户"模式、"公司+经纪人+农户"模式的优点和缺点，得出多元素参与将是我国肉鸡行业产业化组织形式的演变方向。周立群和曹利群（2002）通过对山东省莱阳市农业产业化的调查发现，在农业产业化之初，农村经济组织形式主要是合作社和"公司+农户"模式，但这两种组织形式存在着一些缺陷。前者主要受制于资金不足和缺乏抵押性资产；后者主要是契约不能对当事人构成有效约束。为了克服这些缺点，有必要引入组织中介，形成新的组织形式——“公司+合作社+农户”或“公司+大户+农户”。

二、农业产业化运行机制

不同的学者对农业产业化运行机制从不同侧面进行了论述。牛若峰（2002）认为需要从五个方面保证农业产业化经营的正常运行。①组织运行机制。以龙头企业为核心，通过利益吸引农户，形成一个良性互动、自我发展的共同体或组织。②合同约束机制。通过合同的形式规定公司与农户之间的权利与义务，保证合同双方遵守规定。③利益分配机制。在利益分配上按照公平、公正的原则，形成以龙头企业为核心、各利益主体共同分享利润的分配格局。④制度保障机制。制定各种法律或规章制度，保证合同有效实施。⑤风险分摊机制。各利益主体分别承担相应风险，通过设立风险基金来规避风险。

丁力（1997a）指出，利益机制在农业产业化经营中始终处于核心地位，它直接影响人们对农业产业化经营的现象和本质的把握，关系到对农业产业化经营的政策和方针的确定。我国农业产业化经营利益机制形态主要包括龙头企业与农户利益机制、农村合作经济组织与农户的利益机制、农民办的股份经济组织与农户的利益机制。评判利益机制的标准有两个：第一要看农业产业化经营系统中经济联系是否是市场交换关系；第二要看农业产业化经营系统是否朝着“风险共担、利益均沾”的利益共同体方向前进。刘惟洲（2001）提出了农业产业化经营中的利益分配原则：第一，效率优先、兼顾公平原则；第二，从实际中出发、按客观规律办事原则；第三，增加积累、壮大龙头企业原则。

三、农业产业化经营中的政府行为

丁力（1997b）认为，目前关于政府在农业产业化经营中的作用，有两派不同的观点，即农民产业化和政府产业化。前者认为，农业产业化经营是农民进行自主创新的过程，政府的作用只限于培育市场、提供服务和当好裁判；而后者认为，农业产业化经营重在政府，政府应在农户适应市场方面进行“布局专业化”、“管理企业化”、“经营一体化”组织和协调，发挥主导作用。牛若峰（2002）指出，农业产业化经营是一个长期战略，要经历相当长的发展过程，政府应该重视如下几点：改革宏观管理体制、大力支持发展一体化合作社、大力提高人力资源素质、加强涉农法制建设等。严火其和曹宝明（2000）指出，地方政府应该在引导产业培育与发展、龙头企业健康成长、农业产业化运行机制的建立和完善、合作经济组织的自发形成、农业科技变革与创新、金融系统对农业产业化大力支持、市场体系建设、农户和企业分散农业风险等方面发挥重要作用。孙应绍（2004）认为，要转变政府在农业产业化中的工作重点、完善农村土地制度、建立龙头企业与农户之间的稳定关系、完善农业体系建设、加快农业信息体系建设、加快农业科技创新和技术推广等。

四、农业产业化服务支持体系

许多学者将我国农业产业化经营水平低下的原因归结为金融支持体系、农业科技创新与推广体系、农业信息体系、农业风险规避体系、农业市场和流通体系等社会服务体系的支持力度不够。张风云等（2004）指出，由于我国政策性金融支持范围小，商业性金融逃离农业，农村金融对农业产业化经营的支持力度明显不够。因此，一方面我们要不断完善金融体系，另一方面要大力发挥资本运作的融资手段。赵泉民（2004）指出，由于资金市场层次低、融资渠道单一，快速发展的农业产业化经营很难获得资金支持，而资本市场是一条可供选择的路径。赵凤岐（2003）指出，由于农产品科技含量不高，加工农产品附加值不高、缺乏市场竞争力成为制约农业产业化经营的一个重要因素。完善农业科技推广体系，完善产、学、研相结合的利益机制，建立服务农业产业化经营的科技创新服务平台是推动农业产业化经营发展的关键。严俊（2002）认为，信息化是农业产业化的基础和保障，并为农业产业化指明了方向，是推动农业产业化发展的新动力。陈松（2004）提出改进我国农业信息化的几点意见：强化政府信息意识、加强网络基础建设、提高农民运用信息能力等。袁成（2003）分析了我国农业产业化经营的市场风险和生产风险高于发达国家，以市场化为主、结合专业化是我国防范农业产业化经营风险的现实途径。杨明洪（2001）指出，农业产业化经营风险是客观存在的，包括市场风险、自然风险、政策风险和环境污染风险。要建立风险基金制度，建立有效的决策体系，引导参与主体参与投保，并加强法制建设。

五、农业产业化中介组织

近年来，我国大部分学者已经开始转向对农业产业化中介组织进行研究，并取得了丰硕的成果。黄祖辉（2002，2003）把我国农业产业化经营中介组织大体上分为三大类型，较经典的合作社、股份倾向的合作社和专业协会，并指出，我国现阶段农业产业化经营中介组织得到迅速发展，但总体上仍处于比较低的发展层次。当前制约中介组织发展的因素包括：土地细碎化、农民分散化、企业家和合作社知识匮乏、政府顾虑、中国农村发展路径等。周琳琅（2004）指出，农村专业合作组织的发展对于深化农村经济改革、推动农业产业化经营有重要意义，当前我国农村合作组织的发展面临许多障碍，包括国家法律制度供给不足、缺乏良好的社会资本、缺乏合作组织管理人才、内部制度和运行机制缺陷、政府工作的不科学性等。罗必良（2000）用“制度结构－行为努力－经济绩效”模型对农业经济组织进行了制度分析，阐述了经济组织的经济绩效既取决于组织内部的制度安排，又取决于组织制度安排与环境的相容性。当产权结构不同时，其隐含的激励与约束机制也不同，从而影响作为理性经济人的参与者的行为努力，进而导致经济组织的绩效不同。

利用现代制度经济学中的契约理论对农业产业化经营组织形式的本质进行研究，已经成为当今的一个热门领域。周立群和曹利群（2002）以农业产业化经营中的商品契约为例，通过构建简单的博弈模型，证明了商品契约完全可以长期稳定，由此可以衍生出“权威”和“支配性的权利”，保证公司长期支配农户土地和劳动力要素，从而达到和要素契约相同的效果。周立群和邓宏图（2004）通过考察塞飞亚公司与农户签约的“历史”，分析了从“公司＋农户”合约转为“公司＋农户＋基地”的“准一体化合约”的各种现实约束条件，解释了公司和农户各自进行“专用性资产”投资，却并未缔结成经典企业理论所定义的一体化组织的原因。通过引入历史主义分析，论证了“公司＋农户＋基地”模式兼有高能激励和降低交易成本的双重优势。黄祖辉、王祖锁（2002）认为农业生产和农产品加工是资产专用性很强的投资，且农产品不同程度的易损性在不完全合约条件下会产生敲竹杠问题，而这种敲竹杠会影响农业专用性资产的投入。农户支配型可以克服买方敲竹杠问题，并在生产资产高度专用性和产品高度易损性领域发挥优势；加工支配型可以克服卖方敲竹杠问题，并在加工资产高度专用性领域发挥优势；各自支配型使得农业剩余得到公平的分割。吴秀敏和林坚（2004）用格鲁斯曼－哈特－穆尔模型讨论了决定农业产业化经营中公司与农户之间契约性质的条件。当农户投资决策无弹性或投资变得缺乏生产力时，适合采用要素契约；如果公司和农户的资产相对独立，则宜采用商品契约；如果龙头企业经营人员人力资本是必要的，适合采用要素契约；如果龙头企业经营人员人力资本和农户的人力资本是必要的，则两种契约都是可行的。

六、农业产业化微观经营

目前，部分学者开始对农业产业化微观经营进行研究，陈怡（2004）对江苏省十家龙头企业进行了实证分析，指出江苏省农业产业化经营龙头企业规模偏小，从事初加工产品的企业多、精加工产品的企业少，企业的技术创新能力不强、市场开拓意识差等。胡定寰（1998）认为，农业产业化模式的选择本质上依赖于农业企业的经营决策，而农业企业的经营决策又受到市场结构等因素的影响，因此要把农业产业化的研究同企业的行为结合起来，从产业组织的角度去研究和分析。在不完全竞争市场中，为了节约交易费用，就形成“内部市场”、“中间组织”、“内部市场”三种典型的产业化类型。蔡志强（2004）博士学位论文直接把其视角对准龙头企业，对农业产业化经营中的龙头企业进行了深入细致的分析，回答了为什么现阶段我国农业产业化经营龙头企业规模偏小这一问题。文章首先指出龙头企业是现代经济发展和社会分工的必然产物，接着分析了各种不同的市场结构条件下龙头企业与农户的利益分配格局，最后从企业契约制度、产权制度和治理结构等方面阐述了公司与农户的关系实质。

总体上来说，我国学者在对“农业产业化经营”研究中，侧重于经营主体之间内部的管理关系，表现为对企业与农户之间或中介组织与农户之间的利益分配机制、风险分摊机制、其他营运约束机制等的研究，而对农业产业化微观经营的研究还很弱，这是今后研究者还有待于加强探索的领域。

第四节 农业产业化经营的相关理论基础

一、政治经济学与农业产业化经营

在农业产业化经营的早期研究中，我国学者总体上倾向于以马克思主义政治经济学理论为依托。牛若峰、夏英（2002）将农业产业化理论归结为社会分工协作理论、合作制理论、比较利益理论、平均利润理论等。这些理论讨论大部分建立在传统的政治经济学的基础上。

牛若峰、夏英（2002）认为农业产业化经营是社会分工演进的过程，即专业化、社会化、一体化相辅相成，共同促进农业与关联产业逐渐走上一体化的转型过程。实际上，马克思的社会分工理论和亚当·斯密的劳动分工理论同属于古典政治经济学派理论，两者无显著差异。这一社会分工理论强调分工带来了专业化经济，但没有指出分工也导致了交易费用的提高，因而无法预言农业产业一体化经营程度究竟与分工程度呈什么关系，社会分工的边界在哪里，推动社会分工的动力又是什么。

关于比较利益理论，夏英（1998）、牛若峰（2002）认为，农业比较利益低是农工商脱节、供产销分离等原因所致。然而在农业产业化经营条件下，将农业的产前、产中和产后环节连接形成完整的产业链，实行服务、生产、加工、运销一条龙服务，发挥组织协同效应，产生规模经济，能快速缩短农业与工业的比较利益差距，因而推断出，农业生产率一定比工业生产效率增长更快（胡定寰，1997）。然而，我国近10年的经济发展现实证实了这一推论的不可靠性。

夏英（1998）、牛若峰（2002）根据马克思平均利润率的思想推出，通过竞争，同一市场同类产品大体上应获得平均利润，农业产业化经营中的产前、产中、产后环节大体上应获得同样收益。农业产业化经营中各利益主体之间的利益分配应根据这一原则来执行，这一原则也是农业产业化经营健康发展的重要保证。在很长一段时间内，平均利润观点成为农业产业化经营中的主流观点。但笔者认为这一理论至少有如下几点值得商榷：一是平均利润的形成是一个由不均衡到均衡的长期过程，在产业发展初级阶段，必然有一些主导部门占有优势，获得超额利润，而一些劣势部门的利润则低于平均利润；二是生产要素的稀缺程度不同决定了农业产业经营环节上收益率不同；三是农户和龙头企业等利益主体之间目标不完全一致，双方必然进行博弈，而又由于双方势力和地位极不对称，结果难以平均分配利润。现实生活中，农民更多地比较参加农业产业化经营和不参与农业产业化经营的收益，而不在乎是否获得平均利润。

二、交易费用理论与农业产业化经营

交易费用理论是新制度经济学的一个重要分支，其重要的代表人物有科斯（R. H. Coase）、威廉姆森（O. E. Williamson）、阿罗（K. L. Arrow）、阿克洛夫（G. A. Akerlof）、阿尔奇安（A. Alchian）等（盛洪，2003）。信息不对称、有限理性和机会主义行为是交易费用理论最为重要的三种假设。随着这些理论的不断发展，我国学者开始运用这些理论来对农业产业化经营进行分析，为认识农业产业化经营的本质作出了重要贡献。

丁力（1997b）从农户面临的市场信息、市场垄断、市场风险几方面，说明农户面临的市场交易费用过高，从而选择农业产业化经营来降低交易费用。鲁振宇（2006）从信息成本、评估成本、交涉成本等方面论证农户市场交易费用太高，从而主动选择农业产业一体化经营。尹志超（2002）从资产专用性程度、交易不确定性和交易频率几方面对农业产业化经营交易费用进行了细致的分析，并比较分析了一体化、市场和农业产业化经营三种组织形态之间的差异。农业产业化经营是介于一体化经营和市场之间的“中间状态”，它既有管理成本又有交易成本，资源配置的方式既有计划手段又有市场手段，企业与农户各自拥有一定的剩余控制权。胡定寰（2001）从龙头企业经营战略的角度，论证了龙头企业在不完全竞争市场上，为了节约市场交易费用而采取农业产业化经营这种组织形式，并提出“内部市场”、“中间组织”、“内部组织”三种产业化类型。生秀东（2001）运用交易成本思想探讨后认为，农业产业化本质既不是一体化，也不是市场化，而是准市场对劣市场的一种替代。

不可否认，借助交易费用理论，我国学者开始将研究视角由过去对各地经验模式的简单总结转向对农业产业化经营的本质探讨，使人们对农业产业化经营的认识变得更为深刻。但交易费用理论本身具有一定的局限性，交易费用理论建立在生产效率不变的前提下，而农户加入产业化经营后，由于市场风险的降低，会扩大生产规模，进行专业化生产，从而提高生产效率。这样，利润增加既来自于节约交易费用，又来自于生产效率的提高。

三、制度变迁理论与农业产业化经营

道格拉斯·诺思（D. North）是制度变迁理论的重要代表。诺思（1940）[①]认为，制度安排决定效率，由于各国的制度安排不同，其历史进步和经济发展也不同。制度变迁就是用一种制度安排去替代另一种制度安排，制度变迁的根本动力是变迁收益大于变迁成本。我国学者林毅夫（2000）创造性地将制度变迁分为诱致性制度变迁和强制性制度变迁。

由于制度变迁理论在说明制度变迁的原因与变迁轨迹方面有较强的说服力，我国一些学者也开始利用这一理论解释农业产业化经营产生的根源及其发展方向。牛若峰（2002）、夏英（1998）认为我国农业产业化经营本质上是一种诱致性制度变迁，这是因为农业产业一体化经营是降低交易费用、形成规模优势，使公司和农户的收益大幅提高，从而自发形成利益共同体的过程。宁明军（1996）就潜在利润的组成部分（风险、交易费用、规模经济、外部性）分析了农业产业化的动因：当在原有制度中，由风险、交易费用、规模经济、外部性所引起的收入潜在增加不能内在化，而农业产业化经营制度可以使这种外部利润内在化时，农业产业化经营制度就会产生。姚遂、汪小勤（2001）指出，农业产业化作为一种制度创新，通过长期契约安排，降低农户/农业市场化进程中的交易费用，但由于其本身所存在的一些问题，决定了它难以成为解决中国农业长期发展问题的独步单方。李前兵（2003）指出了我国农民中介组织的形成是诱致性变迁和强制性变迁相结合的过程，其中诱致性变迁路径为专业大户发育成中介组织、农民经济人发育成中介组织、涉农国有企业离岗人员创办中介组织、非农资本发育成中介组织等，文章对两种变迁进行了评价。

四、分工理论与农业产业化经营

分工理论是经济学中一支重要的力量，可分为古典分工理论、新古典分工理论、新兴古典分工理论。亚当·斯密、卡尔·马克思是古典分工理论的代表。亚当·斯密（1776）认为[②]，分工和专业化的发展是经济增长的源泉，分工的好处在于能够获得分工经济和专业化经济，从而实现生产效率的提高。马克思把劳动分工划分为“生产组织内分工”和“社会分工”，生产组织内分工是企业产生的必要条件，而社会分工的充分发展是企业产生的前提条件。国内许多学者已经把

① 见汪洪涛主编的《制度经济学——制度及制度变迁性质解释》. 上海：复旦大学出版社

② 见商务印书馆 1997 年出版. 亚当·斯密的《国民财富的性质和原因的研究》

社会分工看成农业产业化经营的条件。周新庄认为，社会分工促进了市场化的进程，而农业市场化又是提高农民农业经营收入的重要途径。辛宝海（2003）认为，农业分工演进所带来的收益增加是促使农业专业化程度不断提高的根本原因。

新古典分工理论本质上是一种基于规模经济的分工，斯蒂格勒是该理论的主要代表人物，他认为，分工、专业化程度与市场竞争程度成反比，分工的不断发展将导致市场中的垄断状态。辛宝海（2003）认为，分工专业化过程可以简单地理解为越来越多的产品生产和操作从生产活动整体中分离出来，从而实现最适度规模的过程。林毅夫（2000）在强调农业产业化与专业化时指出，农业生产必须采取专业化方式，农户实行专业化经营之后，规模经济越来越大，生产成本就越来越小，农业产业化就在一些发达地区发展起来了。

新兴古典分工理论的主要代表人物是杨小凯，杨小凯（1999）在继承亚当·斯密和阿林·杨格的有关分工思想的基础之上，引入了罗纳德·科斯交易费用的概念，并用超边际分析方法形式化了亚当·斯密和阿林·杨格的思想，使斯密的劳动分工论与科斯的交易费用理论浑然一体。杨小凯（2003）认为，分工和交易是生产方式的一个问题的两个方面，分工的深化产生专业化经济，也带来了交易费用。该理论在建立理论模型方面具有优势，从而有助于人们将农业产业化经营问题引向更深入的探讨。向国成等以新兴古典分工理论为基础，利用超边际方法分析了农户生产职能与经营职能分工条件下的均衡结构，指出农户职能专业化产生的分工经济是农业产业化的基本动力，降低交易费用是农业产业化经营产生的基本条件。近些年，一些学者开始利用新兴古典分工理论和超边际分析方法进行研究，中国农业大学蔡志强（2004）的博士学位论文《农业产业化经营中的龙头企业制度》在分析龙头企业产生和发展时就利用到了这一理论。

五、现代契约理论与农业产业化经营

现代契约理论是新制度经济学一个崭新的分支。科斯、德姆塞茨、哈特、克莱因、格罗斯曼、张五常等先后对契约理论进行了深入研究。尽管他们对契约理论的研究角度有所不同，但总的来说，现代契约理论可分为完全契约理论和不完全契约理论两大派别。完全契约理论假定完全理性和信息不对称，人们总是可以通过契约设计来显示隐含信息，因而其研究侧重点为事前的契约设计；不完全契约理论假定有限理性、信息不确定性和机会主义行为，人们无法通过契约设计来解决未来不可预期的问题，需要事后进行协商，因而其研究侧重点在合约执行。

周立群（2001）以现代契约理论为基础分析了“公司＋农户”中的商品契约、要素契约效果，也指出了“公司＋农户＋基地”的“准一体化合约”的各种现实约束条件，具有高能激励和降低交易成本的双重优势。欧阳昌民（2004）指出，“公司+农户”中契约的不稳定性的原因是其中利益分配机制不完善，决定契约价格的主要因素是农户参与项目的机会成本和组织化程度。黄祖辉（2003）分析在不完全合约条件下会产生敲竹杠问题，这种“敲竹杠”会影响农业专用性资产的投入。吴秀敏和林坚（2004）利用格鲁斯曼－哈特－穆尔模型讨论了决定农业产业化经营中公司与农户之间契约性质的条件。尹云松等（2003）通过对我国农业产业化经营中的公司与农户契约类型及其稳定性的考察，诠释了影响契约稳定性的因素。很显然，现代契约理论，尤其是不完全契约理论越来越受到我国学者的青睐，它在分析农业产业化经营组织方面已经取得了丰硕的成果。

六、产业经济理论与农业产业化经营

产业经济学是一门介于微观与宏观之间的应用经济学，可分为产业组织理论、产业联系理论和产业结构理论。产业联系理论是产业之间在生产、交换、分配、使用上发生的关联关系，而产业组织理论可以研究企业之间的关系结构状态、性质及其对经济发展的影响。胡定寰（1997）博士利用产业组织理论对农业产业化经营进行了分析，并提出“微观农业产业化”的观念。倪斋晖（1999）提出了产业经济学是农业产业化经营的重要理论基础，利用产业联系理论分析了农业的产前、产中和产后等环节和具有一定的理论价值部门的关联性，利用产业组织理论研究了龙头企业在产业内部如何竞争、合作、发展等，结构－行为－绩效产业组织理论和新产业组织理论可能对研究微观农业产业经营非常有效。靳相木（2003）从产业组织的垄断竞争的角度去理解农业产业化经营，他强调小农户直接形成横向一体化组织的重要性，他认为，垂直一体化经营高度依赖于“龙头企业”的存在及其辐射能力，仅仅依靠农业产业垂直一体化经营来矫正农业和农民的弱者地位是不够的，应该将千百万分散的小规模农户在家庭经营的基础上直接组织起来，农业市场结构将由现在过度竞争向垄断竞争转变。中国农业大学蔡志强（2004）在博士学位论文《农业产业化经营中的龙头企业制度》中，利用产业组织理论，构建了不同市场结构条件下，龙头企业与农户利益分配关系的模型，将农业产业化经营的理论研究推向一个更高的维度。

第五节　研究框架

我国学者将农业产业化研究分为三个阶段。第一个阶段是20世纪90年代初期至90年代中期，研究重点是对农业产业化的概念及内涵的界定及其对社会发

展的重要意义方面。那时农业产业化经营刚刚兴起，牛若峰、林毅夫、樊刚、胡鞍钢、陈吉元等知名学者或专家对农业产业化经营的概念及内涵有着激烈的争论。第二阶段是20世纪90年代中期至90年代末，学者研究集中于组织模式的种类及特点、运行机制、政府支持及各种服务体系研究。大部分学者认为农业产业化组织模式大体可分为“公司＋农户”、“市场＋农户”、“合作组织＋农户”等几种基本模式。牛若峰（2002）提出农业产业化经营的运行机制的概念模型。第三阶段是20世纪90年代末至今。学者多角度切入研究，研究重点是中介组织问题。靳相木从产业组织的垄断竞争的角度去理解农业产业化经营。蔡志强（2004）构建了不同市场结构条件下，龙头企业与农户利益分配关系的模型。然而更多的研究都集中在对农业合作组织上。黄祖辉（2003）指出，当前制约中介组织发展的因素包括土地细碎化、农民分散化、企业家和合作社知识匮缺、政府顾虑、中国农村发展路径等。罗必良（2000）用“制度结构－行为努力－经济绩效”模型对农业经济组织进行制度分析；周立群、曹利群、邓宏图、吴秀敏、林坚利利用制度经济学分析农业中介组织问题。

诚然，农民组织问题是制约我国农业产业化经营的关键问题之一，把千家万户分散的农民组织起来是推进我国农业产业化经营的必要条件。然而，仅仅解决农民组织问题是不够的，还需要研究影响龙头企业经营效率的相关因素。只有将两者结合起来，探索“农业产业化进程中产业链成长规律”，才是破解农业产业化经营难题的关键所在。到目前为止，只有少量学者对农业产业化经营中加工产业链的现状及其重要意义作出过阐述，但尚未发现学者对产业链延伸和成长规律进行系统研究和探索，也未看到过前人对此建立理论模型，因此，以此为本书的研究内容有着重要的现实和创新意义。本书利用新兴古典主义理论和超边际分析方法构建一个关于农业产业化进程产业链延伸的核心问题——农产品加工链成长机制的动态模型，把新兴古典经济理论作为农业产业经营研究的理论基础，克服了新古典经济理论用生产函数来替代组织（企业），以及强调价格理论而轻视组织作用的缺点；强调规模经济而忽视分工是规模报酬的源泉，并将生产者与消费者割裂开来研究的重要缺陷。

本书共分9章。

第一章“绪论”。着重介绍我国农业产业化概念；我国农业产业化经营的重要意义；农业产业化经营的国内外研究现状；我国农业产业化经营研究的主要内容；农业产业化经营的相关理论；本书的理论价值与基本内容；本次研究的主要研究内容。

第二章“农业产业化经营的约束条件”。我国农业产业化经营受到两大约束条件的制约：一是农业产业特性约束；二是我国农村社会经济现实条件约束。前者是任何国家农业产业化经营过程中的普遍性约束，我们从农业产业特性约束，即农业生产、加工、销售和消费环节入手进行分析；后者是包含各种有中国特色的制约因素，我们从农业宏观环境特征、深层次矛盾等角度展开研究。

第三章“农业产业化进程中的产业链成长规律”。由于农业产业受到多重固有因素的制约，农业产业化经营变得非常困难，农业产业化成长的核心是促进农业加工产业链的延伸和发展。本章从加工产业链延伸的视角出发，总结出农业产业链成长的一般模型如图 1-1 所示。

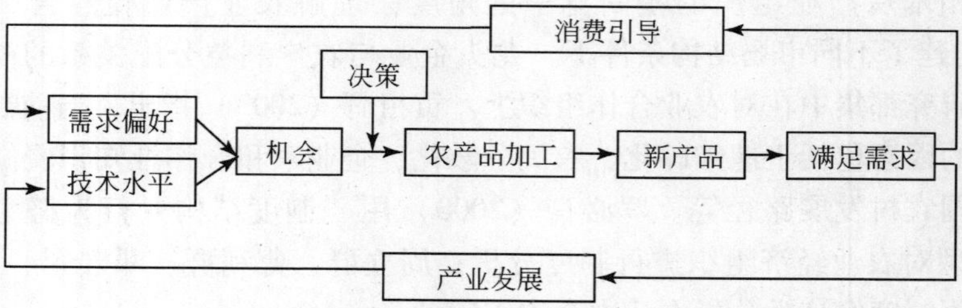

图 1-1　农业产业化进程中加工产业链的成长规律

这一概念模型把农业产业链成长共分为六个阶段：商业机会形成阶段、龙头企业决策阶段、农产品加工阶段、加工产业发展阶段、新一轮消费引导和需求偏好形成阶段、产业发展促进技术进步，以上六个阶段联结在一起，就构成了图 1-1所表示的农业产业化进程中加工产业链的成长过程模型。

第四章“需求引导与农业产业化成长”。本章主要实证分析需求引导对农业产业化成长的作用过程及其机理。本章首先探讨了农产品，尤其是加工农产品的需求特点，在此基础上指出龙头企业进行需求引导的过程包括消费教育、营销定位和促销三个阶段，最后通过一个典型案例来实证分析需求引导如何促进农业产业化经营向前发展。

第五章“技术进步与农业产业化成长”。技术进步也是推动农业产业化经营向前发展的重要源泉，本章通过实地调查德兴百勤异 VC 的发展，测算出其技术进步贡献率达 45.8%，实证分析了技术进步对农业产业化成长与发展的推动作用。在此基础上分析目前制约我国农业产业化发展的关键技术领域——农产品加工技术的现状、问题及发展对策。

第六章“企业管理与农业产业化成长”。本章实证分析企业管理效率对农业产业化成长与发展的重要作用。首先指出企业成长过程实际分为两个相互关联的阶段，即创业管理和内部管理阶段；在此基础上分析探讨了影响这两个阶段效率的因素；最后通过顶新企业发展和成长的轨迹来证实企业管理对农业产业化成长与发展的重要作用。

第七章“交易费用与农业产业化成长”。本章要实证提高交易效率对农业产业化成长与发展的作用。本章在分析交易费用内涵的基础上，指出农业产业化经营过程中，各成员之间博弈行为所产生的内生交易费用是最为重要的交易费用。然后分析在农业产业化经营中龙头企业与农户的非合作博弈关系，加工龙头企业与销售企业的非合作博弈关系，龙头企业、农户与中介组织之间的合作博弈关系。最后分析了农工商超市快速发展之路，关键在于处理好企业与农户、营销渠道成员的关系，从而降低农业产业化经营中的交易费用。

第八章“农业产业化成长模型及路径分析”。前面分析了需求引导、企业管理效率、技术进步和交易效率是影响农业产业化成长的四个重要因素。本章以新兴古典主义分工理论为基础，结合上述四个影响因素，构建关于龙头企业面临着“加工生产”还是“不加工生产”的超边际决策模式。最后根据模型的求解结果，得出我国农业产业化成长的一般路径。

第九章“农业产业化成长综合案例分析”。本章以改革开放以来我国保健品产业的发展为背景，通过汇仁集团从无到有、从小到大的发展历程，验证我国农业产业化成长的一般路径。

参考文献

阿林·杨格．1996. 报酬递增与经济进步．贾根良译．社会经济体制比较，(2)：40～44

蔡志强．2004. 农业产业化经营中的龙头企业制度．中国农业大学博士学位论文，12

陈吉之．1996. 农业产业化：市场经济下农业兴旺发达之路．中国农村经济，(8)：12～16

陈松．2004. 我国农业产业化信息系统构建．江西社会科学，(2)：25～27

陈耀邦．1998. 论农业产业化经营．管理世界，(5)：35～38

陈怡．2004. 农业产业化龙头企业发展实证研究．现代经济探讨，(1)：25－28

邓宏图．2004. 为什么选择了“准一体化”的基地合约——来自塞飞亚公司与农户签约的证据．中国农村观察，(3)：15～19

丁力．1997a. 农业产业化利益机制问题初探．农业经济问题，(9)：33～36

丁力．1997b. 农业产业化的实质、形式与政策．中国农村经济，(2)：12～17

樊纲．2004. 发展的道理——中国文库．北京：生活·读书·新知三联书店

胡鞍钢．1999. 农业产业化理论与实践．辽宁：辽宁人民出版社，27

胡定寰．1998. 国际养鸡产业一体化经营比较研究．中国农村经济，(2)：55～57

胡定寰．1997. 微观农业产业化理论及其应用——我国现代农业产业组织理论初探．中国农村观察，(6)：22～25

黄祖辉，王祖锁．2002. 从不完全合约看农业产业化经营的组织方式．农业经济问题，(3)：41～44

黄祖辉，徐旭初．2003. 大力发展农民专业合作经济组织．农业经济问题，(5)：31～36

卡尔·马克思．1975. 资本论（第一卷上）．中共中央马克思恩格斯列宁斯大林著作编译局译．

北京：人民出版社，45
卡尔·马克思.1975. 资本论（第一卷下）. 中共中央马克思恩格斯列宁斯大林著作编译局译. 北京：人民出版社，12
科斯.1994. 生产制度结构. 邓刚译. 上海：上海三联书店，30
李前兵.2003. 农民中介组织发育的两条途径. 经济问题，(3)：25～28
林毅夫.2000. 论技术制度与中国农业发展. 北京：北京大学出版社，89～92
刘惟洲.2001. 农业产业化经营中利益分配问题. 农业经济问题，(8)：11～16
罗必良.2000. 经济组织的制度逻辑. 太原：山西经济出版社，23
倪斋晖.1999. 论农业产业化经营的理论基础. 中国农村经济，(6)：31～34
宁明军.1996. 贸工农一体化：农业市场化的成功之路. 经济论坛，(9)：18～20
牛若峰，夏英.2002. 我国农村合作经济组织改革和发展的思路. 中国农村经济，(4)：34～38
牛若峰.2002. 中国农业产业化经营发展特点和方向. 中国农村经济，(5)：17～20
欧阳昌明.2004. "公司+农户"契约设计及价格形成机制. 经济问题，(2)：8～10
生秀东.2001. 20世纪90年代农业产业化研究理论进展. 中州学刊，(6)：35～39
盛洪.2003. 现代制度经济学（上卷）. 北京：北京大学出版社
孙应绍.2004. 我国农业产业化中政府行为研究. 求实，(1)：20～24
王寒笑.2004. 中国肉鸡行业产业化组织形式之比较. 农业经济问题，(4)：41～44
王滔.2002. 竞争优势导向下中国农业产化经营研究. 北京大学博士学位论文 21～25
吴秀敏，林坚.2004. 农业产业化经营中契约形式选择：要素契约还是商品契约——一种基于G-H-M模型的思考浙江大学学报（人文社会科学版），(5)：40～45
夏英.1998. 农业产业化的经济学本质与运行机制研究. 中国农业科学院研究院博士学位论文，10～25
辛宝海.2003. 从分工利益的获取看农业产业化的障碍. 山东省农业管理干部学院学报，(1)：25～28
亚当·斯密.1997. 国民财富的性质和原因的研究. 北京：商务印书馆.58
严火其、曹宝明.2000. 农业产业进程中政府行为分析. 现代经济探讨，(4)：23～26
严俊.2002. 农业产业化中信息化建设研究. 农业经济问题，(6)：11～13
杨明洪.2001. 农业产业化的经济风险及其防范. 经济问题，(8)：28～30
杨小凯.2003. 发展经济学. 北京：社会科学文献出版社，58
杨小凯，黄有光.1999. 专业化与经济组织. 北京：经济科学出版社，62
杨小凯.2003. 经济学——新兴古典与新古典框架. 北京：社会科学文献出版社，12
姚遂，汪小勤.2001. 农业产业化：一个制度经济学的考察. 华中科技大学学报，(2)：11～14
尹志超.2002. 农业产业化中交易费用分析. 江西财经大学学报，(5)：22～25
俞雅乖.2008. 农业产业化组织特性及其变迁动因——基于新制度经济学视角. 生态经济，(2)：31～35
袁成.2003. 我国农业产业化经营风险防范途径. 西南财经大学学报，(5)：8～11
翟有龙.2004. 嘉陵江流域农业产业经营模式选择. 经济地理，(3)：43～46

张风云，闫福 . 2004. 加强农业产业化的金融支持 . 经济论坛，(7)：25 ~ 28
张雪梅 . 1999. 农业产业化经营组织模式优化探讨 . 农业技术经济，(6)：62 ~ 68
张照新 . 1998. 中国农业产业化研究 . 中国人民大学博士学位论文，11
赵凤岐 . 2003. 发展现代农业必须建设和完善农业推广体系 . 生产力研究，(4)：30 ~ 33
赵泉民 . 2004. 资本市场：解决农业产业化经营资金问题的路径选择 . 云南财贸学院学报，(3)：11 ~ 13
周立群，曹利群 . 2001. 农村经济组织形态的演进与创新——山东莱阳市农业产业化调查报告. 经济研究，(1)：12 ~ 15
周立群，曹利群 . 2002. 商品契约优于要素契约——以农业产业化经营中的契约选择为例 . 经济研究，(1)：44 ~ 49
周琳琅 . 2004. 发展农民专业合作经济组织意义障碍和对策 . 湖北社会科学，(7)：33 ~ 37

第二章

农业产业化经营的约束条件

中国农业产业化经营自20世纪80年代产生，到现在已经经历了近30年的发展历程，取得了不少成绩。但同时也必须承认，与发达国家相比，无论是龙头企业规模、产业化组织程度，还是农业产业链的长度、深度都相差甚远。目前，农业产业化经营的覆盖面才720多万户，不到全国农户总数的1/3，农产品加工环节非常薄弱。发达国家农产品加工转化率达到了90%左右，而我国仅为40%～50%，农产品加工业产值与农业产值比重为0.8∶1，而发达国家为2∶1～4∶1。因此，我国农业产业化经营仍处于初级阶段，其发展过程仍然受到许多因素的严重制约，我国农业产业化经营到目前为止还没有产生实质性的突破。为此，我们有必要深入、细致地分析我国农业产业化经营的约束条件。实际上，我国农业产业化经营受到两大约束条件的制约：一是农业产业特性约束；二是我国农村社会经济现实条件约束。前者是任何国家农业产业化经营过程中的普遍性约束，后者包含各种我国社会主义市场经济条件下特定的制约因素。

这两个约束条件不仅有其固有的制约特性，而且各种制约因素相互渗透、相互影响、相互作用，致使农业产业化经营面临巨大的风险。因此，深入、细致分析我国农业产业化经营各类约束条件的固有特性及它们之间的作用机理，有利于我们理清思路，采取有效措施，为破解我国农业产业化经营的现实难题作出贡献。

第一节　农业产业特性约束

一、农业、产业链与农业产业链

（一）传统农业与现代农业体系

传统农业的概念就是以太阳能为直接能源，以植物的光合作用为基础，产品直接取自自然界的部门。三次产业分类把传统农业称为第一产业，它包括种植业、林业、牧业和渔业；把对自然资源或初级产品进行加工或再加工的产业称为第二产业，它包括采掘业、制造业、自来水、电力煤气业等，显然，农产品加工业属于第二产业；把为生产和消费提供各种服务的部门称为第三产业，它包括商业、餐饮服务业、文化教育等产业。

随着经济的发展和社会分工的不断深化，产业之间的联系越来越紧密。传统农业会向前、向后不断演化，并共同组成现代农业产业系统。原有三次产业的界线开始出现模糊和重叠的现象，例如，饲料工业、食品加工工业、运输业、商业变得密不可分，而现代农业的外延也在不断地扩展，它已经包含第二、第三产业的成分。实际上，农业向后可以延伸到食品业、药品业、纤维制品业、餐饮服务业、精细化工业等。目前世界上大部分发达国家的农业与食品业和纤维制品业联系最为密切，因此美国常常将农业部门及其上游、下游部门纳入农业－食品体系或农业－纤维体系。

（二）农业产业链

现代农业产业系统的概念实际上隐含了产业价值链的思想。产业价值链就是人们将依据各产业的前向、后向关联关系组成的一种网络结构。产业价值链的实质是产业关联关系，而产业关联关系的实质又是产业之间的供给与需求、投入与产出的关系。产业链由一个个相互关联的产业环节组成，每个环节就构成了产业链的一个链结。表征产业链特征的参数可以是产业链的长度、宽度和深度。长度就是产业链水平结点的个数，例如，粮食生产－酒生产－酒销售这一产业链的长度就是3；宽度就是指产业链垂直结点的个数，例如，从粮食生产出发有粮食生产－粮食销售和粮食生产－酒生产－酒销售两条产业链交织，那么其宽度就是2；深度就是指某一产业链中包含的具体产品的数量，例如，粮食产业链包含了水稻产业链、大豆产业链、玉米产业链和小麦产业链，它的深度就为4。

农业产业链是产业链的一种特殊形式，是一个贯穿资源市场和需求市场，由为农业产前、产中和产后提供不同服务功能的企业或单元组成的网络结构。在这一产业链中，农产品作为其中的构成要素，与其他部门或环节发生密切的技术经济联系。一条比较完整的农业产业链，包含农产品从种苗培育到大田管理、农畜产品加工、保鲜直至流通、市场销售等环节和流程。这些环节进一步细分为农产品产前环节，包括种苗业、饲料业、信息指导、产品规划；农产品产中环节，包括田间管理、技术指导、农用物资、肥料业；农产品产后环节，包括品级分化、包装加工、保鲜加工、食品加工、储存加工、食品加工；农产品消费环节，包括品种和品质提供、消费引导、营销促销等。

（三）农业产业链延伸是农业产业化成长的核心

1. 产业规模优于企业规模

阿林·杨格[①]强调，“通过观察个别产业和个别企业的规模变化效应，是弄不清楚报酬递增机制的，因为产业的不断分工和专业化是报酬递增得以实现过程中的一个基本组成部分，必须把产业经营看做是相互联系的整体”，而“企业的经营规模（只是在次要情况下或在特定条件下涉及单个企业规模）只是反映了产业或它们提供协助的产业其最终产品的市场规模”，但“生产迂回性的提高会使经济性的规模得到级数倍增”。

因此，在农业产业化经营中，我们不应把龙头企业规模等同于农业产业规模。农业产业规模的增大是农业产业链延伸和发展的结果，延伸的环节越多，产业规模就越大。一般情况下，企业规模也会伴随着产业链的延伸而扩大，但这不是必要条件。在促进农业产业化成长与发展的过程中，围绕着农业产业链延伸和发展这一目标要比围绕着促进龙头企业规模这一目标更有现实意义。

2. 农民组织化程度的提高是农业产业链延伸的必要条件

农民组织问题与农业产业链延伸问题有着内在的联系。农业产业链能否延伸，取决于产业链延伸带来专业化经济与交易费用的增加谁大，当专业化经济高于增加的交易费用时，产业链就会延伸，反之则不会延伸。农民组织的重要功能就是节约交易费用，随着农民组织化程度的提高，其节约交易费用就越大，就越有利于农业产业链的延伸。总之，农民组织化程度的提高是农业产业链延伸的必要条件，研究农业产业链问题就要将农民组织问题纳入其研究框架范围之内。

3. 技术进步因素是产业链延伸的一个侧面

阿林·杨格也指出，分工水平提高促进“迂回经济”发展，“迂回经济”的发展就意味着有新机器、新技术应用于产品生产中，因此，产业链延伸的过程实际上是内生技术进步的过程。我们通过研究产业链的延伸就可以研究技术进步对经济发展的推动作用。农业产业化经营的向前发展离不开农业技术水平的提高，我们只要抓住农业产业链延伸这一主线就可以探讨农业产业化的成长规律了。

综上所述，农业产业链延伸问题是农业产业成长与发展的核心和关键，研究农业产业化问题应该抓住农业产业链这条主线来展开。

---

① 1996 年《社会经济体制比较》第 2 期发表了阿林·杨格的《报酬递增与经济增长》，文章指出了“迂回经济”的含义

二、农业产业特性约束分析

现代农业包含农业产前、产中及产后等诸多相关环节，而农产品生产、加工、销售和消费环节构成整个农业产业链的主干，每一环节又有其独有的特征，这成为制约农业产业化经营的重要约束条件。

（一）农业生产环节

1. 农业生产面临着比其他任何非农产业更大的自然风险

农业是自然再生产与经济再生产交织在一起的特殊生产方式，正如马克思所讲："经济的再生产过程，不论它的特殊的社会性质如何，在这个部门（农业）内，总是同一个自然的再生产过程交织在一起。"因此，自然条件与自然环境对农业生产经营活动有着至关重要的影响，农业生产面临着巨大的自然风险。一方面，农业要利用生命有机体生长发育的自然规律来获取农产品，而这一过程中生命有机体的数量多少和质量高低与外部自然环境条件的优劣存在着直接的相关性，因此，外部自然环境条件的不可预测性与不确定性直接决定与影响农业生产经营效率的高低。另一方面，农业中的主体部分——种植业存在显著的空间分布广延性特征，对自然环境条件的依赖性极强，特别是在科学技术与生产力水平对外部自然力的控制程度相对一定时，气候条件与自然灾害往往直接决定了农业生产经营主体的命运。从现实层面来看，我国是世界上自然灾害最严重的国家之一，各种自然灾害中，水灾与旱灾对我国农业造成的效率损失在80%以上，我国粮食生产每年因水灾而减产约89亿公斤①，因旱灾而减产约100亿公斤。周立群和曹利群（2001）的研究表明，近年来，自然风险导致我国农业生产波动占其产量的6%左右。

2. 农业生产面临着非常复杂的市场风险

农业是以生命有机体作为生产对象的，生命有机体的成长有一定的生物规律，即需要一定的生长周期，这是农业市场风险存在的根源。市场经济是通过价格与供求关系的相互作用来决定社会生产什么、生产多少以及如何生产的；农业生产周期长，生产决策与产品销售时间间隔长，因此农产品潜在的供求均衡绝对先于市场上的供求均衡，只要这种局面存在，就必然会导致农产品的市场供求失衡；而农业生产经营主体却无法有效地根据市场格局的变化而作出及时的决策调

---

① 1公斤=1千克

整，这样，价格调节滞后性就难以消除，最终导致农业生产周期性波动与农业投入效率的流失。各国的经验数据均表明，农产品生产价格波动幅度远远高于工业产品，农产品产量的变动幅度也大于工业产品。周立群和曹利群（2001）的研究表明，近年来，市场风险导致我国农业生产波动占其产量的20%左右。

（二）农业加工环节

1. 科技因素严重制约了农产品加工环节的发展

农产品加工环节是通过利用各种加工技术，将资金、劳动力等要素作用于初级农产品，使农产品品质提高、价值增长的过程。在这一环节中，如果没有科技支撑，就难以将初级农产品转化为市场上需要的加工农产品，因此科技风险始终是制约农业加工环节的重要因素。目前，我国农业产业化经营中的科技风险主要来自于两个方面：其一，农产品加工技术不稳定性风险。长期以来，我国科技工作的重点集中在农业生产领域，80%以上的科技经费和研究力量投入在生产中，对产后加工领域的科研工作一直忽视，造成农产品加工领域技术创新能力较低，科技储备特别是基础性的技术储备严重缺乏，技术水平落后、技术工艺不稳定，从而导致农产品加工业存在巨大的技术风险。其二，科学技术成果转化风险。一般来说，从科学技术研究到产品市场化还有一个很大的缺口，产业化机制越不健全，科学技术成果转化风险就越大。目前，我国农产品加工企业总体规模小，企业科学技术自主创新能力比较低，科学技术产业化应用规程不完善，防范技术风险的手段和措施仍然不足，这加大了农产品加工环节的科技风险。

2. 农产品加工环节的发展受到质量因素的制约

由于大部分加工农产品是人们赖以消费的食品，而食品消费又关系人身健康、安全，因此，农产品的质量保障是其进入市场的前提和基础，质量安全问题成为影响农业产业化经营的关键问题。许多龙头企业常常因质量问题而陷入困境，“冠生园”的衰败就与质量问题密切相关，江西煌上煌也曾因加工产品出现质量问题而一度陷入“麻烦”之中。一般来说，农产品质量风险主要来源于三个方面：一是农业生产环境污染，或在生产过程中过量使用农药、化肥而导致初级农产品的质量不合格；二是农产品加工过程，加工设备、加工技术不符合生产要求；三是储藏保鲜、运输服务等设施不符合要求而导致质量风险。这三个环节的质量风险层层递增，倍数加码，使得农产品加工环节中龙头企业面临的质量风险非常大。此外，由于我国政出多门，部门之间缺乏统一的协调机制，农产品质量安全监控的奖惩体系还不完善，农产品加工过程的很多环节疏于监管，从而提高了农产品加工环节的质量风险。

情景资料

2004 年 8 月 18 日，《京华时报》刊载了一条很具黑色幽默性的新闻，因为光明乳业连续两天送来变质牛奶，著名演员陈红要求奶站工作人员上门解决问题，双方发生了争执。光明牛奶发现自己一下子陷入了危机的海洋，昔日言笑晏晏的媒体齐齐煽风点火——在危机最猛烈的时候，光明牛奶的股票市值在五天之内蒸发掉两亿元，市场信心接近崩溃的边缘。

（三）农业销售环节

1. 传统物流体系制约了鲜活农产品的销售

农业销售环节是包含农产品从生产所在地或工厂到消费者手中等诸多环节的实物流通过程。大部分农产品具有鲜活的特点，在运输、储存、销售中会发生腐烂、发霉和病虫害现象，极易造成损失。而目前我国农产品流通的模式仍然以传统的长渠道，即农产品生产—农产品批发—农贸市场—消费者为主，新型、畅通的第三方物流配送体系尚未在全国范围内建立起来，显然，传统流通模式运输时间长，转货率高，有损农产品的鲜活特性，增加了农产品受污染机会，降低了农产品品质。此外，加工农产品的流通常常还需要特殊的储藏保鲜、运输服务或冷链设备来保证产品的质量安全，但我国目前许多企业的相关设备还很落后，这就进一步提高了我国农产品的物流风险，制约农产品销售价值的实现。

2. 农产品供应的波动性制约了农产品销售价值的实现

在“公司 + 农户”农业产业化组织模式中，农户与农产品加工销售企业是利益共同体，两者通过契约的形式联结在一起。按契约的要求，农户负责初级农产品的生产，企业负责加工销售农产品；农户按契约的要求提供产品，企业按契约制定的价格支付农户货款。但目前，多数企业与农户还是一种松散关系，契约对双方的约束力都不够，当农产品市场价高于契约价格时，农户就惜售；当农产品市场价低于契约价格时，农产品加工企业就压级压价损害农户利益，契约的不稳定性制约了农产品销售价值的实现。

实际上，公司和农户间的违约行为是双方非合作博弈的结果，它已经严重影响了我国农业产业化经营，成为制约其快速发展的现实难题。这主要表现在两方面。第一，影响了农业产业组织的发展，制约着农业产业链的延伸。当大批农户将产品转售到市场上，而不是按契约规定卖给公司时，公司就难以获得稳定的农产品货源供应。由于农产品供应的波动性过大，公司就难以获得规模经济，因而不愿对加工设备进行投资，这反过来又制约了公司的快速成长，结果农业加工环节就会变得很薄弱，农业产业链难以延伸。第二，破坏利益联结机制，加大农业产业链断裂的危险。当公司变相提高产品标准或通过其他方法来拒收农户产品时，农户利益受到严重的损害，以信用为基础的利益联结机制就遭受到破坏，农户参与农业产业化经营的积极性开始下降，许多农户不再与公司签订契约，农业产业链存在着断裂的危险。

（四）农业消费环节

1. 农业消费受到农业营销的制约

农业消费位于农业生产、农业加工和农业销售环节之后，是农业产业链的末端。农业产业化经营必须以消费者需求为中心，在了解和识别需求之后，决定生产什么和怎样生产，并采用恰当的营销方式将产品卖给消费者，从而满足消费者的需求。

实际上，农业消费环节和农业销售环节密切相连。从了解消费者需求、刺激其购买欲望、实现商品买卖到满足需求的过程，对于企业来说是一个营销过程，对于消费者来说是一个商品消费过程。因此，营销环节和消费环节常常是融合于同一个具体过程中的两个侧面。

如图 2-1 所示，虚线上端部分属于消费环节，虚线下端属于销售环节。实际上，消费环节是一个循环系统，当消费者产生了潜在需求之后，通过企业营销培育、引导，不断地刺激消费者，使之产生购买欲望，实现购买行为，最终满足其需求。然而，等消费者需求满足之后，消费者又会因为外部环境的变动，产生新的需求。由此可见，如果没有企业营销行为，消费者潜在的需求就难以诱发、培育、产生并最终得以实现，消费环节也就不能贯通，因此，农业消费受到农业营销的制约。

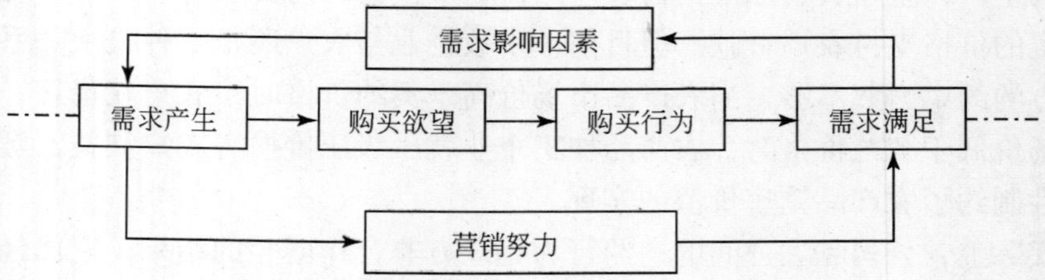

图 2-1　营销环节和消费环节的关系

现实生活中，许多地区在推进农业产业化经营的过程中，并没有完全意识到农业消费是农业产业化经营的起点这一客观事实，地方政府一边忙于“指导”农民生产什么，一边忙于寻找龙头企业，结果农民辛辛苦苦生产的农产品不是市场上所要的，农民只好“买单”吞苦果，政府好心办坏事。

2. *需求的动态变化是农业消费的重要影响因素*

需求是指具有购买能力的需要，需要是一种购买欲望，是一种主观体验、一种心理状态（林景新，2005）。因此，需求不仅受到消费者经济收入的约束，还受到心理、习惯、文化、年龄等因素的支配。

从本质上来说，人类需求具有多维性、动态性和模糊性等几个共同特征。所谓多维性，就是指消费者需求是一个需求束。农产品的需求束有着自身的特性，口味、卫生、便利、营养、时尚、价格构成其重要属性。在现实生活中，人们对需求束的属性要求会有优先排序，当然，不同的个体对需求属性的优先排序和选择的组合不同，而这正是整个社会需求多样性的具体体现。

所谓动态性，就是指人们的需求是动态变化的。现实生活中，各国的社会经济、政治、科技、文化环境都在不停地变化，使得人们对农产品的需求由低级水平向高级水平动态发展。在生产力水平较低的时候，生存是第一重要的，人们需要营养作为基本保证，需求非常简单；但随着生产力水平的提高，物质条件得到改善，人们开始追求口味、时尚、便利、舒适等。需求高度的动态变化和不确定性是农业消费环节的重要特征，这也是制约农业产业化经营快速发展的重要因素。

由于人类内心非常复杂，从需求的深度来看，有些需求容易显现，有些需求却隐含起来。所谓显现需求，就是指消费者明确说得出的需求，而隐含需求是消费者不能明确说出的需求。现实生活中，显现需求和隐含需求交织在一起，体现了需求的模糊特性。

需求的多维性、动态性和模糊性三维相交导致需求组合的数量异常庞大，放大了需求的不确定性。现实生活中任何个人和组织都是有限理性的，我们不可能从所有需求组合中遴选出最好的需求，因此，在研究、分析需求时，常常要把握好需求的主要属性。我们认为，需求的动态变化特性是需求属性中最本质、最重要的方面。动态性是对多维性在不同时空中的优劣排序，多维性是一个静态的概念，而动态性是一个动态的概念。动态性遵循某种规律，人们对农产品的需求遵循由低级水平向高级水平动态发展的一般规律，即沿着“吃饱—营养—口味—时尚—舒适”动态变化。在农业产业化经营中，龙头企业经营的最大任务是好好把握需求动态变化的一般规律，在数量庞大的需求组合中寻找到那些尚未被满足的、需求束相似的消费群体，在此前提和基础上，才能将相关信息传到下游环节，指导农户进行生产活动。如果龙头企业对消费者的需求分析出错，则农户按其要求生产的产品卖不出去，企业和农户都要遭受损失，农业产业化经营就不可能进行下去。

由上述分析可知，农业产业化经营中的产前、产中、产后等每一环节都蕴藏着各种不同的风险，每个环节的发展都受到来自各方面因素的制约。农业生产周期长、自然条件或气候条件不确定性、农产品加工科技要素不稳定性、质量高风险性、传统物流支持弱化、农产品供应不稳定性及需求的高度动态变化等制约因素交织在一起，相互影响，随着产业链环节的延伸，其不确定性逐级放大。相对工业产业来说，工业产品生产周期比较短，受外界自然条件影响小，而且消费者需求变化也远不如农产品需求复杂，这些特殊的产业制约因素都加大了对农业产业化经营的约束，使农业产业化经营比其他许多产业经营要困难得多。

第二节　农业产业化经营的宏观环境约束

一、我国农村经济环境的基本特征

（一）土地资源匮乏

我国土地总面积达960万平方千米，占世界陆地总面积的6.4%，仅次于俄罗斯与加拿大，居世界第三位。但由于我国人口绝对基数的制约，人均土地占有比例很小，世界人均陆地面积为2.97公顷，而我国人均为0.827公顷；世界人均耕地面积为0.32公顷，而我国人均为0.08公顷。

（二）自然生态经济系统脆弱

随着我国经济的快速发展，自然资源日益匮乏，生物多样性在减少，自然灾害频繁，自然生态经济系统变得越来越脆弱。主要表现在两方面，一是农业生态环境污染严重。据有关部门统计，我国重金属污染土地已占耕地总面积的1/5，农药年使用量已达25万吨，一些高毒性与高残留农药仍在被使用，这使得我国农产品普遍缺乏竞争力。二是自然生态系统不堪重负。全国低产田占耕地面积41.2%，水土流失面积约占耕地面积35%，沙漠化面积约占耕地面积2%，盐碱地面积约占耕地面积6%。更为严重的是，我国人口以每年1000万左右的速度递增，而农村土地却以每年数百万亩①的数量递减，加剧了我国自然生态系统的脆弱性。

（三）农业融资困难

目前，我国农村金融发展存在很大问题，现状不容乐观。到2002年11月底，四大国有银行大规模撤并31 000多家地县级以下基层机构，目前仍在农村开展业务的国有银行分支机构寥寥无几；全国农村信用社吸收各项存款19 469亿元，各项贷款14 117亿元，两者差5352亿元，从农村流出资金约3000亿元，农村金融有出现“空心化”现象的倾向，农业产业化经营主体融资困难。由于融资困难，许多农民没有足够的资金来扩大生产规模，也没有资金来改良品种，制约生产环节的发展；由于融资困难，许多农产品加工企业不愿购买先进的机器设备来进行工艺流程改造和创新，致使我国农产品加工技术长期得不到提升，从而增加了农业生产的科技风险；由于融资困难，许多农业销售企业不能大力进行广告宣传和品牌创建，从而带来了生产经营风险。2007年末，全国县域金融机构的网点数据为12.4万个，比2004年减少9811个。县域四家商业银行机构的网点数为2.6万个，比2004年减少了6743个。我国农村正规金融为“三农”提供金融服务的能力在进一步削弱。

（四）土地高度分散、细碎化程度高

土地约占农村财产总额的80%，土地制度是农村一切经济制度的基础。人民公社时期的土地制度以集体所有为名，但高度集中统一为国家所有。改革开放之后，我国实行家庭承包制，使农民实际上占有了除所有权之外的经营权、使用权、收益权，这极大地激发了农民的生产积极性。我国土地制度改革的依据来自于古老的农业文明的“均平”理念，即按照人口把集体农地按肥力远近划成等份，这样一个农户往往占据三五块甚至十几块“远近高低各不同”的耕地。其后，随着人口的增长，土地不得不“三年一大调”，从而造成了随人口增加土地无限细分的事实，小农经济规模日渐细小。

（五）农村劳动力数量多、素质差，存在大量过剩

二元社会结构中，城市居民和农村居民分割在不同性质的经济体系中，只有优秀的劳动者才能通过各种方式转移出农业生产经营领域，留下来的劳动力整体素质相对比较差。据统计，2001年在农村劳动力中，文盲半文盲占13.88%，小

---

① 1亩≈666.7米^2

学文化程度占36.24%，初中文化程度占40.27%，高中及以上文化程度占9.61%，劳动力受到职业教育和培训的仅占农村劳动力总数的5%。根据2006中国统计年鉴数据，2005年我国共有农村人口7.4544亿，占全国人口总数57.01%，其中文盲半文盲占6.9%，小学文化人口占27.2%，初中文化人口占52.2%，高中及以上文化占13.7%。农村劳动力的现实状况降低了农业生产效率，制约了农业产业化经营的发展。20世纪90年代之后，大量过剩的农业人口开始大规模地向城市特别是沿海地区流动。1992年出现了前所未有的打工潮，据国务院发展研究中心测算，1992年外出打工的农民4000多万，1993年增加到6000万，1995年达8000万，随后每年递增；在加入WTO条件下，会有1200万劳动力从农业中离开，我国尚有2亿剩余劳动力滞留于农业生产中（中华人民共和国农业部，1995）。

（六）农业管理体制不适应时代发展的要求

许多发达国家实行农业的生产、加工、流通、外贸一体化的行政管理体制，非常适应市场经济的要求。但长期以来，我国传统的计划经济体制使得农产品生产、加工和销售环节的管理部门处于分割状态，农产品生产归农业部管理，农产品加工归工业部管理，而农产品销售归商业部管理。换句话说，农业产业化经营过程中必须接受农业部、工业部、商业部等多个管理部门的管辖，而管理部门各自为政，常常从部门的自身利益出发，从而增加了产业化经营的交易成本，这是制约农业产业化经营的一个重要因素。此外，我国存在着一批规模巨大的农业行政管理队伍，由于地方政府财政普遍比较拮据，目前处于“有钱养兵、无钱打仗”的窘境（孔祥智，2003）。

（七）小农经济与市场化的矛盾突出

目前，我国农村还是一个典型的小农经济社会，这意味着我国农业生产力水平依然比较低。实行家庭联产承包责任制之后，农民成为土地经营主体，一方面忙于生产，另一方面要面对市场，小生产与大市场的矛盾日益彰显出来。由于农民通常是孤立的个体，而市场另一端常常是企业，双方谈判实力相差很大，农民在交易时常常会处于不利的地位。

此外，由于我国市场化以农产品价格放开为起点，而其他的种子、金融、化肥等产前部门仍然处于垄断经营状态，因而农业生产成本依然很高。据农业部测算，20世纪90年代我国农业生产成本平均每年上涨10%，这使得我国农产品价格居高不下，许多地方出现农产品滞销的局面。只有随着农业市场化的不断推进，农村垄断部门减少，其生产成本才能降低。

（八）农村社会保障能力低

目前，我国有8亿多农村人口，人均收入偏低，由于农村社会保障体系还未建立起来，农民的生活福利保障和伤病养老保障水平很低。截至2003年底，我国农村仅有5428万人参加养老保险，积累基金仅259亿元，仅198万农民领取养老金。截至2004年6月，以大病统筹为主的新型农村合作医疗制度也仅覆盖了9504万农业人口。在这种情况下，土地除了作为生产资料之外，实际上还承担了大部分农民的社会保险功能（温铁军，2005）。因此，农民失去土地就意味着失去基本的生存保障，这客观上制约了土地的流转，影响我国农业产业化经营的深入发展。

（九）贫富差距扩大，农民收入普遍低

"九五"时期，我国农村居民的收入水平有较大幅度的提高，为农村居民从温饱向小康水平跨越奠定了坚实的基础。据国家统计局抽样调查，1995～2000年，全国农村居民人均纯收入由1578元增加到2253元，增长42.8%。2000年全国农村居民人均纯收入仅增加48元，比上一年的增加量（91元）减少43元（周立群等，2001）。一些地区特别是贫困地区和粮食主产区的农民收入甚至出现负增长。由于基层存在着屡见不鲜的农民收入"兑水"现象，事实上农民收入的实际增速比上述统计数字反映出来的增速还要低。农民收入增速减慢，使曾一度有所缩小的城乡居民收入差距再度扩大。据统计，1996年年末储蓄余额城镇占80%之多，而农村占不到20%。直到2000年，农村尚有3400万贫困人口，恩格尔系数在60%以上。目前，城镇消费占57%，9亿人口的农村消费仅占43%，"十五"期间，农民收入虽有所增加，但城乡居民收入差距偏大的事实并没有得到根本缓解。

二、我国农村经济环境中的深层次矛盾

上述是我国农村经济环境的十个具体特征，然而进一步分析可知，我国农村经济始终受到两对深层次矛盾的制约：人与地关系矛盾和城乡二元经济结构矛盾。我们进行农业经济改革，分析任何农业发展问题，都不能不考虑这两对矛盾。

（一）人地关系高度紧张

我国历来是一个人口大国，早在13世纪初的宋朝，我国人口南北合计突破1亿，那时人地关系就非常紧张。到1840年的鸦片战争，我国人口超过4亿；到

新中国成立，我国人口达5亿；20世纪五六十年代，我国人口达8亿。如今我国人口已经超过13亿，其中有8亿农民。这么大的人口基数使得我国人均土地占有比例很小，据《2006年中国环境状况公报》，我国耕地面积18.27亿亩，人均耕地面积约1.4亩，不足世界人均耕地面积的一半，因此人地关系紧张是当前我国最基本的国情。即使在将来，20~30年后，随着我国城市化率的不断提高，假定从2007年城市化率为32.93%提高到那时的60%，但由于人口将增至16亿~18亿，结果还有6亿~8亿人口生活在农村，人地关系高度紧张的局面将依然存在。

人地关系紧张将导致在农业生产中，人们用劳动力替代其他生产要素，因而劳动生产率低，土地生产率高，即使这样，仍然有大量过剩的农业劳动力滞留于狭小的土地上。因此，向城市或其他产业转移农业劳动力是一个长期而不可逾越的阶段。

在人地关系紧张的资源约束条件下，经过反复的制度变迁，在国家取消农业税之前，我国逐渐形成了“均分制+定额租”，即当前我国农村实行的“家庭承包制”。这种制度的客观结果又是土地逐渐福利化。目前，我国有1/3的省份人均耕地不足1亩，有666个县人均耕地低于联合国0.8亩的警戒线，有463个县人均耕地低于联合国0.5亩的危险线。由于人均土地资源少，为了保证基本的生存，农民会将大部分土地用于种植粮食。因此，随着人地关系越来越紧张，农地正逐渐失去生产功能，福利化趋势越来越明显。

（二）城乡分割的二元结构

集体化时期，农村县以下乡镇除了执行国家统购统销政策，由政府主办供销社和粮站之外，几乎没有任何单位，因此，农业过剩劳动力不可能向非农转移。20世纪50年代，国家为了推行工业化，需要从农业中获取必要的原始积累，于是颁布了一系列政策和法令，在户口迁移、粮油供应制度、劳动用工制度和社会保障制度等方面，把城市人口和农村人口分割开来。户籍制度是以严格限制农村人口向城市流动为核心的户口迁移制度。粮油制度基本上排除了农村人口在城市取得口粮的可能性（周新庄，2004）。劳动用工制度甚至规定：“招用临时工必须尽量在当地城市中招用，不足时，才可以从农村中招用。”社会保障制度主要是面向城镇居民，农村居民不具有享受这种保障的权利。总之，国家工业化的推进不仅没能导致就业结构的同步调整和城市化的发展，而且为了维持资本密集的城市大工业，还不得不建立一套具体制度，而这又是形成城乡分割的二元结构的根本原因。

今天，我们实行的城市化和工业化大开放战略实际上是一个城乡互动、由农村向城市或工业输送生产要素的过程。而原先固有的城乡分割的制度体系成为要素流动的阻碍，增大了整个社会的交易成本。近年来，尽管我们取消了粮油供应制度、劳动用工制度，在某些区域内也开始放松了户籍制度的管制，但很难在短期内建立农业流动人口的社会保障制度。因此，城乡分割的二元结构局面很难在短期内消除，这也是我们农村经济环境中蕴涵的一个深层次的矛盾，我们任何农业发展对策都离不开对这个矛盾的考虑。

三、宏观环境对农业产业化经营的制约作用

我国农业宏观环境是农业产业化经营的外部约束条件，它将对我国农业产业化经营发展方向和路径产生影响。在探索宏观环境对我国农业产业化经营的制约作用时，我们需要重视如下两个问题。

（一）农地保障功能的日益刚化制约了农地流转

随着人地关系越来越紧张，农地的保障功能正在强化，福利化趋势越来越明显，而这又会制约农业产业化经营的发展。一方面，在农地生产经营中，逐步出现粮食作物与经济作物争地的现象。粮食是人们生存的基本物资，农户在社会保障功能不具备的条件下，会优先种植粮食，等到粮食足以满足其生存需要时，才会考虑种植经济作物或发展其他产业。而且，由于粮食作物的生产是传统农业生产的重要内容，农民普遍掌握了其生产技术，相对经济作物来说，它们的生产风险要小。因此，在目前农民缺乏社会保障的条件下，以“生存保障性”为目的的粮食“小农生产经营”方式仍然会继续存在。农民只会利用粮食生产之外的土地种植经济作物、林产品或其他产品，而农业产业化经营的主要农产品是粮食产品之外的经济作物、林产品或其他产品。中国农业生产经营模式应该是“农田粮食小生产经营＋农业合作经营”或“农田粮食小生产经营＋农业土地规模经营”。

情景资料

江西省九江地区永修县田少、人多、荒山多。改革开放初期，农村正在推行家庭联产承包责任制，面对这种现实情况，当时的永修县柘林镇河桥村党支部书记徐京发同志联系四户党员共同承包乡里1156亩荒山，并于1981年成立了京发林业合作社。京发林业合作社是一个集林业种植、加工和销售为一体的合作组织。当地农民一方面利用农田生产粮食，另一方面将荒山或林地作为生产资料自动加入合作社。1982年自动参加合作社的户数达30户，1983年为50户，1985年为80户，1987年为103户，1989年为189户，共9800多亩，2003年为600多户，共36 000多亩。

另一方面，由于农地的保障功能正在加强，土地难以完全私有化，从而降低土地流转的效率，土地要素流动的交易成本将一直维持比较高的状态，而这也制约着农业产业化经营的发展。因此在某种意义上，农地保障功能的强化阻碍了农业产业化经营的推进。

（二）农地破碎化使得农业规模化经营变得极其困难

我国土地制度改革的依据来自于古老的农业文明的“均平”理念，即按照人口把集体农地按肥力远近划成等份，这造成了我国农地无限细分的客观事实。我们知道，通过规模经营来推动农业产业化经营，可以获得规模经济，但前提条件是集中农民土地的交易成本要足够小，当规模经济收益低于其土地集中的交易成本时，农业产业化经营就难以推动了。现实生活中，我国通过土地集中的方式发展农业产业化经营的例子不多。当然，现实生活中存在某些“倒租返包”特例，是地方政府出面对农户协调的结果，有的地方政府“越俎代庖”，直接替代农民进行农业土地流转，而这常常造成群众不满，甚至集体抗议或上访。

情景资料

斗南村，西临滇池，南距呈贡县城2千米。该村人口5000多人，人均土地0.5亩，大部分农民种植鲜花和蔬菜，农民生活水平在当地属上乘。1996年，斗南村委会与隆格兰公司签订合同，公司投资4000万，租赁土地70亩，每亩每年70元租金。合同签订之后，公司开始施工建厂，重载车辆压坏农村道路，农民群起断路，并引发与公司的冲突。矛盾尚未解决，又传出村委会与金林公司签定出让另100亩土地合同的信息，2000多农民聚集街头……

因此，我国农业产业化经营的推进过程中，由于农地破碎化程度高、农户经营规模小，推行农地规模化经营交易费用非常大。

当前，“公司+合作组织+农户”产销一体化已经被认为是能够促进农村经济产业化的组织形式，它把农户、加工厂、运销组织等原来城乡对立的二元结构中矛盾重重的经济主体，以共同利益为纽带联结起来，进行社会化大生产。大力发展农民专业合作组织，是解决小生产与大市场矛盾的重要的农村经济制度创新和组织创新。

参考文献

阿林·杨格．1996．报酬递增与经济增长．贾根良译．社会经济体制比较，（2）：40~44

孔祥智.2003. 聚焦“三农”——180位专家学者破解“三农”难题. 北京：中央编译出版社，15

林景新.2005. 当危机来临时. 营销学苑，(10)：23~25

魏学武.2003. 统筹城乡开始上路. 见：陈长生. 中国农业、农村、农民前沿问题报告. 北京：人民日报出版社，12

温铁军.2005. 三农问题与世纪反思. 北京：生活·读书·新知三联书店，7

中华人民共和国农业部.1995. 中国农业发展报告'95. 北京：中国农业出版社，45

周立群，曹利群.2001. 农村经济组织形态的演进与创新——山东莱阳市农业产业化调查报告. 经济研究，(1)：12~15

周新庄.2004. 社会分工、农业市场化与农民增收. 经济学家，(3)：21~26

第三章

农业产业化进程中的产业链成长规律

第二章中我们从宏观环境和农业产业特性的角度分析了制约我国农业产业化经营的各种因素，然而要破解农业产业化经营的难题，就必须深入、细致地探索农业产业化成长的一般机理，为此，我们必须把研究视角进一步微观化。因此，我们要分析的关键问题应是农业产业链（尤其是加工链）延伸的影响因素及其作用过程是什么？实际上，我们必须回答为什么大多数龙头企业在目前环境中不愿意从事加工生产。显然，对这一问题的回答是寻找农业产业化成长机制的关键。

第一节　企业与产业

要从微观的角度研究产业链成长规律，就必须弄清楚企业与产业、产业与产业链的关联性。在此基础上探寻农业产业化成长的一般规律。

产业（industry）一词，在不同场合下有不同的解释。在历史学和政治经济学中，它主要指“工业”。从法学的角度来解释，它主要指“不动产”等。本研究从产业经济的角度把它定义为介于微观经济组织和宏观经济组织之间的“集合概念”。微观经济研究视角是企业，而宏观经济研究视角却是国民经济，产业经济研究视角是产业，即企业与国民经济的中间状态（刘志彪，2001）。日本学者官泽健一将产业研究基本领域归纳如图 3-1 所示。

由此可知，产业结构、产业联系和产业组织三部分内容构成了产业研究的重点。产业结构问题是产业研究中的“准宏观”领域，产业联系问题是产业经济研究的“准中观”领域，而产业组织问题是产业研究中的“准微观”领域。因此，从产业组织的角度来看，产业就是同类企业的集合。正是因为这一点，我们可以通过研究企业来达到研究产业的目的，同类企业在面临相似的环境条件时，应如何采取行动，其行动的后果往往导致了产业发展的内容。例如，农业产业化龙头企业要不要加工环节，其决策结果就直接影响农业产业链加工环节的强弱。

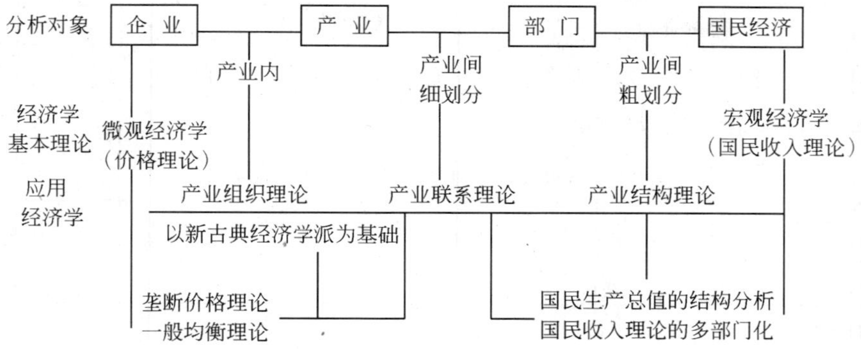

图 3-1　产业研究的基本领域

没有企业就没有产业，有什么样的企业就形成什么样的产业。

第二节　农产品加工产业及其特征

一、农产品加工业的范畴

广义的农产品加工业，是指以人工生产的农业物料和野生动植物资源及其加工品为原料所进行的工业生产活动；狭义的农产品加工业，是指以农、林、牧、渔产品及其加工品为原料所进行的工业生产活动（傅伟祥，2000）。人工生产的农业物料和野生动植物资源非常丰富，并与国计民生高度相关，农产品加工业目前已发展成为一个十分复杂的系统工程，所应用的技术大多属于多学科、多专业、高新技术和综合技术。按照国际产业分类标准，农产品加工业划分为五大类，即食品、饮料和烟草加工；纺织、服装和皮革工业；木材和木材产品加工包括家具制造；纸张和纸产品加工、印刷和出版；橡胶产品加工。我国在统计上与农产品加工业有关的行业包括食品加工业、食品制造业、饮料制造业、烟草加工业、精细化工业（如异 VC 酸钠、L-乳酸等）、纺织业、服装及其他纤维制品制造业、皮革毛皮羽绒及其制品业、木材加工及竹藤棕草制品业、家具制造业、造纸及纸制品业、印刷业和橡胶制品业等。

二、农产品加工业的产业特征

（一）与农业产业关联性大

由于农产品加工品是以农业初级产品为原料进行加工生产的产品，因此其发展速度和规模将极大地刺激农业的发展。据测算，1981 年作为直接需求的初级农产品为总需求的45.2%，到1995年下降至37.9%，近年来下降趋势更为明显，农产品的中间需求越来越大（傅伟祥，2000）。从表3-1中我们也可以看出，食品制造和纺织、缝纫及皮革产品制造等产业对农业产品的需求占据主要部分，尤其是食品制造业的发展与农业产业发展关联性最大。

表3-1 2000年我国农业投入产出消耗系数表

投入	农业	采掘业	食品制造业	纺织、缝纫及皮革产品制造业	其他制造业	其他产业
农业	0.242	0.030	0.587	0.234	0.129	0.255

资料来源：《中国统计年鉴》（2004年）。

再如下面范例。

情景资料

河南省的“莲花”牌味精厂，拥有年加工14万吨的生产规模，总产量据世界第二，占有国内46%的市场。年均加工和消化原粮35万吨。

河南省的“春都”、“双汇”、“郑荣”三大火腿肠企业，产品占全国市场的70%，年加工和消化生猪1600万头、肉牛400万头。

这些龙头型农产品加工业的发展既拉动了种植业、加工业的发展，又推动了农产品及其加工产品运销业的发展，产业关联效应十分显著。

（二）对国民经济发展影响力强

由于产业的前后向关联及其相互关联的波及效应，任何一个产业的生产活动必然影响或受影响于其他产业的生产活动。我们把一个产业影响其他产业的程度称为影响力，把受到其他产业影响的程度称为感应力。根据日本1970年投入产出表计算，日本产业中各具体部门的性质见表3-2。

表3-2 1970年日本产业性质

A组 影响力高 感应度高	B组 影响力高 感应度低	C组 影响力低 感应度高	D组 影响力低 感应度低
化学制品业 钢铁制造业 一般机械制造业 电气机械制造业 运输机械制造业	食品制造业 纤维制品制造业 木制品制造业 金属制品制造业	石油制品 制造业	煤炭制品制造业

从表3-2我们可以看到，农产品加工业主要属于B组，表现出影响力高、感应度低的产业特征。1995年，我国对33个部门的影响力系数进行测算，其中部分产业影响力系数及其排序如表3-3所示。

表3-3　我国农业及其加工产业的影响力系数及其排序（1995年）

项目	农业	食品制造业	纺织业	缝纫及皮革制品业	木材加工及家具制造业	造纸及文教用品制造业
影响力系数	0.771 65	0.969 72	1.193 06	1.224 48	1.100 31	1.171 64
排序	32	20	2	1	12	4

资料来源：国家统计局国民经济核算司：1995年中国投入产出表。

从表3-3中可以看出，农产品加工业影响力系数普遍大于1，即对其他产业发展的影响和带动作用明显。

（三）吸收劳动力能力强，工资收入总额大

以食品工业为例，我们可以看到，无论在发达国家还是发展中国家，该产业都具有典型劳动密集型产业的重要特征，它对劳动力的吸收能力强，是许多国家经济增长的重要源泉。表3-4是关于部分国家食品工业职工数、工资额占制造性产业职工总数、工资总额的比例。从表3-4可以看到，我国目前以食品工业为代表的农产品加工业与发展中国家总体水平还有很大的差距，但已经成为我国制造产业的重要组成部分，是当今我国吸纳劳动力的重要领域。

表3-4　部分国家食品业职工数、工资额占制造性产业职工总数、工资总额比例

（单位:%）

国家	职工比例		工资比例	
	1993年	1995年	1993年	1995年
美国	9.2	9.0	12.9	7.6
日本	11.6	12.1	8.5	8.4
巴西	33		12.5	
秘鲁	23.5		25.5	
菲律宾	20.9		22.6	
中国	10.8	11.6	7.7	9.4

资料来源：《国际经济年鉴》（历年）；联合国工业发展组织：《1997年工业统计资料手册》（维也纳）；《中华人民共和国1995年第三次工业普查资料》（行业综合卷）。

今天，我们可以通过农业产业化经营的方式，大力推进农产品加工业的发展，使公司和农户变为利益共同体，让广大农民分得农业产业化加工环节中的部分利润，从而保证农民收入的稳定和提高。据测算，我国农产品加工业产值与农业产值的比值每增加0.1个百分点，就可以带动230万人就业，带动农民人均增收193元。

情景资料

陕西省果树面积1999年底已达到996万亩，总产量497万吨，水果（产量）居全国第四位；其中苹果620万亩，产量395万吨，总产量居全国第二位，人均产量居全国第一位。据统计，1999年全省水果总收入90亿元，占农业总收入的31%；纯收入59亿元，果区人均收入526元，占农民纯收入的近一半。全省果业提供的农业特产税达4.5亿元，占全省农业特产税总额的65%，果区一些县财政收入的60%以上来自果业。

三、我国农产品加工业的现状

（一）改革开放以来，我国农产品加工业得到快速发展

改革开放以来，我国居民收入不断提高，这极大地促进了农产品加工业的发展。以食品加工业为例，1981年，其产出只有407亿，到2000年，产出增加到4229亿。表3-5为我国农业和食品加工业1985～2000年总产出的平均增长速度，从表3-5可以看出，食品加工业无论是总产值还是增加值的发展速度均高于传统农业。

表3-5 农业和食品加工业平均增长速度（1985～2000年） （单位:%）

农业		食品加工业	
总产出	增加值	总产出	增加值
12.27	7.58	13.0	22.94

资料来源:《中国食品工业年鉴》（历年）和《中国农村经济统计年鉴》（2001年）。

近10年来，中国农产品加工业总产出的年均增长速度达到了9.2%，是国民经济中增长速度最快的产业之一。据统计，农产品加工业产值到2000年已占农业产值的84.6%，成为拉动中国农业发展、增加农民收入的重要动力和源泉。截至2001年底，全国年销售额500万元以上规模的农产品加工企业共计实现增加值6968亿元，从业人员1513万人，出口交货值5090亿元，利税2718亿元；农

产品加工业产值在中国农业总产值中已占到85%。2003年，农产品加工业产值达3.1万亿元，比上年增长17%，占整个工业产值的22.4%。

（二）与发达国家相比，我国农产品加工业还存在巨大差距

从表3-6中可以看出，我国食品工业增加值与农业增加值之比在1980~1995年间处于下降趋势，此后不断上升。但与发达国家相比还存在着巨大差距，1997年，美国的比值为1.16，日本为1.22，法国为1.25，而我国只有0.17。

表3-6　我国食品工业增加值与农业增加值之比的国际比较

国家	1980年	1990年	1995年	1997年	2000年
巴西	0.39		0.22		
日本	0.66		1.13	1.22	
法国	0.79		1.35	1.25	
美国	0.80		1.05	1.16	
中国	0.14	0.12	0.09	0.17	0.19

资料来源：罗国亮博士论文《中国食品加工业增长研究》。

四、大力促进我国农产品加工业发展的意义

发展农产品加工业对于我国国民经济的增长、推动农业产业化经营、统筹城乡发展、实现小规模农业生产与现代化大生产的对接等有着十分重要的意义（陈怡，2004；胡定寰，俞海峰，2003；靳相木，1998）。具体来说它包括以下几个方面。

（一）农产品加工业是统筹城乡产业布局的必然选择

统筹城乡产业布局要求我们把城市和乡村联系起来科学考虑，合理分工、优势互补，避免产业重构和过度竞争，加速产业融合和产业升级。笔者认为，农产品加工业将是我国统筹城乡产业发展的必然选择，具体理由有以下几个。

（1）产业的融合性为统筹城乡发展提供了便利。农产品加工业既不是传统意义上的一次产业，它与典型的工业存在一定差别，它是介于两者之间的一种产业，有人称它为1.5次产业。它一端连接着城乡居民的最终消费，决定着城乡居民日益多样化、多层次和多变的新需求；另一端是农业产业的延伸与发展，对提高农产品附加值、增加农民收入具有重要意义，因此，农产品加工业有着产业融合的天然属性。如果这一产业得以壮大，城乡经济的两端就自动得以发展，实际上就为统筹城乡发展提供了便利。

（2）产业的高低端性既有利于利用农村资源，又能吸引工商资本和容纳高科技技术。一方面，农产品加工业可以容纳高科技，需要大量的城市工商资本，表现了该产业的高端性；另一方面，需要大量的农业劳动力和充分的农业资源来生产初级农产品，又表现出该产业的低端性。这一特性使得统筹城乡发展过程有着得天独厚的优势，既有利于科技创新、产业升级，又有利于农业资源的利用和农民就业。

（二）促进县域经济发展，加速农村城市化

工业化与城市化是相伴而生的，人口的密集和产业的密集是城市化的突出表现。从根本上说，城市化水平是由经济水平决定的，人口密集必须靠强大的产业密集来支撑，否则城市化就难以持续，并将导致新二元结构的出现。在大城市与农村的过渡地带——县城或乡镇进行农产品加工业布局，培育农产品加工企业集群，有利于壮大县域经济，促进中小城镇发展和加速农村城市化。

（三）提高农民收入，缩小城乡居民收入差距

目前，我国农民收入中还有相当大的比例来源于农业，而传统农业产品常常会出现供过于求或“过剩”现象，这严重影响农民收入的提高，拉大城乡居民的差距。通过农业产业化经营的方式来推进农产品加工业，公司和农户变为利益共同体，使广大农民还可以分得加工环节中的部分利润，从而保证农民收入的稳定和提高。

（四）改善产品结构，满足人们多样化的消费

随着我国居民收入的总体提高，人们对食品的需求结构也在不断地发生变化，对初级农产品需求比例在缩小，对加工农产品需求比例在扩大。人们不仅要吃得饱，还要吃得方便、吃得营养、吃得安全、吃得健康、吃得有趣，因而以方便食品、休闲食品、绿色食品为主的深加工食品越来越受到消费者的青睐。只有大力发展农产品加工业，才能改善产品结构，满足人们多样化的消费。

（五）有利于合理分工，促进农村劳动力的转移

大力发展农产品加工业，有利于促进城市中的工商资本流向农村经济体系，从而打破原有的“农村流向城市”的资金流；有利于企业以经营工业的思想经营农业，使农业经营管理水平得以提高；当然，更有利于带动农村经济的繁荣，吸纳农业剩余劳动力。这样，一方面可以使更多的农村人口能够转移到工业产业中就业，另一方面，工业产业可以使用更多的农业资源，实现工农产业的互动式

发展。

（六）促进技术转移和产业升级

在二元经济结构条件下，高科技技术一般存在于城市部门工业领域，在农村经济体系中基本上没有高科技技术。大力发展农产品加工业，吸引龙头企业扎根农村，鼓励一部分企业把自身发展与农业产业化相结合，把农产品的深加工作为主营领域，通过发展农产品深加工，带动农业产业化的发展，促进技术转移和产业升级。

（七）提高农业国际竞争力

从本质上来说，今后农业的国际竞争主要是农产品加工业的竞争。发达国家的农产品加工业已经是技术密集型的高科技集约配置体系，这使得他们在国际竞争中处于优势和领先位置。中国农产品加工业还基本上是劳动密集型产业，农产品加工企业的数量超过世界上任何一个国家，但企业规模小，80%企业的技术装备水平处于20世纪七八十年代的世界平均水平，这直接导致产品国际竞争力不足。因此，大力发展农产品加工业将有利于提高我国农业的国际竞争力。

2005年，由温家宝总理作的《政府工作报告》中指出："推进农业区域化布局、专业化生产和产业化经营，大力发展特色农业，加快发展农产品加工业。"2006年3月5日，温家宝总理作的《政府工作报告》中再次强调："继续调整农业结构，积极发展畜牧业，推进农业产业化，大力发展农业二、三产业，特别是农产品加工业，壮大县域经济。"中共中央国务院颁布的《关于促进农民增加收入若干政策意见》（一号文件）把发展农产品加工业作为推进农业结构调整的重要力量。由此可见，当前党和人民政府高度重视农产品加工产业的发展，发展农产品加工业越来越成为我国统筹城乡发展，促进农业产业化经营和建立农业长效发展机制的重要突破口。

第三节　龙头企业

从上面的分析可知，目前我国农产品加工业非常落后，而这也是我国农业产业化经营落后的根本原因。那么，为什么我国农业产业化龙头企业不愿意投资加工产业呢？龙头企业决策又受哪些因素的制约？对这一问题的回答是解决问题的关键。

一、龙头企业的地位

党的十五届三中全会决定指出，"发展农业产业化经营，关键是培育具有市场开拓能力、能进行农产品深度加工、为农民提供服务和带动农户发展商品生产的‘龙头企业’”。党和政府的政策和国家法律充分肯定了我国农业产业化龙头企业的历史地位，说明龙头企业是农业产业化经营的“领跑者”、农业现代化建设的“火车头”，随着农业产业化的兴起而兴起，随着农业产业化的发展而发展。没有农业产业化就没有龙头企业；同样，没有龙头企业也就没有农业产业化。据2003年统计，我国乡镇企业和农垦企业共有2200余万个，生产总值38 000多亿元，是全国农林牧渔增加值的2.2倍，其中专业性的农牧渔场（不含林场）共有50余万个，规模以上农产品加工业企业6万余个，生产总值2.7万亿元以上，占全国轻工业总产值的65%。

二、龙头企业的功能

龙头企业要成为带动农民进行农业产业化的火车头和领跑者，除赋有一般企业转化增值、流通交换、资源聚合的功能外，还赋有农业产业化领跑者的特殊功能。

一是发现和利用市场机会的功能。龙头企业首先要通过市场调查，发现消费者需求，提炼商业机会，然后进行市场决策，应用市场营销和市场竞争等手段，来达到开发、募集、吸引、聚合客户群体、满足客户需求、提高产品市场占有率的目的。龙头企业要带动农业产业链的各个环节，是进入市场的领跑者。市场开拓不仅要求规模大，而且必须有确定的目标、有组织、有计划，与技术创新结合进行。

二是技术创新功能。在我国一般企业和农户无力形成技术创新能力，除了国有农业研发和教学单位外，农业技术创新的任务就落在龙头企业的肩上。农业产业化越向前发展，龙头企业承担的技术创新任务越大。只有龙头企业，才能把农业产前、产中、产后的技术组装、技术标准、技术培训、技术应用落实到产业链的每个节点和工种岗位；才能统筹企业员工和基地农民的技术培训，全面提高全体产业军的素质；才能统筹、整合内外技术资源，优化生产要素组合，加速农业产业增长方式的根本性转变。

三是社会服务功能。龙头企业不是一般的企业，而是农业产业链各节点——种养加、产供销、经科教和农户的联结者和领跑者，实质上是虚拟型的企业集团。对内有行政执法服务功能，对外有交流传播服务功能；既要谋求企业的利益，又要谋求集团的利益，还要谋求公众的利益，特别是广大农民的利益。龙头企业要树立全心全意为社会、为农民、为用户服务的观念，建立完备的社会化服务体系，为社会、为农民、为企业提供生产经营和学习生活的全方位服务，实现服务优质化、实惠最大化。

四是协调管理功能。龙头企业处于农业产业化利益共同体的主导地位，对农业产业链各节点、各主体有协调管理功能。协调建立产业链各节点、企业、科教、农户、基地、种养加、产供销之间的和谐共济关系；协调建立产业集团与政府之间的和谐共济关系；协调建立人与自然之间的和谐共济关系。

三、影响龙头企业决策的因素

农业产业链的长度从微观角度上取决于龙头企业产品链的长度。更具体来说，龙头企业是否决定生产加工产品直接影响到农业产业加工链的发展。因此我们需要分析影响龙头企业决策是否进入加工环节的具体因素。

为了使问题更具体化，我们假定存在这样一个龙头企业与某地方农民达成契约，实行典型的“公司 + 农户”方式养鸡合作（李前兵，2003；赵凤岐，2003）。龙头企业负责种苗生产、养鸡技术服务、回收成品鸡、提供统一饲料等，而农户买进种苗后，在龙头企业的指导下进行喂养，等鸡长大后再卖给龙头企业。这时，龙头企业有两种发展模式，其一是将回购的成品鸡卖到市场中去，赚取差价；其二是将回购的成品鸡进行某种形式的加工，提高产品附加值之后，再卖向市场。我们现在要分析的是龙头企业将采用哪一种发展模式，影响其决策的因素到底有哪些？仔细分析龙头企业至少要考虑如下几点。

（一）需求因素

首先，龙头企业要分析，中国老百姓吃惯了新鲜的未加工鸡，人们愿不愿意消费加工后的鸡？也就是加工鸡市场需求如何？不同区域、不同收入、不同职业的人群对加工鸡的需求反应如何？不同特征的消费者对加工鸡的口味、卫生、营养等的需求维度又如何？如果人们对加工鸡的需求是潜在的，企业是否有足够的资金来引导消费？

（二）技术因素

其次，龙头企业必须考虑到，当今社会科技水平是否足以进行鸡的加工生产、运输、保鲜等？其中最为关键的制约技术是什么？本企业是否有相应的技术能力？如果目前没有，是否有替代的方法？如果有相应的技术，技术风险究竟有多大？是否能够得到国家技术创新体系的支持？如果整个社会科技水平已经具备产业化发展的支持能力，那么产品的附加值空间如何，企业有没有赢利的空间？

（三）交易因素

再次，龙头企业必须考虑到：传统的肉鸡市场发育一直比较完善，营销网络和营销渠道也比较固定，企业能快速寻找到合作伙伴，因此企业在现实生活中交易效率较高。但是，加工鸡的渠道和网络必须自己建设，对于许多企业来说，这是一个全新的事情，企业是否有这种营销能力？其运营的风险究竟有多大？是不是会影响到企业的交易效率？

（四）其他因素

最后，企业还必须考虑其他方方面面的事情，如行业中其他竞争对手的实力、规模、竞争手段、技术能力、营销网络如何？企业自身资金能力情况、抗风险的能力、管理水平和效率如何？生产出来的产品是否符合中国法律条令？企业整体运营风险如何？

四、龙头企业的决策方法

龙头企业决策遵循一定的原则和方法。传统经济学在分析利益主体的决策时，普遍采用边际分析方法，当边际收益等于边际成本时，人们获得的利润处于最大化。对于龙头企业来说，其资源配置的原则也遵循利润最大化原则，比如说龙头企业决定花费多少比例的钱来进行营销，花多少比例的钱来进行生产或技术服务，花多少钱来进行组织运营等，才会使得其利润最大化。事实上，龙头企业进行决策时面临的首要问题是回答是和否的问题，其次才是合理的资源配置问题，即龙头企业先要回答是加工肉鸡还是不加工肉鸡问题，如果是加工肉鸡，应该如何配置资源使得其利润最大化，最大利润又是多少；如果不加工肉鸡，又应该如何来配置资源，其最大利润是多少。龙头企业应该比较加工肉鸡与不加工肉鸡的最大利润，选择其中最大者。这种方法实际上是新兴古典主义经济学倡导的超边际分析方法，笔者认为，现实生活中龙头企业决策更倾向于超边际分析。

值得一提的是，由于决策者常常面对信息不对称环境，决策者总是具有有限理性的。因此，寻找利润最大点的成本相当高，而在决策时不可能将所有因素及风险全部考虑到，决策中会着重考虑主要因素，忽略次要因素。

第四节　农业产业进程中的产业链成长规律

要探索农业产业链成长规律，就需要将微观的企业与中观的产业结合起来考虑，从动态和整体的角度来分析。我们构建一个关于农业产业化加工产业链成长的定性模型，它涵盖了加工产业链的形成过程、影响因素、动态发展等内容。

一、农业产业加工链成长模型

图 3-2 是一个关于农业产业化加工产业链成长规律的定性模型。从模型可以

看出，农业产业化加工链的成长至少包括如下几个过程。

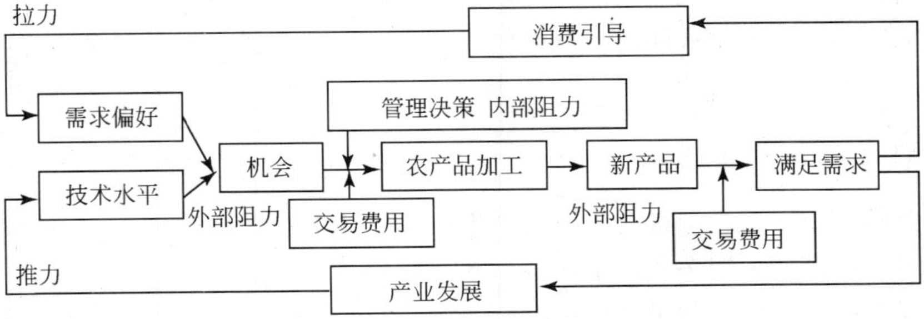

图 3-2　农业加工产业链成长概念模型

（一）商业机会形成阶段

农业产业化经营的核心内容之一就是龙头企业把握商业机会。因此，商业机会的形成是农业产业化经营的起点。什么是商业机会？是不是所有的市场需求都是商业机会？实际上，商业机会与市场需求存在差异，商业机会一定是某种市场需求，但只有企业能够把握的需求才能成为商业机会，也就是说，市场需求必须和组织资源相匹配，才能发展为商业机会。对于农产品加工业来说，技术是至关重要的资源，而在一定时期内，一个国家或组织的技术水平常常会成为阻碍由市场需求发展成商业机会的制约因素。虽然许多需求是存在的，但现实社会中缺乏技术支撑，因此，市场需求难以形成商业机会。比如说，市场中一定存在对治疗晚期癌症或艾滋病有特效的加工食品或药品的需求，但是目前全世界范围内没有这种生产技术，这一需求就难以构成一个商业机会。因此，我们应当在现有的技术条件下，寻找可能的商业机会。

（二）龙头企业决策阶段

寻找商业机会需要决策者拥有特有的企业家素质。首先，应具备对市场需求和商业机会的超前敏感性。社会发展到一定阶段，会出现一些商业机会，只有先知先觉的人才能快速地从纷繁复杂的现代信息中提炼出商业机会，才能抓住机会，发展起来。其次，需要决策者有较强的企业家冒险精神。商业机会出现后，龙头企业主就要作决策，到底抓不抓住机会、投不投资。由于任何人不可能获得完全充分的信息，人的理性也是有限的，因此任何一个商业机会都存在风险。面对商业机会，有的企业主望而却步，有的勇往直前。例如，改革开放之后，随着人口流动的不断加快，特别是大学生群体增多及 20 世纪 90 年初的南下打工大军，这为方便快速食品的发展带来了市场需求，方便面这一商业机会被台湾顶新食品企业把握，生产出康师傅方便面，正是因为抓住了这一机会，该企业才迅速发展壮大起来。同样地处中原的河南双汇企业，抓住了人们对便利肉制品需求不断扩大的机会，生产出火腿肠，从而使双汇企业快速发展成为全国农业产业化经营的重点龙头企业。

（三）农产品加工阶段

当龙头企业发现商业机会，并决定生产某种加工农产品后，下一个阶段就是收集初级农产品，利用企业加工设备，在现有的加工技术条件下加工生产。为了保证初级农产品的质量和供应的永续性，龙头企业通常和生产初级农产品的农户签订协议，形成所谓的“公司＋农户”或“公司＋中介组织＋农户”或“公司＋基地＋农户”等组织形式。加工后的农产品价值通常要比初级农产品的价值高得多，这使得农业产业化经营的利润空间得以大大提升。

（四）加工产业发展阶段

加工农产品生产之后，龙头企业通过各种营销手段和营销渠道，把产品卖给消费者。在这场交易过程中，一方面是消费者接受和消费加工农产品，消费者需求得以满足；另一方面，加工农产品的价值得以实现，农业产业价值链得以延伸和发展。正是因为加工农产品的价值得以实现，农业产业化经营各利益主体获得收益。由于有利可图，越来越多的同类企业开始生产类似产品，市场上加工农产品也会越来越多，农产品加工产业发展就越快，有的地方开始形成产业集群，农业经济发展就越快。

（五）新一轮消费引导和需求偏好形成阶段

当龙头企业生产加工农产品并出售给消费者时，消费者的需求被满足了。现实生活中，消费者的需求是随着社会经济、政治、科技、文化环境的变化而变化的。总体来说，人们对农产品的需求由低级水平向高级水平动态发展。在生产力较低的时候，生存是第一重要的，人们需要营养作为基本保证，需求非常简单，但随着生产力水平的提高，物质条件得到改善，人们开始追求口味、时尚、舒适等。当一轮需求被满足后，人们又开始形成一轮新的需求，因此，企业要高度认真地关注消费者需求的动态变化，在原有加工农产品的基础上延伸产业链，生产出新的附加值加工农产品。不可否认，许多新需求可能是潜在的，需要企业通过各种广告宣传方式来诱导、培育、推进、展示出这种潜在需求，企业甚至可以通过各种营销手段来“塑造”需求特征或形式，龙头企业再根据这种需求生产出新的加工农产品来。

（六）产业发展促进技术进步

随着市场上加工产业的发展，越来越多的同类企业出现，有的地方开始形成产业集群。产业集群有两个重要特征，一是在集群中存在良好的学习机制，二是在集群中存在技术扩散效应。从这个角度来看，产业的发展非常有利于促进技术进步。此外，由于农产品加工产业不断向前发展，龙头企业积累了一定的资金，迫于市场生存压力，企业会自觉地进行研发和技术创新，这也促进了产业内的技术进步。

以上六个阶段联结在一起，就构成了图 3-2 所示的农业产业加工链的成长过程模型。从概念模型也可以得出：农业产业化成长受到四种力量的影响，即需求引导的拉力作用、技术进步的推力作用、企业管理的内部阻力作用和交易费用的外部阻力作用。把这四种力量结合起来，用系统思想来探讨农业产业化的成长规律，这才是本书研究的重点和核心。

二、农业产业加工链成长模型的特点

认真分析我国农业产业加工链成长模型，我们不难发现其存在以下几个最主要的特征。

（一）动态性

由于人们的需求受到现实生活中社会经济、政治、科技、文化环境等不可控因素的影响，而这些因素不停地发生变化，人们对农产品的需求也在发生变化。当龙头企业发现了人们对农产品的某种需求之后，市场上就有可能形成了商业机会，形成了一种新的加工农产品。当新加工农产品被推向市场卖给消费者之后，这一需求就被满足了。然而由于消费者需求总是在发生变化，这时有可能在消费者中又产生一个新的需求，企业再次把握机会，又生产出更新的加工农产品。因此需求永不停止地产生，它不停地推动农业产业链向更深、更远的方向前进，成为农业产业链延伸的原动力。

（二）内生演进性

从上述模型可以看出，当一个需求在技术支撑下变成市场机会，正好被企业家俘获之后，加工企业在初级农产品的基础上加工生产，形成一个被消费者接受的加工农产品。这时，社会生产力提高了，人们在消费引导下产生新需求，显然新需求要比旧需求层次高，加工企业以原有加工农产品为中间性产品进行更深层次的加工，那么加工产业链就得到进一步延伸。在这里我们可以看到，需求、技术、新产品、产业发展等变量都是内生的，而且在原有基础上不断演进，因此，模型的各变量具有内生演进的基本特点。

（三）系统性

该模型的另一个特点就是系统性。构成模型的要素涉及的变量很多，包括技术、需求、决策、生产、产业发展、需求引导等。每一个变量其实又受到其他因素的制约，例如，技术进步受到产业发展、经济水平、技术环境等要素的影响，而需求又受到经济水平、消费偏好、文化等要素的影响，企业决策受到需求、交易、技术等要素的影响，需求引导又与企业的营销能力或社会的宣传强度或方向有关。因此，该模型是各种错综复杂因素的统一体，我们应该以系统的眼光来看待它，其本身也体现了一定的系统性。

三、农业产业加工链成长模型的引申

上述模型实际上描述了农业产业加工链的成长过程，要理解和认清模型的运行机制，就必须弄清楚需求引导拉力、科技进步推力、交易费用外部阻力、企业管理内部阻力这四种力量与结构模型中的各个环节之间的关系。进一步分析这四种力量与各个环节之间的内在联系对于探索农业产业化的成长机制有着极其重要的意义。

（一）需求引导、消费者态度与效用价值

龙头企业在产业化经营过程中，常常要做的一件事情就是对消费者进行需求引导。由于需求本身具有模糊性的特征，即有些需求是显性的，而有些需求是隐性的，隐性需求常常潜伏在消费者内心深处，需要对它进行挖掘、诱导、培育，它才会逐渐显现出来。从农产品的特点来看，初级农产品能提供人们基本生存的食物或保证人们的基本营养，当整个社会生产力水平比较低时，人们对它的需求较大。加工农产品是更高层次的产品，当社会生产力水平提高，居民收入水平普遍提高之后，人们对它的需求有了快速增长的趋势。这种需求更多体现口味、时尚、享受、娱乐、休闲、虚荣、地位等元素，具有更大的弹性及隐秘性。因此，诱发、引导、培育某些具有隐性特征的加工农产品需求对于农业产业化经营具有十分重要的意义。我们应该牢记彼德·德鲁克那句话："好的企业满足市场，伟大的企业创造市场。"

实际上，从消费心理角度来看，消费者对自身需求也有一个认知的过程，它包括对客观事物的感觉、知觉、记忆、思维、想象等过程，其中知觉对认知过程的影响最为重要，它是一个对外来刺激有选择地进行反映或组织加工的过程。正

是由于这个特点，龙头企业在经营过程中可以人为地选择许多刺激物，使消费者心中留存许多信息，更多地体现出龙头企业事先预知的方向，随着这些知识或信息的不断积累，消费者就开始形成了一定的偏好或态度。消费者对产品评价越高，就意味着其认为消费产品的效用越高，其对产品的心理定价就越高。中国保健品行业中“红桃 K”、“太太”等产品，就在企业对消费者进行消费引导的过程中形成需求偏好，继而提高其产品的效用价值，故其定价要远远高于其生产成本。

此外，龙头企业还应该在研究同类竞争对手营销和产品特点的同时，从分析消费者心理的角度出发，对加工农产品进行准确的营销定位，再采用整合营销传播理念，通过有效的广告、公关活动、分销渠道等手段同样可以达到沟通消费者、传播信息、提升产品品位、塑造品牌形象、增进加工农产品在消费者心中价值的目的。现实生活中，我们可以看到，在强大宣传和广告作用下，许多加工农产品市场价值大增。当今市面上热销的“王老吉”成本价不超过 1 元，但市场零售价超过 3 元；蒙牛集团借助赞助“超级女生”活动的机会，推出“蒙牛酸酸乳”产品，引导广大青少年成为其主要目标消费者，提高了该产品在消费者心目中的地位，从而实现了加工农产品价值的提升。

因此，要研究农业产业加工链的成长规律，就必须进一步研究需求引导、消费者偏好或态度形成的关系，以及消费者态度与产品的效用价值之间的关系。

（二）技术进步、产业集群与产业升级

技术进步是一个动态的、全局的概念，是指整个社会的技术水平由低级向高级状态发展的过程。马克思在论及科学技术与生产效率的关系时曾指出：“……特别是一旦它自己的技术基础即机器本身也用机器来生产，一旦煤和铁的采掘，金属加工以及运输发生革命，总之，一旦与大工业相适应的一般生产条件形成起来，这种生产方式就获得一种弹力，一种突然跳跃式的扩展能力……①”因此，技术既是促进社会和产业进步的动力，其本身又受到整个社会经济体系的制约。

从上述模型中可知，当某一地区许多龙头企业抓住商业机会，生产并销售出消费者需要的加工农产品时，龙头企业的规模和实力将得到提高。同类企业数量增加到一定程度之后，企业与企业之间就可能逐步进行分工，各企业专业化程度得到相应的提高，有些地方可能形成产业集群。在产业集群范围内，企业与企业之间的学习气氛比较浓，在政府的引导和调控下，容易形成一种学习机制。基于这种学习机制和企业之间竞争的压力，龙头企业会自发地进行技术创新活动。而

① 文释见中共中央马克思恩格斯列宁斯大林著作编译局译．资本论．1975 年出版

技术创新将推动产业素质的不断提高，新技术使得原有产业焕发新的生机。河南省双汇企业的快速发展推动了当地农业产业化经营的发展，同类企业的出现一方面使得市场竞争更加剧烈，另一方面又促进了生产加工技术的提高。改革开放以来，我国科学技术有了长足的发展，但总体水平还很低，有限的高科技技术主要存在于城市部门工业领域，在农村经济体系中非常缺乏，这使得我国农产品加工业，特别是农产品深加工技术总体水平远远落后于国际水平。

此外，我们应该看到，技术进步将产生和形成新的商业机会。例如，在乳制品行业中，盒装技术使得液态牛奶能放置几个月而不变质，这就创造了一个盒装牛奶市场，它是介于鲜奶与奶粉之间的一种产品。真空包装技术的突破，使某些食品能长时间保持原有的风味，因此，催生了蛋黄派食品的产生，蛋黄派食品可以成为一种新的早餐食品或点心。由于人们传统的点心或早餐食品主要是饼干、面包或蛋糕，饼干太干、火气太旺，面包或蛋糕存放时间太短，而蛋黄派食品正好弥补了两者的缺陷。

因此，要探索农业产业加工链的成长规律，就需要进一步研究技术进步促进许多商业机会产生的内在机理，对推动产业经济快速发展的作用，也要研究产业的发展如何来推动技术进步。

四、交易费用、中介组织与渠道建设

交易效率实际上是指农业产业发展过程中生产者－消费者之间进行交易的难易程度。实际上包括他们之间履约前信息收集的费用、讨价还价的成本及履约后发生的各种费用。也可以把它划分成两种费用：内生交易费用和外生交易费用。外生交易费用指人们作决策之前就可以看到的成本，如运输费用、执行交易费用、储存费用以及延误运输所导致的费用等。内生交易费用就是由于生产者－消费者在自利决策之间的冲突或激励不相容引起的扭曲，是人们作决策之后发生的成本。

在农业产业化经营过程中，龙头企业总是处于核心地位。龙头企业在经营中总是要力图降低各种费用，使自己的利润最大化。这些费用包括生产费用和交易费用，其中交易费用最为关键。交易费用就是龙头企业与其他产业化经营主体进行交易所发生的各种费用，包括信息搜寻费用、谈判费用、履约费用和机会成本。农业产业化经营中龙头企业面临的交易费用可分为龙头企业与农户之间的交易费用和龙头企业与下游销售企业或消费者之间的交易费用。

我国农户生产规模小、数量多、经济收入普遍低、缺乏基本生存保障、抗风险能力低，龙头企业与农户打交道的总体交易成本大，因此，在企业和农户之间加入一个新的结点，即中介组织有着重要的意义。如何构建有中国特色的农业产业化经营中介组织是现阶段要研究和突破的一个新课题。此外，要降低龙头企业与下游销售企业或消费者之间的交易费用，关键要建立一个合理的经营渠道，加快我国农产品的流通体系建设，改革传统的物流体系。

因此，研究农业产业加工链的成长规律，需要我们进一步研究如何降低交易费用，中介组织的形成机制及其适用条件，龙头企业进行渠道设计的原则、方法和手段，以及建立快速、高效的农产品流通体系思路与方法。

五、创业管理与企业内部管理

实际上，我们可以将龙头企业俘获市场机会和发展市场机会的过程看成管理的两个阶段，前者是创业管理阶段，后者为内部管理阶段。

企业创业管理阶段的核心任务是发现和捕获机会。创业过程是市场机会、企业家与组织资源三要素匹配和平衡的结果，是一个连续地不断寻找平衡的行为组合。由于需求的模糊性和不确定性，组织资源也受到外部环境因素的制约，因此创业活动常常有极高的风险。创业活动的成功是农业产业化经营的起点。对于一个企业来说，俘获创业机会本身可能存在一个机制。比如说，为什么最先俘获火腿肠这个创业机会的是金华企业和双汇企业？在这一过程中企业家精神和资源禀赋又起了什么作用？因此，要研究农业产业加工链的成长规律，必须进一步认识清楚企业俘获创业机会的内在机理和创业行为与创业者资源禀赋之间的关系。

企业在俘获创业机会之后，就面临着管理创业企业的问题。例如，我们要回答为什么今天金华企业就不如双汇企业发展好。实际上，我们必须回答在企业管理中究竟什么问题是最为关键的，制约我国农业产业化龙头管理效率的因素又包括哪些。这些内容需要我们进一步探索。龙头企业管理的核心任务是不断提高龙头企业管理效率。龙头企业管理效率涉及许多因素，包括企业内部股权结构、企业文化、企业组织结构。哈佛大学教授哈维·莱宾斯坦提出在现实生活中许多组织内存在 X 效率，X 效率是一种市场配置之外的企业内部低效率。影响企业管理效率的因素非常多，其中企业家才能是一个非常重要的要素，同样条件的企业，由不同企业家来管理，其结果完全不同。一些有才能的企业家有时能通过激发企业内部员工的激情和斗志，将一个落后的企业管理好。这也能解释为什么在中西部地区也存在个别好的企业，在这些龙头企业的带动下，某些地区的农业产业化经营水平不落后于某些东部发达省份。西部地区蒙牛集团快速崛起使得内蒙古农业产业化经营走向了快车道，中部地区双汇集团的发展使得河南省农业产业化经营处于全国领先地位。

参考文献

陈怡．2004．农业产业化龙头企业发展实证研究．现代经济探讨，（1）：17～20

傅伟祥 . 2000. 食品工业现状与发展对策 . 中国食品（台湾），（6）：47 ~ 48
胡定寰，俞海峰 . 2003. 中国超市生鲜农副产品经营与消费者购买行为 . 中国农村经济，（8）：29 ~ 32
黄海嵩 . 2005. 中国农业产业化问题研究 . 北京：中国经济出版社，42
靳相木 . 1998. 试论农业产业化组织创新 . 农业技术经济，（5）：10 ~ 13
卡尔 · 马克思 . 1975. 资本论（第一卷上）. 中共中央马克思恩格斯列宁斯大林著作编译局译. 北京：人民出版社，45
卡尔 · 马克思 . 1975. 资本论（第一卷下）. 中共中央马克思恩格斯列宁斯大林著作编译局译. 北京：人民出版社，15
李前兵 . 2003. 农民中介组织发育的两条途径 . 经济问题，（3）：32 ~ 35
刘志彪，王国生，安国良 . 2001. 现代产业经济分析 . 南京：南京大学出版社，22
罗国亮 . 2003. 中国食品加工业增长研究 . 中国农业大学博士学位论文，78 ~ 84
杨小凯 . 2003. 发展经济学 . 北京：社会科学文献出版社，77
赵风岐 . 2003. 发展现代农业必须建设和完善农业推广体系 . 生产力研究，（4）：34 ~ 38

第四章

需求引导与农业产业化成长

前面我们已经分析了需求引导是农业产业链延伸和成长的重要“拉力”，是龙头企业扩大销售、形成知名品牌、增加农业产业化经营利润的重要手段。企业如果在需求引导方面有独特的方法，一方面能激发消费者的兴趣，勾起他们的消费欲望，将潜伏在消费者内心深处的需求引导出来；另一方面能迎合消费者心理，提升其对产品的评价水平，增加产品的效用水平。需求引导的结果是在社会上逐渐形成新的消费潮流，最终引领龙头企业快速发展，使农业产业化经营迈向新的阶段。要弄清楚龙头企业需求引导的过程，就需要对农产品，尤其是加工农产品的需求特点有所了解，在此基础上，探讨龙头企业进行需求引导的一般机理，最后通过典型案例实证分析需求引导如何推动农业产业化的成长与发展。

第一节　农产品消费现状与需求特点

一、我国居民的农产品消费现状——以食品为例

（一）居民食品消费比例在逐年下降

近年来，我国国民生产总值和人均可支配收入大幅度地提高，居民对食品的消费总量也有所上升，2000 年我国城市居民的人均食品消费支出为 2015 元，比 1995 年上升了 28%。而食品消费总量在社会总消费量中所占的比例却呈现逐年下降的趋势，由 1990 年的 54.25% 下降到 1995 年 50.09%、1999 年的 39.2% 和 2002 年的 37.68%。居民食品消费比例在逐年下降，使得我国居民的恩格尔系数也不断下降，农村居民恩格尔系数由 1978 年的 67.7% 下降到 2002 年的 46.2%；城市居民由 1978 年的 57.5% 下降到 2002 年的 37.7%。

（二）居民的食品消费结构持续变动

1. 粮食消费相对稳定，人均动物性食品消费进入持续增长阶段

我国居民对粮食的人均消费量已经没有增长空间，1980 年人均 327 公斤，1985 年人均 361 公斤，到 2000 年和 2003 年分别为人均 366 公斤和人均 334 公斤，未来的需求将不再是量的增加。相比之下，牛羊肉的人均消费量由 2000 年的人均 34.6 公斤，到 2002 年的人均 40.8 公斤，再到 2003 年的人均 42.7 公斤，呈明显上升趋势。鱼虾等水产品的人均消费量，由 1980 年的人均 4.6 公斤，到 1995 年的人均 10.9 公斤，再到 2003 年的人均 36.5 公斤（FAO，1998；余紫杨，2004）。

2. 居民的食品口味日益多元化，加工食品越来越受到青睐

现在居民对食品的口味提出越来越多的要求，希望尝试到许多新鲜口味，尽可能追求多元化，在保持原有习惯的情况下，对外来食品的需求不断增多（菲利普·科特勒，2003）。由于工作节奏的加快，许多城镇居民不再拘于用餐次数，有的主餐一次，其他多用小餐，这就产生了对加工食品的需求。据调查统计，1994 年城镇居民对农产品加工食品的消费占食品支出的 1/10 左右，而到 2003 年，这一比例提高到了 46%。

3. 城乡居民的食品消费结构存在差异

自 20 世纪 80 年代初以来，城镇居民人均粮食直接消费出现明显的下降趋势，从 1980 ~ 1985 年的人均 140.1 公斤下降到 1995 ~ 1998 年的人均 91.75 公斤，年人均减少 3.23 公斤左右。与城镇居民不同，农村居民的粮食消费量从 1978 年以来一直处于上升阶段，即使在 1985 年粮食价格大幅度上涨的情况下，也几乎没有太大的变化。直到 1993 年以后表现出明显的下降趋势，比城镇居民晚了 10 年以上。城镇居民的平均副食品（包括猪牛羊肉、家禽、蛋、水产品、食糖）消费量比农村居民多得多。1985 年，城镇居民的副食品消费量为人均 37.36 公斤，而农村居民的副食品消费量为人均 15.65 斤，不到城镇居民消费量的 50%。这种状况一直维持到 1998 年。

（三）各种农产品需求收入弹性差异性大

总的来说，粮食的需求收入弹性值已经很小，基本上可以视为人均粮食消费量不再随着收入的增加而显著提高。对于高收入居民（人均可支配收入 15 000 元及以上）来说，鲜蛋消费量随着收入的提高而增加的幅度也已经很小，但牛羊

肉、家禽以及加工农产品的需求收入弹性较大，其次是鱼虾、猪肉。对于低收入家庭（人均可支配收入 2000～3000 元）来说，家禽、牛羊肉、鲜蛋的需求收入弹性较大，其次是猪肉、鱼虾，粮食、鲜菜以及加工农产品的需求收入弹性小。

二、农产品需求分析——以加工食品为例

从本质上来说，需求就是指具有购买能力的需要，而需要是一种购买欲望，因此购买能力和购买欲望是需求的两个主要的组成要素。购买欲望是一种体验、一种心理状态，它受心理、习惯、文化、年龄等因素的支配，而购买能力又与收入、职业等因素密切相关（余紫杨，2004）。

（一）农产品需求的特征

1. 需求的多样性

消费者对任何产品的需求都是多维的，是一个需求束。而农产品的需求束有着自身的特性，口味、卫生、便利性、营养、时尚、价格构成其重要属性。口味是农产品（食品）需求束的首要属性，如果口味不适合人们的胃口，就算价格再便宜、再卫生和营养，也不一定为消费者所接受。不同的消费群体对农产品口味的要求不同，地域、文化、心理、职业等因素都会影响到消费者对口味的选择。卫生安全是消费者对食品消费的最基本的要求，不同消费者对它的要求也不同，女性可能比男性消费者要求更高些。

2. 需求的动态性

马斯洛在其需求层次理论中将人类需求分成五个不断升级的层次，即生理需求、安全需求、社交需求、尊重需求和自我实现需求。对于加工食品而言，它更多地保证了人们基本的生理需求层次。在人们收入还很低的情况下，只求温饱；当温饱满足之后，要求口味、营养与安全；当口味、营养与安全得到一定程度的满足后，就开始产生对便利、时尚的追求。因此，人们对农产品的需求遵循由低级水平向高级水平动态发展的一般规律，即沿着由“吃饱—营养—口味—时尚—舒适”动态变化（路长全，2003），而此时消费者对农产品的需求效用水平在不断地提高。

此外，消费需求变化还受心理因素和文化因素的影响。消费者的心理过程直接影响到其对需求的认知、评价和判断。例如，人们购买某产品之前，会对其口味、营养、便利性等因素在内心深处进行评价，心理评价好坏直接影响到需求的强度。文化也是一个影响需求的重要因素。例如，人们对“肯德基”等食品的需求除了口味、营养、便利性因素之外，还享受了其带来的“洋”文化体验。

3. 需求的模糊性

由于人类内心非常复杂，从需求的深度来看，有些需求容易显现，有些需求隐含起来。现实生活中，显现需求和隐含需求交织在一起，体现了需求的模糊特性。

当社会生产力水平不断向前发展，人们对农产品需求不断向更高层次推进时，总会有部分需求成分慢慢被一些新的需求所替代，但新需求常常以隐含需求的形式存在，企业只有通过需求引导将隐含需求转化为显现需求，才能将产品销售给消费者。管理大师德鲁克说过："好的企业满足需求，伟大的企业创造市场"，其中满足需求是指满足显现需求，而创造市场是指企业诱发、引导、培育隐含需求，从而创造新的市场机会。

（二）需求的多样性、动态性、模糊性与需求引导的耦合关系

图 4-1 所示为需求的多样性、动态性、模糊性与需求引导的耦合关系图，具体分析它们之间关系如下。

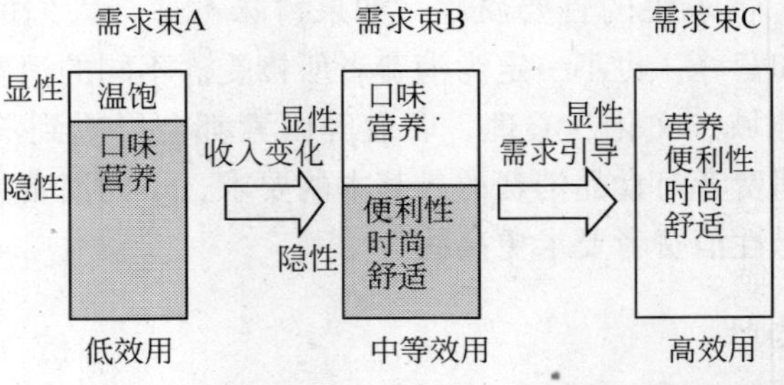

图 4-1　需求的多样性、动态性、模糊性与需求引导的耦合关系

1. 收入变动使得需求束发生改变

需求的动态性可以理解为：需求由某一个需求束转变为另一个需求束，需求成分发生了变动。而影响需求变动的首要因素是消费者收入的变化。我们在前面已经对此进行过论述。对于企业来说，是无法对消费者的收入变动进行控制的。

2. 需求引导将隐性需求转化为显性需求

除了收入因素之外，农产品需求的变化还受到心理、文化等因素的制约与影响。企业可以运用需求引导来作用于心理因素，从而影响消费者的需求。消费者在收入较低的条件下，温饱需求非常迫切，这成为显性需求，口味、营养需求不明显。但当人们的收入水平提高之后，温饱问题已经解决，对农产品口味和营养

的需求变得迫切，对农产品便利性、时尚等的需求不是特别强烈，但隐隐地已经产生了。这时，通过需求引导可以将消费者内心深处的隐性需求不断诱导出来，形成显性需求。娃哈哈在向消费者销售“有机绿茶”饮料时，通过广告宣传，向消费者介绍了有机食品、绿色食品、无公害食品的区别，通过这种方式将人们对有机茶的隐性需求诱导转化为显性需求。

3. 需求引导提高了消费者对产品的效用评价

需求引导的一个重要作用是可以提高消费者效用。这主要是因为企业通过运用这一手段深刻地影响消费者内心，使得其对农产品的评价和判断得到提高。比如说，许多企业采用体验营销等手段，让消费者在消费产品时参与到企业组织的活动中，增进消费者的情感和兴趣，赋予农产品一种特殊意义，从而极大地提升消费者的效用水平和产品的价值。许多旅游景点一方面给消费者传授“茶艺”，解说本地茶的历史、风味、特点、趣味等；另一方面向消费销售赋予地方文化色彩的“茶叶”，就可以提升消费者效用水平，卖高价。

第二节　农产品需求的影响因素实证分析

一、理论分析及研究假说

从马斯洛的需求层次模型中可知，人们对加工农产品的需求已经不属于单纯的生理需求的范畴，还包括安全需求、社会需求。具体来说，可能受到经济、感官、主观感受等因素的影响。经济因素可能受到收入、价格的约束；而感官因素包括口味感官、视角感官等，味、色、嗅角等感官器官受到刺激后产生的综合评价形成知觉；安全、时尚、便利性是对产品的一种综合的态度，都属于消费心理影响因素的范畴（王重鸣，1990）。

如上所述，本书拟将验证的研究假说如下。

经济因素。家庭人均收入越高的家庭，购买加工农产品的能力越强，将促进消费；反之，人均家庭收入低的家庭倾向于少消费加工农产品。

心理因素。心理因素是一个潜变量，由知觉和态度综合构成。具体到对加工食品而言，江西人普遍味重，喜欢辣、香、脆等口味。对辣、香、脆口味评价越高的人就越利于消费加工农产品。对加工农产品视角感官越好的人，也越利于产品的消费。对加工农产品营养评价越高的人，越有利于产品的消费。禽流感的存在将影响人们对禽类加工农产品的安全性的评价，对产品安全性越重视，越不利于产品的消费。工作节奏越忙的人越倾向于购买加工农产品。

二、方法、变量选取与模型介绍

本研究的样本数据来源于2006年对江西省南昌、抚州、丰城、萍乡、赣州、新建等地的241份问卷调查（有效问卷220份）以煌上煌加工卤菜为农产品的代表，调查消费者评价对该产品消费需求的综合影响情况。调查内容包括消费者的基本特征、家庭情况、经济状况、对该产品的主观评价、感官感受等。本研究以消费者消费量为解释变量，让消费者回答每月大致消费多少元产品。采用李克特5点尺寸测度消费者对加工农产品关于卫生、安全、营养、口味、色泽、便利性、时尚等方面的评价。1表示“很差”，2表示“较差”，3表示“一般”，4表示“较好”，5表示“很好”，采用的模型为

$$Y_i = \alpha + \beta_1 X_{i1} + \beta_2 X_{i2} + \gamma_1 Z_i + \varepsilon_i \tag{4.1}$$

式中：因变量 Y_i 为消费者每月的消费金额；X_{i1} 为消费者的家庭人均收入；X_{i2} 为加工农产品价格；Z_i 为消费者对加工农产品的综合评价，由 Z_{i1}、Z_{i2}、Z_{i3}、Z_{i4}、Z_{i5} 组成，其中 Z_{i1} 为消费者对加工农产品安全的评价，Z_{i2} 为消费者对加工农产品营养的评价，Z_{i3} 为消费者对加工农产品方便性的评价，Z_{i4} 为消费者对加工农产品时尚性的评价，Z_{i5} 为消费者对加工农产品口味的评价。

三、结果与分析

本书运用SPSS 12.0统计软件对影响人们加工农产品消费需求因素进行分析的结果如下所述。

（一）信度分析

信度是指测量资料的可靠程度，即测量结果的稳定性和一致性。对问卷进行信度检验主要是针对那些需要从多个方面反映事物的某种综合特征的变量进行的分析。例如，评价人的身体素质，就要从人的身高、胸围、血压、肺活量等多个方面进行考虑。由这些指标的取值构成的量表是否合理，所选择的指标是否全面地反映了事物的特征以及这些指标取值的可靠程度，需要运用可靠性分析即信度分析作出判断。在测量信度上，一般有四种方法：再测法（retest method）、复本法（alternative-form method）、折半法（splithalves method）和内部一致性法（internal consistency method）（王重鸣，1990）。本研究采用内部一致性法作为检测问卷信度的测量工具，以Cronbach'α的值来测定问卷项目。Cronbach'α的值若大于0.7，则表示信度很高；若小于0.35，则属于低信度，应该予以删除（Thalerk，1980）。本研究中的消费心理变量 Z 可用 Z_1、Z_2、Z_3、Z_4、Z_5 来表示，经检测，其信度的Cronbach'α系数为0.82，大于0.70，具有较高的一致性。Z_1、

Z_2、Z_3、Z_4、Z_5 有较好的内容效度，能够测度消费心理变量 Z。

（二）因子分析

根据以上一致性检验，人们对安全、营养、口味、便利性、时尚等方面进行的评价可以用以反映消费心理变量。因此，我们可以对这5个变量项目进行因子分析，将其归结为一个因子即消费心理。在进行因子分析时，本研究采用主成分分析法（Thalerk，1985）。

表4-1为因子分析的KMO测度和Bartlett检验结果，其中，KMO值为0.721，大于0.5；Bartlett球体检验 χ^2 统计值的显著性水平0.002，两者说明数据具有相关性，适宜做因子分析。表4-2是因子值的系数矩阵，该系数矩阵将一个公因子表示为5个变量的线性组合，用以进行回归分析。

表4-1　消费心理变量的KMO测度和Bartlett检验结果

Kaiser-Meyer-Olkin 检验	0.721	
Bartlett 球体检验	χ^2 统计值	59.66
	df	10
	显著性水平	0.002

表4-2　计算因子值的系数矩阵

因子类型	f
口味因子	0.836
安全因子	0.821
方便性因子	0.815
营养性因子	0.676
时尚性因子	0.508

从因子分析的结果可以看出，在消费者心理评价中，口味因子是最为重要的因子，其载荷系数为0.836；其次为安全因子，其载荷系数为0.821；再次为便利性因子、营养因子和时尚性因素。

（三）回归分析

表4-3为加工食品消费需求影响因素的回归分析结果。回归模型为

$$Y_i = 9.36 + 0.03X_{i1} - 4.3X_{i2} + 2.46Z_i \qquad (4.2)$$

表 4-3 加工食品消费需求影响因素分析结果

解释变量	被解释变量	
	B	T
家庭月平均收入	0.03**	1.89
加工食品价格评价	-4.3	-1.14
消费者心理评价	2.46***	2.87
常数项	9.36	0.56
调整 R^2	0.36	
N	220	

、*分别表示在 0.05 和 0.01 水平上显著。

从中可见，随着人们收入的提高，对加工食品的需求量会显著性地提高，人均月收入每提高 1 元，将多用 3 分钱消费煌上煌加工卤菜。与价格变量呈负相关性，但这种相关性未达到显著性水平，这反映出人们对价格变量的敏感性不是特别强。而消费者对产品的心理评价与消费需求呈正相关，且这种相关性达到显著性水平。这说明，以知觉、态度为内容的心理因素是影响消费需求的重要变量，龙头企业应该加强需求引导，以包装、广告、促销、公共关系等手段来影响消费者对产品的评价，从而提高其消费产品的效用水平及销量。

第三节 龙头企业需求引导机理

目前，无论是营销界还是心理学领域，都没有建立一个从消费需求出发，到消费购买全过程的模型，对需求引导论述一直较零散而缺乏系统性。因此，探讨需求引导机制对于企业营销理论和实践都有着重要意义（路长全，2003；舒尔茨，1994）。

任何一个需求产生之后，到消费者购买行为的完成都要经历许多环节，每一个环节又受到若干因素的制约。图 4-2 是一个需求引导过程模型，这一模型共分为三个主要阶段：消费教育阶段、营销定位阶段和促销阶段。而消费教育阶段包括需求产生、动机的强化，并形成消费欲望的过程。当消费欲望出现之后，就进入到第二阶段，即企业的营销定位阶段。这一阶段是大多数企业都要面对的阶段，包括知觉、学习、态度等心理因素交互作用。最后是消费产生购买决策和购买行动的过程，也是企业进行促销的阶段。三个阶段相互联系，构成了企业对产品消费需求引导的全过程。具体分析如下所述。

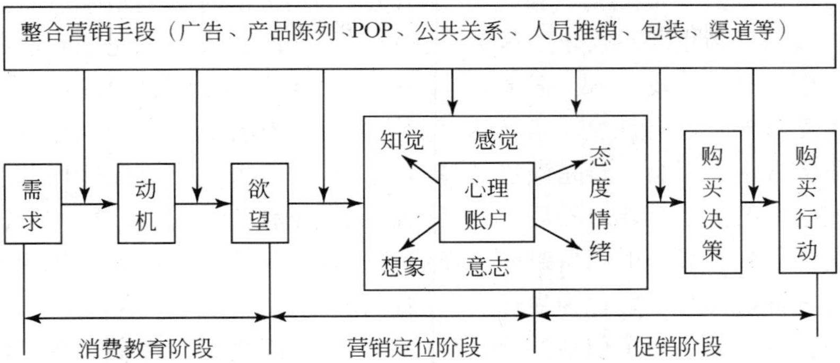

图 4-2　龙头企业对消费需求的引导过程模型

一、消费教育阶段

（一）需求与动机

一个人在任何时刻都有许多需求，其中某些需求是生理的，是由于饥饿、口渴及不舒服所引起的生理紧张状态；另一种则是心理的，是由于需要被确认、受尊敬或有归属感所引起的心理紧张。上述需求在大部分时点还没有强烈到会激励人们有所行动。当需求达到一定的强度时，人们才可能有所行动。动机是人们产生消费行为的内在动力。需求满足了，动机也就被解除了。现实生活中，企业可以通过广告、产品陈列等形式反复地刺激消费者的心理，加剧消费者的紧张状态，强化消费者动机。

（二）需求和欲望

需求和欲望是两个不同的概念，欲望是指用于满足需求的方法。比如说，当温度很低的时候，人们感受到寒冷，由此产生了保温的需求，当这一需求不断强化之后，形成一种动机。之后人们可能采取多种行动，可以买衣，也可以烤火；可以买一般的棉袄，也可以买貂皮大衣。棉袄、貂皮大衣、烤火都可以构成人们的消费欲望。由于欲望常常落实到具体的产品上，所以企业对欲望进行诉求显得更直接。有时我们把能通过具体欲望体现出来的需求称为显性需求，而把不能通过具体欲望表达的需求称为隐性需求，而这两者又是相对的，可以相互转化。

（三）消费教育阶段特点

随着社会的进步，人们收入水平的提高，人们的需求层次在变化，这导致欲望的具体形态也要发生变化。当人们的生活水平还很低时，满足吃、喝、保温等生理需求成为最为重要的需求。因此，一旦天气变冷，人们首先想到的是买普通的棉袄，而不是买貂皮大衣。随着人们收入水平的提高，人们的需求层次上升，除了生理需求外，还有社交需求。这时，买貂皮大衣有面子，而且比较时尚。从历史的角度来说，社会进步是渐进的过程，人们的需求组合也在逐渐地改变，而与之相配的新的欲望会相对滞后，这必然需要企业和社会大力宣传，从而逐渐被人们接受，形成一股新的消费时尚，而这一过程实际就是企业对消费者的教育阶段，是将某种隐性需求转化为显性需求的过程。现实生活中，牛奶、饮料等加工食品的销售过程都经历了前期的教育阶段。产品出现之初，许多企业已经做了前期的教育工作，而此时产品销量一直很低，有的企业挺不过来，被淘汰，而留下来的企业在产业成熟阶段得到快速的发展。因此，对于完全创新的产品而言，一般需要大企业来开拓，而且要经历非常艰难的需求教育阶段才会有所收获。小企业常常在大企业前期教育阶段快要结束时，即社会上开始形成一种新的消费潮流时才进入市场。

二、营销定位阶段

（一）传统的营销定位

在对消费者进行前期的消费教育结束后，企业就开始对产品进行营销定位。营销定位是指消费者根据一些重要的属性对此产品作出定位的方式——即产品在消费者心中相对于竞争产品的地位。例如，“飘柔”定位于柔顺顺滑的洗头液，“潘婷”定位为营养头发的洗头液，而“海飞丝”则定位为去头屑的洗头液。传统的营销定位方式包括如下几种类型：①根据特定的产品属性来定位，如强生公司将其洗发精定位于常常洗头而特别需要柔和的婴儿；②直接冲着竞争者来定位，在著名的“我们是老二，所以更努力”广告活动中，阿维斯公司成功地将自己冲着更大的赫茨汽车出租公司来定位；当然，七喜将自己定位为“非可乐”而成为美国软饮料的第三位，是一种远离竞争者的定位；③根据产品的类别来定位，例如，有些人造奶油可针对奶油来定位。

综观传统的营销定位方式，它们存在两个基本的特点：一是尽力地寻求差异化，二是从本产品出发，差异化是基本策略，从产品出发是传统思维方式。事实上，随着市场竞争的日益加剧，同类企业越来越多，企业之间生产出来的产品本身差别越来越小。在此情况下，仍然沿用传统的营销定位方式，将使企业难以寻找到令消费者满意的产品差异化特征，其消费引导的效率将非常低，市面上将呈现大量“同质化”商品，许多企业销售将陷入困难之中。

（二）整合营销下的营销定位

整合营销传播（integrated marketing communications）在营销学上是指综合协调地使用各种传播方式传播本质上一致的信息，达到与受众一对一沟通的一种系统营销观点。从这一定义可以看出，一对一的沟通，是其核心要素，而要实现与消费者一对一的沟通，关键是要重视消费者的需求与心理。传统营销定位主张从商品出发向他们认为的消费者展开定位的理念，这是一种由内而外（in-outside）的以“消费者为中心”的学说。整合营销传播不同意这种消费者观点，主张由外而内（outside-in）的观点，即以消费者需求为导向，以消费者想要什么为中心，通过建立消费者资料库，了解消费者需要什么样的产品，为什么需要这些产品，以往的这类产品在哪些方面还不能满足他们等。

情景资料

情景资料1：伊利冰淇淋营销定位

企业捕捉到影响消费者决策的最为重要的消费心理元素，再将这种消费心理元素放大、细分、定位。伊利集团生产出来的冰淇淋名叫“四个圈”，其目标群体是广大的青少年，尤其是学生群体。企业在进入冰淇淋市场之初，进行了广泛的市场调查，与潜在消费进行双向沟通，发现消费者吃冰淇淋的内在动机，不是营养，也不完全是解渴，而是好玩、好奇、有趣。而此时，市场上没有一个企业将冰淇淋产品定位于一个娱乐产品，而这正好成为企业营销定位点。由于成功运用这种定位方法，“四个圈”冰淇淋产品突破了“和路雪”冰淇淋产品的重重包围，不断打开市场。显然，基于整合营销条件下的营销定位，由于更强调与消费者互动，更侧重影响消费决策的消费心理元素，故比传统营销定位更为精准。

情景资料2：基于消费心理因素的济南普利思矿泉水营销定位

济南普利思是有着10年历史的知名矿泉水公司，希望从桶装水市场向瓶装水市场延伸。细分中国瓶装水市场，主要存在四大品类：纯净水、矿泉水、天然水、矿物质水。为深入了解消费者的心理，企业有针对性地在各大城市对共计3800个消费者进行了抽样调查。结果表明：纯净水的优点是“干净”，“干净”得一无所有。这一特点构成了纯净水的弱点，在消费者追求健康的时代缺乏吸引力。矿泉水最大的优势是天然富含矿物质，但潜在消费者内心的隐忧是“有点硬”，“长期饮用易患结石”，“天然矿泉”也给矿泉水自身带来缺陷。天然水，在缺乏新闻有效传播支撑的前提下，容易被消费者误解为“雨水”，觉得不够干净，产品本身缺乏主动消费吸引力。矿物质水，为人工添加元素，容易给消费者带来化工水的负面联想。由此可以看出消费者内心最渴望的瓶装水是天然的、健康的、不硬的。天然水不够健康，矿泉水有健康方面隐含的不完美缺陷，矿物质水和纯净水为人工水，应该被排除在外。经过反复讨论和论证，企业确立一个方针：“矿泉”二字不能丢，因为消费者对它存在“天然的、健康的”联想。接下来的最核心任务就是如何巧妙打造一瓶不硬的矿泉水。硬，原因之一是矿物质太多，稀释它怎么样？不硬的相反面就是“软的”，对，就叫“软矿泉”！矿泉二字本身让消费者联想到“硬”，前面加个“软”字，刚好中和，引发消费者不硬不软、恰到好处的联想，彻底打消了消费者的隐忧，使产品具有较强的价值感。

三、促销阶段

（一）消费心理与促销活动

上面我们分析了整合营销下的营销定位关键是分析制约消费决策的核心消费心理元素。那么，分析消费者购买过程中的心理活动过程就显得非常重要。实际上，消费者的心理活动过程包括认识过程、情感过程和意志过程。

认识过程是消费者心理过程的第一阶段，主要由人的感觉、知觉、记忆、想象、态度等心理机制而构成。感觉是人脑直接作用于感觉器官的对客观事物的个别属性的反映。消费者通过器官来分辨商品的色彩、气味、重量和质地等。感觉在产品的销售上起了重要的作用，伦敦一家超级市场，在店内释放一种人造的草莓香味，把顾客吸引到食品部，很快橱窗内的草莓被一抢而光。知觉是人的大脑对直接作用于感官器官的客观事物的整体反映。随着感觉的深入，神经中枢对感觉的材料，即商品的个别属性加以理解、联系和综合，产生了整体反映。不同的消费者对同一食品的感觉是相同的，但知觉却存在差异。知觉具有选择性、整体性和理解性等特点。选择性是指感觉器官对外界刺激进行选择的特性。整体性是指人们把知觉对象综合成一个统一整体，而不是个别孤立的部分。理解性是指人们对对象进行知觉时，总是用以前获得的有关知识和亲身实践经验来看待知觉对象。由此，可能出现选择性暴露、选择性曲解和选择性记忆等现象，因此，营销者必须十分努力，才能使其信息突破知觉的障碍。记忆是人脑对过去经历的事物的反映，它是一个十分复杂的心理过程，包括辨识、保持、回忆和再认识等基本阶段。记忆在消费者购买活动中具有深化和加速认识过程、促进购买行为的重要作用。消费者通过反复地接触商品和广告宣传，把有关的知识和经验在头脑中积累起来。想象是指在自己已有知识经验的基础上，在头脑中构成自己从未经历的事物的新形象。例如，人们在评价一块装饰布时，往往会伴随对居室环境的美化效果。通过想象，消费者就能深入地认识商品的实用价值、社会价值，激发其购买欲望。

消费者认知过程结束，并不等于必然采取购买行为，还要看消费者认识的商品与原先拥有的购买动机是否相符。如果商品能满足他的需求心理，就产生积极的态度，如满意、喜欢等；反之，就产生消极的态度。而态度是个人对某些事物或观念所始终持有的评价、情感和行动倾向，它使人们对类似的事物产生一致的行为，可以节省许多精力和心思。因此，企业应该尽可能地使其产品符合消费者的态度，而避免去改变消费者的态度。

此外，消费者认识过程和情感过程结束后，是否发生购买行动还有赖于消费者的意志力。消费者在购买行为中表现出有目的地、自觉地支配和调节自己的行动，并与克服困难相联系的心理过程，就是消费者心理活动的意志过程。意志过程与情感过程通常是交织在一起的，好的态度促进强的意志产生。因此，企业在促销过程中，一方面要注意提高消费者的兴趣，增强其对产品的评价，强化其购买的意志力；另一方面，尽可能地减少消费者购买行动的障碍因素，例如，我们可以为消费者专门开辟一条免费购物线路以方便其购买。

（二）心理账户与促销活动

心理账户理论（mental accounting theory）于1985年由康奈尔大学心理学教授萨勒（Thaler R. H.）正式提出。心理账户就是人们在心里无意识地把财富划归不同的账户进行管理，不同的心理账户有不同的记账方式和心理运算规则。由于心理账户的存在，人们在行为决策时常常偏离基本的“经济人”理性原则。心理账户有两个最本质的特征：一是心理账户的非替代性；二是心理账户具有不同于经济学的特定的运算规则。正是心理账户的这两个本质特征，造成了人的经济行为与经济学理性假设的背离，即非理性特征（李爱梅，2003；Schultz，1993）。

1. “心理账户”的非替代性特征

心理账户非替代性的根源在于人的心里存在一个具有特定的账户结构和特点的账户，不同类别的心理账户具有非替代性。就其表现形式而言，心理账户的账户结构或类别包括：不同来源的财富划归到不同的账户；不同的消费或支出类别划归不同的账户；不同存储方式的财富也划归不同的心理账户等。

这一特征给了我们如下启示：在促销中，要不断通过广告宣传暗示、强化消费者某一商品的消费属于某种账户，而且这一账户的储备还很不足，需要消费者增加财富“投资”，从而使其在做购买决策时，有足够的资金来应付而不会感到“痛苦”。例如，我们可以通过广告宣传保健储蓄非常重要，将某保健产品对应于这一账户，一旦时机成熟，就会促进消费者购买这一产品。反之，如果人们事先没有这一心理账户，就不会在此储蓄，这将增大人们购买这一产品的难度。

2. 心理账户具有不同于经济学的特定的运算规则

为了更好地探讨心理账户如何影响人的经济决策行为，萨教授引入“价值函数”（value function）这一概念。人们在面临得与失（赢与亏）时的心理体验是不同的，盈利曲线为下凹形，亏损曲线为上凸的，形成一条S形的曲线形态（图4-3）（李爱梅，2003；Schultz，1993）。

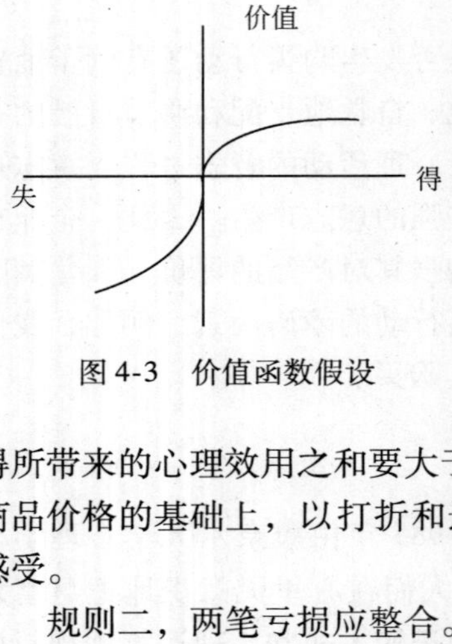

图4-3　价值函数假设

由图4-3我们还可以得到消费者心理运算规则如下（Holtca，1993；Matthew，1998）。

规则一，由于 $V(X)+V(Y)>V(X+Y)$，两笔盈利应分开。这条规则告诉我们，经历两次获得所带来的心理效用之和要大于一次总获得所带来的心理效用。某商场在提高原商品价格的基础上，以打折和送购物券的双重方式会让消费者产生良好的心理感受。

规则二，两笔亏损应整合。两笔收入都是负的，因价值曲线在亏损区间为凸形，所以 $V(-X)+V(-Y)<V(-X-Y)$。如果你是一位销售人员，你卖一件主产品的价格最好把配件的价格也包括在内，因为当人们在掏钱购买了你的产品之后，再掏钱购买你的配件（尽管钱不多），两次掏钱所带来的在心理上的价值小于一次掏钱的价值。商场内信用卡或现金统一结账的方式比单独结账带来的心理“痛苦”程度低。

规则三，大得小失应整合。两笔收入一正一负：$X-Y$，且余额为正，即 $X>Y$，从价值曲线看，$V(X)+V(-Y)<V(X-Y)$，所以人们更偏好整合。这条规则给我们的启示是：如果你有一个大大的好消息和一个小小的坏消息，应该把这两个消息一起告诉别人。这样的话，坏消息带来的痛苦会被好消息带来的快乐所

冲淡，负面效应也就小得多。某商场打折销售衣服，消费者买衣后需要熨平，这小小的费用通常包含在打折成本中，消费者一次付款的心理感受更佳。

规则四，小得大失要分开。两笔收入一正一负：$X-Y$，且余额为负，即 $X<Y$，$V(X)+V(-Y)>V(X-Y)$，如（40，－6000），人们更愿意分开，40 元的获得与 6000 元的损失相比几乎没有减少损失的作用。因此，不如分开，还能得到 40 元收益的感觉。买一送一、积分奖励、凭小票摸奖等促销方式实际上就是小得大失的模式（李爱梅，2003）。

综上所述，企业利用需求引导机制可以产生两大效应。其一为价格效应，就是提高产品的心理价值，增加农业产业化经营的总利润；其二为销量效应，即有利于开拓市场，提高产品销售量，增加其在同类产品中的销售份额。价格效应一方面可以通过恰当的消费教育手段，提高消费者对产品的认知水平；另一方面，可以运用营销心理定位，增强人们对产品的效用感觉，放大产品的体验价值。而要获得销量的提升，则要通过恰当的营销定位打开一个突破口，通过广告手段提升企业的形象和产品的美誉度，再把握好消费心理账户等潜规则（李爱梅，2003），应用各种促销手段，在恰当的时期进行促销，将大大提高企业的产品销售量。

第四节　案例分析："体饮"饮料的需求引导过程[①]

近年来，中国饮料市场的竞争越来越激烈，上到以可口可乐为首的跨国公司，下到以娃哈哈为首的本土兵团，中间还有以康师傅为首的台资企业，所有的饮料企业都全身心地投入到水深火热的终端争夺战中。碳酸饮料、果汁饮料、茶饮料、瓶装水四大饮料中每一类都被数个重量级和非重量级的厂家争抢。

2002 年，北京和浙江市场杀出一匹黑马，这就是巨能集团推出的"体饮"平衡饮料。"体饮"的市场表现令行业瞩目。2002 年 4 月才上市的"体饮"，3 个月内就成功地完成了市场的导入，上市 14 天后，有了经销商的二次订货；30 天后，市场铺货率达到 60%，月销售额超过 100 万元；45 天后，月销售额迅速上升；60 天后，生产计划被突破，不得不紧急追加生产；90 天后，市场占有率超过了功能性饮料的其他同类产品，居主导地位；2003 年，销售量更是大幅度上扬，即使 SARS 也没能挡住"体饮"的强势销售；与各大同行厂家庞大的广告投入相比，"体饮"的广告几乎看不到；与各大厂家频繁的大力促销相比，"体饮"的促销也是"小儿科"。"体饮"在炙热的行业竞争中，似乎是在不经意间

① 路长全. 2003. 营销运作潜规则. 北京：中国商业出版社，121～150

脱颖而出的。

一、基于消费者心理感受的营销定位

“体饮”实际上就是市场上的运动饮料，是一种含有钾、钠、钙、镁的矿物质果味饮料，口感因电解质的原因有些涩，不太好喝。这种饮料最主要的特点是电解质的浓度接近体液，可以补充由于出汗失去的电解质。运动饮料其实早已风靡欧美和日本，并诞生了“佳得乐”和“保矿力”等世界著名品牌。从1998年起，舒跑、佳得乐、宝矿力、冰泉以及可口可乐公司的“Power”，这些世界著名品牌都进入中国市场，但又都以失败告终。

但巨能集团不畏失败，通过广泛的市场调查，认真地研究消费者心理。“等渗”是医学名词，就是饮料的电解质成分与人体体液的电解质成分基本一致，在补充水分的同时能够有效地补充电解质。等渗比运动饮料更准确地诠释了产品的特点，但对于消费者来说却深奥了。市场调研结果表明，有人说“等渗”与糖尿病有关，有人说“等渗”与肾病有关。因此，直接推广“等渗”这个概念，将非常艰难，必须以“等渗”概念为核心，推广这个产品的关键功能。

从“等渗”能引申出一个词：这就是“平衡”。中国传统文化中，无论身体保健方面，还是对宇宙万物的理解方面，“平衡”理念深入人心。同时，现代年轻人也有对现代“平衡”的追求。平衡不仅能解口渴，还能解体渴，平衡您的身体。“平衡”是中国文化的一部分，平衡是中国人的思维方式和愿望。中医的阴阳平衡是健康的极致，平衡还是中国人心境的极致追求，否则就说“我不平衡”。将所有饮料归为平衡饮料和非平衡饮料，可口可乐、茶饮料、果汁饮料虽然各有所长，但它们都是非平衡饮料。

二、营销组合策略

在对产品市场定位之后，巨能集团开始指定产品策略、广告策略和渠道策略。

（一）产品策略

巨能集团在制定产品策略时，非常重视两个方面：其一，产品名称；其二，产品包装设计。

1. 产品名称

产品名称能直接在消费者心中产生联想。如果一辆汽车起名为“蜗牛”，人们首先想到的就是“缓慢”。喜欢速度快的人就不会考虑购买“蜗牛”牌轿车，不论你这辆车跑起来是不是真的慢。名称本身可以创造消费需求，如果说其他的饮料解口渴，那么饮料解体渴，没有比“体饮”更合适的名字了。

2. 产品包装设计

消费者在没有使用产品之前，根据外包装或产品外观来大致评估产品。包装的好坏直接影响着消费者首次购买率的高低。只有在消费者消费之后，他所体会到的口感或其他性能才开始影响其以后的购买决策。包装的重要程度在很多产品的营销上确实非同一般。

包装设计必须与营销定位相一致。包装设计并不是越漂亮越好，对人们的视觉冲击越大越好。现实中，市场上许多包装漂亮的产品销售很困难，其主要原因就是与其营销定位相悖。巨能集团深谙此道，“体饮”的包装设计强化平衡的概念。以时尚、高档的浅湖蓝为基调，突显产品的国际化。无穷符号“∞”蕴涵着永恒，进一步艺术化地形成晶莹剔透、喷射而出的水柱，展现平衡概念，鲜明、大气。大气而富有冲击力的包装设计使产品独具魅力。在众多的产品陈列中脱颖而出，包装进一步促动销售。

（二）广告策略

一般企业打广告时，采用的媒介策略是前期时间长，后期时间短，例如，按照30秒，接着15秒，再打5秒进行安排。但巨能集团反其道而行之。在4月的饮料市场预热期，首先打出5秒的广告，在消费者中引起广泛的告知度，同时支持渠道的铺货。5秒的广告片：像导弹爆发后产生的蘑菇云样的水柱从画面的左下角向上喷射而出，伴随着类似水柱喷射声的音乐。在画面的中央，水柱突然垂直转向观众，像浪潮一样扑面而来。紧接着水柱头向左下方调转，逐渐形成斜向上方的“∞”符号。最后镜头拉远，“∞”符号扣在包装上，画面出现“体饮”的全包装，画外充满磁性的男声响起：“风靡全球新品类，体饮平衡饮料”。5秒的广告片虽然短促，但极具震撼力。“风靡全球新品类”一句话直接告知消费者，体饮平衡饮料是与国际同步的新型饮料，不仅提高了消费者的告知度，同时引起了消费者的关注。

30天后，市场已渐渐地被炒热，15秒广告跟进，进一步强化消费者的认知度，拉动销售。15秒广告没有像以往的运动饮料那样具体描述钾、钙、钠、镁等营养成分及其合理配比，也没有出现“活力”“充沛”等运动饮料惯用的词汇。“体饮平衡饮料，平衡补充我失去的，我喝我平衡!”语言简洁，体现青壮年追求自我主张的心态，不用具体描述，产品的利益心领神会。平衡即是最高境界，即是最完美的结果。

30秒的广告继续保持国际化的风格。在现代的都市里，一个身穿白色衣裙的现代、时尚女性手提一瓶蓝色“体饮”，迈着优雅的步伐，走向街心公园，音乐浪漫优雅。当她将蓝色“体饮”放在橙色和绿色“体饮”的中间时，音乐立刻变得充满张力和激情。西方现代女青年、黑皮肤强健的男青年、中国儒雅的男青年依次大声喊“体饮”，并先后从法国的埃菲尔铁塔、埃及的狮身人面像、长城这三个地方跳下来，飞跑着，跨越城市林立的高楼、绵延的江河……最后，他们汇聚到街心公园，分别拿起蓝色“体饮”、橙色“体饮”、绿色“体饮”一饮而尽。蓝色、橙色、绿色的“∞”样水柱环绕在他们的周围。画外磁性的男声：“体饮平衡饮料，平衡补充我失去的，我喝我平衡！”

（三）渠道策略

由于“体饮”前期策划的成功，商业超市渠道的开拓速度很快，但是，却遇到来自二批商（分销商）和零售小店的阻力。二批商和零售小店在上市一个多月内一直是观望状态。随即，各品牌的产品开始从商业超市蔓延到零售小店。零售小店在品牌传播中的作用很大。大商业超市虽然陈列面大，但只代表品牌的价值和身份，零售小店却真正代表着普及和流行。

面对这种情况，巨能集团首先加强“体饮”在商业超市的陈列展示和促销，选择最具有号召力的20家店进行终端导购与促销，强化促销员的产品培训。其次，选择零售店中销量和影响力最大的高校和中学做促销，条件是校园内所有的零售店进货并陈列展示“体饮”。这样既直接提升销量，又带动了周围零售店进货的信心。经过一个多月商业超市和重点小店的开发和促销，销售呈现良好的势头。二批商和零售小店对“体饮”树立了信心，纷纷进货。“体饮”遍布大街小巷，成为2002年名副其实的畅销饮品。巨能集团集中所有的能量，撬动关键环节，继而引发整个网络的响应。

参考文献

菲利普·科特勒．2003．营销管理．卢泰宏，高辉译．北京：中国人民大学出版社，99

李爱梅．2003．论行为经济学对传统经济理论的挑战．暨南大学人文科学与社会科学，（1）：59～63

路长全．2003．解决．北京：机械工业出版社，88

路长全．2003．营销运作潜规则．北京：中国商业出版社，121～150

舒尔茨．1994．整合营销传播．台湾：台湾滚石文化事业出版有限公司，20～21

王重鸣．1990．心理学研究方法．北京：人民教育出版社，78

余紫杨．2004．江西省城镇居民消费结构的分析与预测．南昌水专学报，（3）：51～55

Davis D D，Holtca P E. 1993. Experimental Economics. Princeton：Princeton University Press，77

FAO. 1998. 农产品加工业与经济发展 . 北京：中国农业出版社，13
Rabin R D，Matthew D E. 1998. Psychology and economics. Journal of Economic Literature，(1)：10 ~14
Schultz D E. 1993. Integrated marketing communications. NEC Business Book，(3)：33 ~35
Thaler R. 1985. Mental accounting and consumer choice . Marketing Science，(4)：42 ~44
Thaler R H. A posivtive theory of consumer choice. Journal of Economic Behavior and Orgranization，(1)：38

第五章

技术进步与农业产业化成长

对技术进步的研究历来受到国内外科学家的重视。越来越多的研究表明，技术进步日益成为经济发展的主要动力。无论是马克思主义经济学家还是资产阶级经济学家，在技术进步与经济增长的关系问题上几乎取得了一致的意见，都从不同角度论证了技术进步对经济增长的推动作用。技术进步也是推动农业产业化经营向前发展的重要动力，本章将通过案例对此进行实证研究。在此基础上，分析目前制约我国农业产业化发展的关键技术领域——农产品加工技术的现状、问题及其发展对策。

第一节　技术进步与经济增长

一、技术进步的含义

关于技术进步，理论界认为有狭义的技术进步和广义的技术进步。狭义的技术进步指自然科学的进展及其在工艺和生产上的应用，主要包括与微观经济活动主体的生产经营活动相关的科学技术的发展和应用，往往指某项技术革新或某项科研成果的运用。相反，在考察某个行业技术进步综合经济效益的计量时，应当使用广义的技术进步的概念。现代经济增长理论倾向于技术进步扩大范围，广义的技术进步是指导致产量增加或成本减少的经济活动。也可以说，凡是影响生产函数、经济增长中不能用资本和劳动等投入要素来解释的任何其他因素，均属于技术进步的范围。这种广义的技术进步把一些非技术的因素，如制度因素、管理因素、社会文化因素以及由自然条件的变化而引起的单位投入的产出量增大，都涵盖于其中了。

二、技术进步与经济增长观点

（一）古典主义经济观点

自经济学产生开始，经济学家就不断探索经济增长的原因、经济增长的内在机制及经济增长的途径。早期的许多经济学家，如 Smith、Marx、Ricarto 等，均对经济增长理论进行了深刻的探索，他们认为技术进步是促进经济增长的重要因素（王积业，1986）。在某种程度上，他们意识到新工具和新机器的出现以及相关新技术的发明依赖于分工。马克思在论及科学技术对生产力发展的作用时说过："大工业把巨大的自然力和自然科学并入到生产过程中，必然大大地提高劳动生产率，这一点是一目了然的，但是生产力的提高并不是靠另一个地方增加劳动消耗换来的……，机器不是使产品变得便宜，而是使产品随着机器价值相应地变得更贵……"马克思认为，技术进步应该具体体现在生产力的三个基本因素上，即作为一种"渗透性"因素，通过五个途径发挥作用：①工人的"平均熟练程度"的提高和他的生产工具性能的完善；②科学发展水平和它在工艺上应用程度的提高；③包括分工、协作以及管理体制和方式在内的"生产过程的社会结合"程度的提高和方式的转变；④生产资料规模和效能的提高；⑤自然条件利用率的提高（郑友敬，1994）。

（二）西方新古典主义观点

按照西方学者的观点，真正建立了增长理论现代形式的是 20 世纪三四十年代的经济学家 Harrod 与 Domar。Harrod 与 Domar 在 Kenyes 所发展的宏观经济学基础上，将其动态化，将经济增长理论引入现代时期。Harrod 与 Domar 使用了里昂惕夫性质的生产函数，即 $F=\mathrm{MIN}\ (K/G,\ L)$，并使用 $I=S$ 均衡条件，得到了长期增长的均衡路径。但是，Harrod 与 Domar 所使用的生产函数的非连续性导致这种均衡是十分不稳定的，因此 Harrod-Domar 模型的路径被称为刃锋上的增长（杨承训，2002；刘树，王开天，2000）。

1956 年，Solow 对 Harrod-Domar 模型的生产函数进行了修正，创立了著名的新古典增长模型。Solow 的贡献在于在生产函数中引入了技术进步因素，并假设资本与劳动之间可完全替代，这种具有连续性的生产函数使经济学家可以寻找到一种稳定的持续增长路径。Solow 模型的缺陷在于其假设技术进步是外生的，而 Solow模型的一个重要结论是储蓄率只有水平效应而没有增长效应，长期增长率由技术进步的速率唯一地决定，因此，依 Solow 模型的逻辑所得出的结论是以假定增长来建立增长模型。

为了解释经济增长的来源，弥补 Solow 模型的缺陷，Romer 提出了一个具有外溢性知识的增长模型。在这个模型中，Romer 假设技术进步是通过中间产品种类的增加来实现的，知识的这种中间产品性质使技术具有外部性，因而知识的规模报酬递增。Romer 通过引入一个显性的研究与开发部门来解释技术进步的内生性来源。卢卡斯则通过引进人力资本积累因素来解释经济增长的内生性（姚立，2003；夏杰长，2002）。Romer 及卢卡斯等经济学家所开创的内生增长理论虽名盛一时，但无论是其思想还是其分析方法，都沿袭了历史上一些经济学家的思想。

（三）新兴古典主义观点

阿林·杨格提出了经济内生演进思想，他认为，不仅分工水平由市场容量决定（这是 A. Smith 的经典思想），而且，市场容量同样由分工水平决定。同时，阿林·杨格也指出，分工水平的提高促进“迂回经济”的发展，“迂回经济”的发展就意味着有新机器、新技术应用于产品生产中，因此，产业链延伸的过程实际上内生了技术进步。由此，技术进步因素实际是产业链延伸的一个侧面。事实上，Romer 开创性地提出以中间产品种类来表示技术进步，并由此解决了收益递增与平衡增长路径稳定性之间的问题，正式将阿林·杨格的这种思想加以模型化。而阿林·杨格关于分工与市场之间的关系、分工演进与经济增长之间的关系，已被杨小凯加以扩充，而形成了新兴古典经济学。杨小凯利用超边际分析方法，将生产消费品中使用投资品种类的增加看成技术进步的特征变量，构造了一个关于专业化经济与交易成本之间的冲突模型。因此，技术进步是分工演进、迂回生产、专业化水平提高过程中的内生变量（杨承训，2002；刘树，王开天，2000）。

（四）熊彼特及其追随者的观点

自奥地利经济学家瑟夫·阿罗斯·熊彼特（Joseph A. Scohumpeter）在其1912年出版的《经济发展理论》一书中首次提出创新的基本概念和思想以来，世界各国的一批学者从不同的角度对创新与技术进步在经济发展中的作用展开了深入的研究和实证分析，对传统经济理论中忽视技术进步和创新的研究思路与观念进行了批评，创立了以创新为核心的经济发展理论以及创新经济学（innovation economic）理论体系。经过近一个世纪，尤其是在20世纪50年代以来，科学技术迅猛发展，技术创新对人类社会和经济发展的影响日益加深的背景下，许多学者沿着熊彼特的创新思想对技术创新理论进行了广泛和深入的研究，使其内容更加丰富、完善，并逐步形成了以技术变革与技术推广为对象的技术创新经济学和以制度变革与制度形成为对象的制度创新经济学两大分支。曼斯非尔德、卡曼等是新熊彼特学派的代表，该学派坚持熊彼特创新理论的传统，强调技术创新和技术进步在经济发展中的核心作用，认为企业家是推动创新的主体，侧重研究企业的组织行为、市场结构等因素对技术创新的影响，提出了技术创新扩散、企业家创新和创新周期等模型。

第二节　技术进步对农业产业化发展贡献模型：以江西省德兴市百勤异VC钠有限公司为例

一、技术进步贡献的计量方法与模型

技术进步的测定是测量技术进步对经济增长的贡献，经济增长的贡献可以用生产率来衡量。20世纪60年代后，经济学家们根据生产函数的基本原理，提出了全要素生产率的概念，技术进步的衡量才获得重大的进展。全要素生产率是指所有生产要素的生产效率，即总产出量与全部生产要素结合在一起的投入之比。它的计算以生产函数理论为基础（林毅夫，2000）。西方经济学家认为，产出量是各种投入量的函数。从企业或部门看，投入要素包括资本、劳动、土地、人力资本和从其他企业购进的中间产品。通常，人们采用物质资本K、劳动力L、人力资本H和全要素生产率A作为经济增长的解释变量，生产函数的表达式为

$$Q=f(K,L,H,A) \tag{5.1}$$

A被肯德里克（Kenkricd）定义为全要素生产率的技术进步因子，全要素生产率的增长实际上是一种余值增长，是扣除单纯的资本与劳动量增加对经济增长的贡献。全要素生产对经济增长贡献率来自技术进步、管理因素、政策因素的影响，但不可否认，技术进步对经济增长的贡献依然是主要组成部分。

为了使本部分的研究与第八章超边际模型生产函数保持意义上的一致，以便能够求算出模型均衡解，我们在此将全要素生产对经济增长的贡献率近似看成技术进步的贡献率。采用式（5.2）表达生产函数，即

$$Q=A\ K^{\alpha}L^{\beta} \tag{5.2}$$

式中：Q为产量；K为资本量；L为劳动量；α、β分别为资本和劳动力产出弹性。

那么劳动力的边际产量为

$$M\ P_L=A\alpha K^{\alpha-1}L^{\beta} \tag{5.3}$$

资本的边际产量为

$$MP_k = A\beta K^{\alpha} L^{\beta-1} \tag{5.4}$$

假定在这一期间，该单位增加的全部产量为 Q。它不仅包括投入的要素增长带来产量的增长，而且还包括技术进步引起的全要素生产率的提高所带来产量的增长，由此可以推导出产出增长方程

$$\Delta Q/Q = \alpha \Delta K/K + \beta \Delta L/L + \Delta A/A \tag{5.5}$$

式中：$\Delta Q/Q$ 为全部产量增长率；$\Delta K/K$ 为资本增长率；$\Delta L/L$ 为劳动增长率；$\Delta A/A$ 为由技术进步引起的全要素生产率的增长率。

二、案例分析——以德兴百勤异 VC 钠有限公司为例

本次数据是通过实地调查江西省德兴市百勤异 VC 钠有限公司获得的，包含 2000 ~2003 年每一季度企业的固定资产、员工从业人员投入、企业的产值等。

（一）公司简介

德兴市百勤异 VC 钠有限公司于 1993 年 11 月建成，投产 10 多年来，已发展成为全球最大的同行业生产企业之一。产品被众多国际大食品公司采用，远销欧洲、加拿大、东南亚等发达国家和地区，而且占了美国市场份额的 50%，国际市场的 38%。此外，该公司已经成为国家级农业产业化重点龙头企业，国家火炬计划重点高新技术企业，江西省区外高新技术企业。该公司以科技创新为本，开展了一系列重大技术革新项目，拥有自主知识产权 76 项，先后实施并顺利完成国家级重点火炬计划等省部级科研项目 12 个，D-异抗坏血酸被评为国家级重点新产品，产品执行美国 FCC（IV）版标准，工艺技术为国内领先、国际先进水平，产品畅销全球。

（二）数据介绍

本次调查数据主要包括企业的固定资产 K、员工从业人员投入 L、企业的产值 y 几个项目。其中，企业产值是根据企业每季度产量记录折算成金额而得的，单位为千元；固定资产 K 是指期末的净资产，单位为千元；员工投入 L 是指从业人数（采用期末员工人数）乘以当季度平均工资（含奖金），其单位为千元。采用从 2000 ~2003 年每一季度数据，将 2000 年第一季度编号为 1，2000 年第二季度编号为 2，依此类推到 2003 年第四季度编号为 16，再将这些数据进行对数处理之后如表 5-1 所示。

表 5-1 2000～2003 年各季度产值、固定资产、劳动力投入对数值

序号	1	2	3	4	5	6	7	8
ln$Y$	10.536 65	10.561 41	10.587 62	10.609 85	10.665 45	10.762 96	10.792 31	10.826 46
ln$K$	9.933 68	9.964 87	9.990 54	9.604 64	10.036 75	10.062 33	10.139 39	10.164 16
ln$L$	8.134 29	8.128 53	8.167 36	8.167 36	8.157 70	8.147 95	8.147 95	8.181 62
序号	9	10	11	12	13	14	15	16
ln$Y$	10.846 48	10.885 46	10.908 11	10.932 83	10.995 49	11.047 83	11.119 61	11.153 08
ln$K$	10.170 46	10.187 43	10.200 33	10.237 85	10.244 27	10.267 05	10.289 29	10.264 20
ln$L$	8.157 37	8.117 74	8.091 98	8.118 49	8.205 53	8.205 53	8.203 35	8.209 87

注：ln$Y$、ln$K$、ln$L$ 分别为产值、固定资产、劳动力投入的对数值。

资料来源：企业调查整理。

(三) 样本特征分析

从表 5-2 可以看出该模型中，生产总值、固定资产、劳动力投入三个变量对数值特征。生产总值对数变化最大，其次为固定资产对数值，劳动力投入对数值变化最小。

表 5-2 变量对数样本特征

对数	N	最小值	最大值	平均值	标准差
ln$Y$	16	10.536 65	11.531 08	10.826 97	0.196 87
ln$K$	16	9.604 64	10.289 29	10.109 83	0.176 26
ln$L$	16	8.091 98	8.209 87	8.158 91	0.035 78

(四) 回归分析

本书运用 SPSS12.0 统计分析软件分别对 ln$Y$、ln$K$、ln$L$ 进行线性回归分析。回归模型检验结果如表 5-3 和表 5-4 所示。

表 5-3 回归模型各参数检验结果

对数	回归系数 B	标准差	标准化系数 β	T 统计量	显著性概率
常数	-11.111	6.086		-1.826	0.091
ln$K$	0.850	0.155	0.761	5.479	0.000
ln$L$	1.636	0.762	0.297	2.146	0.051

表 5-4　回归模型总体检验结果

R	R^2	Adjusted R^2	F	Df_1	Df_2	显著性概率	杜宾检验
0.873	0.762	0.725	20.817	2	13	0.000	1.84

由表5-3和表5-4可知，回归模型为

$$\ln Y = -11.111 + 0.85\ln K + 1.636\ln L \tag{5.6}$$

该模型总体反映了产值对数值与固定资产对数值、劳动投入对数值呈正相关关系。该企业生产函数中，固定资产弹性系数α为0.85，劳动投入弹性系数β为1.636，$\ln A$为-11.111，且可以得出其生产函数为

$$Q = f(K, L) = AK^{\alpha}L^{\beta} = 0.000\,014\,947\,K^{0.85}L^{1.636} \tag{5.7}$$

该回归模型总体检验效果非常好，R值为0.873，R^2值为0.762，F值为20.817，总体显著性水平为0.000。而从各参数检验结果来看，常数项显著性概率为0.091，$\ln K$显著性概率为0.000，$\ln L$显著性概率为0.051，这说明各自变量之间不存在相关性，多元线性回归模型也不存在多重共线性问题。

此外，杜宾-瓦特森值为1.84，而杜宾-瓦特森检验5%临界点d_L为0.95，d_U为1.54，显然1.84界于d_U和2之间，说明回归模型不受序列相关影响。

（五）各要素贡献率测算

1. 各变量每季度增长率

以2000年第一季度的数据作为初始值，以2003年最后一个季度的数据为最末数据，求算出每一季度的平均增长率，综合结果如表5-5所示。

表 5-5　生产值、固定资产与劳动力投入变化

指标	生产值	固定资产	劳动力投入
初始值/千元	37 671	20 613.1	3 409.4
终值/千元	69 778.5	28 687.0	3 677.1
季度平均增长率/%	5.682	2.611	0.5234

2. 各要素对经济增长的贡献率

我们根据上面所述求算出固定资产和劳动投入季度平均增长率，再将它们与各自的指数相乘，求算出各要素对经济增长的贡献，最后再求算各要素对经济增长贡献率，结果如表5-6所示。

表 5-6　各要素对经济增长贡献率　（单位:%）

指标	固定资产	劳动投入	技术
季度平均增长率	2. 611	0. 5234	
各要素对经济增长贡献	2. 2196	0. 8563	2. 6062
各要素对经济增长贡献率	39. 1	15. 1	45. 8

我们可以看出，技术进步对企业增长的贡献率最大，达45. 8%，其次为固定资产投入贡献率，为 39. 1%，而劳动力投入对企业增长的贡献率最小，仅为15. 1%。

因此，从本案例可以看到，技术进步是龙头企业发展和进步的动力源泉，加强农产品加工技术研究投入，建立以龙头企业为主体的技术创新机制，对农业产业化的发展有着深远的意义。

第三节　我国农业产业化经营中的技术现状

一、农业产业化经营中的技术种类

（一）动植物新品种选育技术

动植物新品种选育采用常规育种技术与生物技术相结合的方法，引进、改良、培育动植物优良品种，建立科技与生产相结合的良种繁育体系，是提高农产品产量和品质的重要手段。动植物新品种选育包括农作物新品种选育及亲本材料创制，育种新技术应用，畜禽、牧草良种繁育技术，水产优良品种选育及苗种繁育技术研究。

（二）动植物重大病虫害防治技术

动植物重大病虫害防治技术是指针对我国农作物的重大病虫草鼠害及畜牧业、水产养殖业的重大病害，开展灾害预测和控害减灾技术研究、病虫抗药性监测、农药安全有效施用技术研究，以及解决传染性、暴发性的病虫害防治技术，为减轻生物灾害提供经济、安全、高效的配套措施。动植物重大病虫害防治技术包括农作物病虫草鼠害综合防治技术研究、畜禽重大疫病综合防治研究。

（三）农业生物技术

生物技术又称生物工程，它是生命科学的最新成就，在与现代技术相结合的基础上，利用诸如基因重组、细胞融合、固定化酶、固定化细胞和生物反应器等技术对生物系统加以调控、加工，从而进行物质生产的综合性科学技术。农业是生物技术应用和开发的重要领域。

（四）农产品储藏、保鲜、加工及综合利用技术

农产品储藏、保鲜、加工是指依靠先进的技术和设备，对农业生产的动植物产品及其物料进行深加工，以提高产品附加值、降低产后损失、保证农副产品质量的技术手段。它包含高效适用的系列化产地储藏、保鲜、加工新技术、新设备、新材料技术的研究与开发。

（五）农业集约化生产技术与装备

农业集约化是指在一定面积的土地上投入较多的劳动、资金和技术，以期获得较高的单位面积产量，它以科技的不断进步为前提。农业集约化生产技术与装备包含工厂化高效农业工程技术、农作物机械化栽培与设备、新型农膜开发及残膜回收机具、农用航空喷雾技术等几方面内容。

（六）农业和农村经济信息化后备技术

农业和农村经济信息化后备技术是指在农业和农村经济、科教领域有广泛应用前景，能促进这些领域发展的信息技术。该技术的研究开发范围包括信息采集、加工、共享、虚拟现实、智能控制和智能设备及仪器应用、船舶卫星定位导航、地理信息系统等方面，研究开发相关的新技术，开拓新的应用领域。

二、我国农产品加工技术的现状及其进展

改革开放以来，在“科教兴国”战略的指导下，我国农产品加工技术在推动农业增效、农产品加工业迅速发展，推动工业技术升级和社会持续发展等方面取得明显进步。统计显示，2003 年我国农产品加工业总产值达到 3.1 万亿元，占当年工业总产值的 22.4%；2004 年我国农业总产值约为 3.2 万亿元，农产品加工业总产值约为 3.6 万亿元。这其中农产品加工技术创新的持续发展发挥着不可替代的作用。

（一）国家对农产品加工技术的支持力度在不断加强

2001～2005 年，国家实施了一系列措施，支持农产品加工技术的发展，是新中国成立以来国家在农产品加工领域投入力度最大，研究面最广、最深，涉及学科最宽，参与人数最多，技术集成和产业化程度最高，带动和示范效应最明显的时期。农业部实施了农产品加工推进行动，重点开展农产品加工业科教跨越行

动、优势农产品精深加工行动、农产品加工业质量安全行动、农产品加工业外向型行动、农产品加工业兴县富民行动、农产品加工业布局优化行动和农产品加工业政策突破行动。国家发展改革委员会针对新时期农业和农村经济发展对科技进步和可持续发展的紧迫需求，先后安排以建立健全农产品加工质量标准体系、提高农产品技术创新能力为重点，以生物技术、信息技术应用为重点的“设施农业”、“工厂农业”示范工程等65个项目，总投资70亿元，取得了显著成效。从2005年开始，又围绕重点产业、重点领域和重点企业，重点组织实施10项重大产业技术专项，其中包括“农产品深加工关键技术”专项，重点攻克一批产业发展中的重大共性、关键技术，为国民经济持续、快速、协调、健康发展提供了技术支撑和保障。

（二）农产品加工创新技术新能力在不断提高

近年来，农业科技人员在很多领域缩小了我国在农产品加工技术方面与国际先进水平的差距，部分领域接近国际先进水平，个别领域已达到国际领先水平，实现了一系列农产品深加工关键技术与设备的重大突破，构建并完善了主要农产品深加工的标准与全程质量控制体系，在农产品快速检测技术与设备的研究开发和农产品加工业技术创新支撑体系的建设等研究领域也取得了突破性进展。创新技术主要进展有以下几个方面。

在大豆蛋白质提取、油脂制取的基础上，采用超临界萃取、膜分离和生物工程等先进技术，实现了大豆磷脂、异黄酮、低聚糖等多功能性食品的高效提取，如黑龙江哈高科大豆食品、河南山花集团的大豆精深加工膜分离创新工艺等项目，都得到了国家专项资金的支持，成为业内高技术产业化的示范项目。示范项目采用生物工程等技术进行玉米深加工，生产变性淀粉可达上百种，如淀粉糖、高果糖、生化饲料、燃料乙醇、核酸等，为粗粮的精深加工开辟了新的途径。被誉为“柠檬酸之王”的安徽丰原集团独创发明的“玉米粉低温液化清液发酵”技术，为我国柠檬酸行业开辟了一条发酵原料和工艺方法的新途径，不仅使我国柠檬酸技术迅速领先于世界先进水平，也为增强企业竞争能力和可持续发展实力奠定了坚实基础。目前，丰原又成功将该技术进一步延伸应用到L-乳酸、赖氨酸、酒精、味精等行业中，并在生产工艺和提取技术上都有重大的突破。在小麦加工方面，河南莲花集团以小麦为原料加工味精，属于国际首创，拥有自主知识产权，吨成本节省1500元。在畜产品方面，河南双汇等开发了冷却肉，上海光明的乳业高压杀菌技术等几项新技术研发，对提高乳制品的功能性和生产技术具有积极的意义。

（三）与发达国家相比，我国农产品加工技术仍存在巨大的差距

虽然我国农产品加工技术已经取得了不小的成绩，但不可否认，与发达国家

相比仍然存在巨大的差距。

1. 农产品资源有效利用率低

我国农产品资源品种多，产量大，但在农产品资源的有效利用上还很不足。主要表现在：一是储藏保鲜加工能力差，造成产后损耗严重，我国果蔬和粮食损耗达25%～30%和10%以上，比发达国家的损耗5%和2%高得多；二是缺乏适宜加工的农产品品种和高品质的加工原料，农产品品种不少，但适宜加工的品种不多，只能做到“生产什么就加工什么”，却不能做到“加工什么就生产什么”，以致一方面农产品供大于求，大量积压，同时又出现加工业需从国外进口农产品原料进行加工的怪现象。

2. 技术和设备落后、创新能力低，技术储备不足

发达国家在农产品加工行业广泛应用高新技术，但我国还是以传统技术为主，这极大地限制了农产品加工业的发展。目前，我国农产品加工设备与世界相比，至少要落后15～20年，只有5%左右达到国际先进水平。此外，我国农产品加工的科学储备和技术支撑薄弱，研究单位分属多个部门、分散且相互脱节，研究经费投入偏重于农业生产阶段。我国农业科技工作的重点在产前和产中领域，80%以上的科技经费和研究力量投入在产前、产中，对产后领域的科研工作不够重视，造成了农产品加工领域技术创新能力较低，科技储备特别是基础性的技术储备严重不足，缺乏自主知识产权的新技术，以致加工企业的设备、技术、管理水平不能适应现代化的要求。我国农产品加工业科技进步贡献率为35%，5.34万家食品加工企业中只有133家达到二级企业标准。

3. 尚未建立以龙头企业为主体的技术创新机制

目前，我国各级龙头企业发展刚刚起步，规模较小、资金缺乏、市场发育不充分、基础设施差等制约因子较多，因此，企业多将有限的资金投入到基础建设、量的扩张、市场抢占等方面，而对耗精力、用人才、购仪器构建研发机构、打造企业核心竞争力认识不足。具体表现为如很多龙头企业没有研发机构，质控体系不规范，缺乏对既懂技术、又善经营、更会管理、能将科技与经济对接的复合型人才的培养；要么产品跟风，要么产品单一，多少年一个面孔，不能随市场的变化而变化。因此，在我国，多数农产品加工企业的技术开发与技术创新能力十分薄弱，消化吸收能力不强，缺乏对引进技术的系统集成、综合创新，缺乏参与国际竞争的能力，创新成果产业化迟缓，生产技术储备明显不足，这制约着以企业为主体的技术创新机制的建立。

4. 技术应用和转化机制不畅通

在我国，龙头企业和科研部门结合松散：农业龙头企业和科研机构在理论上是农业科技成果产业化的最佳搭档，但实际上由于所处利益集团不同，各种合作方式及机制正在探索过渡阶段，彼此结合松散，表现为大多就某一项成果合作、就一段时间合作、简单合作（如技术转让、技术服务）等。此外，我国农业科技成果创新投入渠道单一、总量不足，存在注重成果创新、忽视成果转化、成果熟化等现象，从而导致我国农业科技产业化中出现“三低”现象，即科技创新率低、转化率低、普及率低。

三、加快龙头企业自主创新体系建设

（一）处理好龙头企业原始创新、集成创新和引进消化吸收创新的关系

首先，将加强龙头原始创新作为自主创新的首要任务。实现从以模仿创新为主到以原始创新为主的战略性转变，依靠自主创新特别是原始创新取得真正的核心技术，尤其是关系到国家安全或具有巨大市场价值的核心技术。

其次，将加强集成创新作为自主创新的重要内容。集中科技资源，努力实现集成创新，特别是选择具有较强技术关联性和产业带动性的重大战略项目，大力促进各种相关技术的有机融合，并在此基础上实现关键技术的突破和集成创新，开发具有自主知识产权的产品，培育拥有核心技术的产业，形成具有国际竞争力的企业。

最后，要大力加强引进技术基础上的消化吸收创新。充分利用经济全球化带来的机遇，在更深层次上引进技术，利用巨大的国内市场优势，扬弃“市场换技术战略”，推行“以竞争换技术战略”，反制外国的“技术锁定策略”，完善引进技术的消化、吸收和再创新机制。

（二）确立龙头企业农产品加工技术自主创新的主体地位

要确立农业产业化企业尤其是重点龙头企业成为农产品加工技术自主创新的主力的位置。重点龙头企业是农业产业化经营的重要组织者，内联千家万户，外联国内外市场，既是农业生产和加工中心，又是技术创新和服务中心，具有开拓市场、深化加工、提供服务的综合功能，是带动农业产业化发展的“火车头”，是推进农业专业化、规模化、标准化生产，加快农业科技进步，组织标准化生产的重要载体，是新品种、新技术的推广应用者。

（三）要协调好政府、科研机构、高等学校等参与主体之间的关系

在农产品加工技术创新体系中，参与活动的组织很多，政府、科研机构、高等学校、行业学会、研究会、协会以及中介机构等都从不同的角度直接或间接地参与到技术创新活动之中。然而，企业才是技术创新的主体，因为只有企业才是负责完成生产要素新组合的社会组织。企业作为技术创新的主体，当然必须是决策的主体、投入的主体、活动的主体、利益获取与分配的主体。

（四）建立国家级农产品加工研究机构和中试中心

我国除了极少数省份有农产品加工研究的机构外，尚没有一个国家级的专门从事农产品加工研究的综合性专业机构。为了加强农产品加工领域的科学研究，加快农产品加工业的发展，建议对分散在各部门的、有限的农产品加工的研究力量予以整合，在国家级农业科技系统中建立精干的国家农产品加工研究机构，并作为非营利性机构，统一纳入国家科技创新体系，给予重点支持。通过该研究机构，协调组织全国农产品加工研究力量，有针对性地进行攻关研究与示范，解决农产品加工业发展中的重大关键技术问题。建立国家级的农产品加工工程中试中心，解决农产品产业化过程中的重大技术创新、技术改进、技术组装和技术配套等系统问题，开展技术示范、技术咨询、技术培训和技术服务，促进新技术、新工艺的推广和应用。

（五）改革和完善农业科研体制

理顺农业科研体系中职责权力划分和管理层次划分的条块关系，改变多头领导和平行管理的局面，形成有效的利益协调机制和农业科研宏观调控机制，在组织结构上形成农业科研资源合理配置的层次和布局，促进农业科研活动中分工协作格局的形成，使农业科研体系成为开放、有序的系统，构建国家和地方两级有明确分工的科研体系格局，从而形成布局合理、层次分明、任务分流、协调高效的农业科研社会化网络结构。

第四节　案例：技术进步推动江西德宇集团不断发展①

一、公司简介

江西德宇集团是一家集科研、开发、生产、加工、销售和服务于一体的大型

① 本案例来自作者2003年对德宇集团的调查整理

生物高新技术产业集团。集团设有景德板鸡实业公司、得雨活茶有限公司、德宇种禽公司、德宇特种水产养殖场、德宇销售公司。集团占地300亩、现有固定资产4600万元、员工280人，其中高、中级科技和工程技术人员71人。

10多年前，该集团在总经理刘浩元的带领下，本着科技是第一生产力的宗旨，依靠科技创新，运用微生物工艺维生素E技术、酶促转换技术、有效微生物群菌膜抗氧生物保鲜技术、超临界萃提和膜分离与反渗透技术、超低温干燥喷雾技术、功能性食品配伍定位技术等高新科技，依托江西名山大川的资源优势和云滋雨养的自然条件，研究开发适应新时期消费者对“天然、营养、卫生、方便”的崇尚的现代食品。开发生产板鸡、活茶两大系列天然有机食品。

板鸡系列中有景德板鸡、景德板鱼、德宇鸡精、德宇鸡汁酱油、德宇仙酒和德宇系列营养方便菜及德宇美食等共计80余种美味食品，景德板鸡被朱镕基总理称为“中国第一板鸡”。活茶系列中有得雨活茶、得雨红茶、得雨袋泡茶、得雨速溶茶（茶晶及浓缩料）及纯正茶饮料等20余个品种，先后20多次荣获国家、省、部级成功奖。得雨活茶宁膺“人民大会堂特供茶”冠名权。得雨速溶茶与纯正茶饮料远销美、法、日、以色列等国和港、澳、台地区。2000年创产值18 128万元，实现销售收入16 984万元，利税964万元。1999年，德宇集团被江西省科委认定为江西省区外高新技术企业；2000年被农业部、国家发展计划委员会等八部委列入全国151家农业产业化重点龙头企业之一；2002年被科学技术部评为科技创新型星火龙头企业。

二、依靠技术创新，开创事业

2000年10月，日本东京电视台一直在不断地播放一档介绍德宇集团茶叶产品的广告，广告语就是“来自中国的宫廷用茶——得雨活茶”。在得雨活茶这个品牌还没有在日本推广之前，景德镇市卖到日本的茶叶，不论怎样精工细作，都从未超过200元一斤①，而现在的卖价，起点就是1000元。其中的奥秘就是得雨活茶采用了刘浩元发明的生物保鲜技术，让国外消费者对这种经过高新技术处理的中国茶叶刮目相看。

这项技术的创新之处就是应用“EM在茶叶表面形成生物菌膜阻止氧交换”的原理，达到了茶叶保持长年新鲜的效果，不论什么季节沏泡，都能明显品出早春新茶的口感和意境。

人说自古新茶好喝保鲜最难，为了解决绿茶保鲜这个千年难题，此前国内外专家经过反复尝试，才研究出了活性炭、冰冻冷藏等茶叶保鲜技术。但美中不足

---

① 1斤=500克

的是，这些方法只是保住了茶叶外表的绿色，却使茶叶中以茉醇、花椒醇为主的茶香分子因冷藏裂解而漂移，很难保持住新茶内在的新鲜品质。

刘浩元的这项生物法保鲜茶叶技术则是从另外一个思维领域寻找研究途径，开辟了一个茶叶保鲜的崭新模式，不仅使茶叶可以长年保持新茶特有的色泽，而且还能留住茶叶中的有效成分，保持新茶特有的口感，真正实现了人们“一年四季品新茶”的夙愿。1997 年，刘浩元因发明这项人称“茶叶保鲜史上一次革命”的技术，获得了国家技术发明奖。得雨活茶一经问世，便一鸣惊人，连续获得国家和省级的多项奖励，从 1998 年起成为人民大会堂特供茶，2001 年起又被指定为人民大会堂国宴茶，并高价出口到海外市场。

刘浩元利用该技术，走向了农业产业化经营之路，开创了自己的辉煌事业。得雨系列活茶全部以赣皖交界处浮梁山区名优春茶为原料，由茶农在每年的清明、谷雨期间，按照德宇集团的产品质量标准精心选摘茶芽，再经农家香柴小锅炒制，由德宇集团分级收购，在封闭车间里制作而成，再由集团将产品销往国内外各地。目前，已带动 26 万余户农户、3 万亩基地从事茶叶和养殖生产，并从此走上小康之路。

得雨活茶扬起了浮梁绿茶的复兴风帆，其产业化经营模式和科技、品牌方面的成功运作，在国内茶业领域引发联动效应，推动了其他茶区从技术、生产、经营乃至品牌文化等各个层面的结构调整，加快了中国茶业革新的步履。

三、坚持技术创新，促进农业产业化持续发展

没有专利技术，没有领先于竞争对手的产品或服务，企业的核心竞争力就不可能持久。德宇集团公司未雨绸缪，透彻地分析了国内外食品行业的发展趋势和动向，在分析市场和用户现在与潜在的需求、自身和竞争对手的实力和潜力的基础上，清楚地认识到，形成、保持并提高企业的核心竞争力是企业可持续发展的关键所在。因此，德宇集团投入相当的人力、财力和物力，组建了生物技术中心，技术中心的主要责任是新产品研制、开发和技术创新。目前，技术中心有 72 人，其中中高级职称 37 人，专家和博士 9 人，外聘外用专家 2 人，技术中心下设项目管理部、生物食品研制部、得雨活茶研制部、纯天然有机营养素研制部和食品分析检测计量部五个部门。

企业技术中心建立以后，董事长刘浩元亲自策划、组织，积极、有效地开展管理、技术、营销和专利等方面的创新活动，聘请中国科学院院士孙汉董、中国工程院院士邱定蕃、中国药用植物学会医学博士刘光隆、上海市精细化工研究所詹真荣硕士等任技术顾问，联合上海农业科学院、南昌大学、江西农业大学、南京农业大学的相关专家，全面研讨、总结企业食品研制经验，同时结合绿色食品

的发展和市场的需求，组织“产、学、研”活动。

通过技术创新和产品的研发，进一步完善了企业的发展管理机制，提高了企业的整体素质，形成了企业的核心专有技术，增强了企业的市场竞争实力。主导产品由原来单一的“景德板鸡”发展到目前的七大系列，近百种食品，申报发明专利2项，外观设计专利5项。“景德板鸡的制作方法”、“绿茶生物保鲜技术”先后获国家、省和市科技进步奖及技术发明奖。

四、技术管理对策

1. 加强对知识产权的管理

随着我国新专利法的实施和加入WTO，各行各业尤其是食品企业面临新的挑战与机遇，面临新的和高层次的环境，知识产权对我国企业的影响更加重要。德宇集团公司在开展技术创新的同时，高度重视企业的专利管理工作，充分发挥专利制度在企业发展中的作用。董事长亲自主管专利工作，并选派懂专利、懂法律、懂技术的员工兼职处理专利方面的业务，同时聘请省专利事务所的资深专利工作者担任企业的专利代理人，对专利研发、专利申报及专利产业化的费用按计划在科技开发费用列支，在人力、财力上都给予强力的支持。根据企业的有关专利申报要求，企业各部门都把专利的研发、收集与整理列入日常工作，适时申报、及时转化。德宇集团公司申报“景德板鸡的制作方法”、“绿茶生物保鲜技术”、“包装罐（得雨活茶）”等多项专利，转化率为100%。一方面为企业创造了可观的经济效益，另一方面有力地推动了我国食品行业技术的长足进步。

2. 创新技术管理策略

德宇集团通过专利产业化带动企业的技术进步，依靠专利技术储备增加企业后劲，从而赢得用户、赢得市场，获得明显的综合效益。德宇集团公司在大力开展专利研发的同时，积极推进企业的专利技术产业化，基本策略为生产一批（专利）、储备一批、研发一批。目前，企业的专利产品绝大多数通过了工业性试验，初步形成小批量生产和规模生产，并不断地扩大生产能力，持续稳步地向产业化方向努力。

3. 重视合作创新

企业在开展研发活动的过程中深深地认识到自身力量是非常有限的，企业技术进步还应该走一条合作创新之路。德宇集团不断加强“产、学、研”联合，根据企业发展规划及中长期的技术发展目标，继续积极地与上海农业科学院、南昌大学、江西农业大学、南京农业大学等科研院所及高等院校合作，受让相关专利技术，充分利用当地的资源，开发更多的天然有机绿色食品。

4. 重视科技人才队伍的建设

人才是企业最宝贵的“第一资源”，是企业发展高新技术的载体。企业的技术创新也好，开发专有技术也好，必须解决好科技人才的队伍建设问题。德宇集团实行重点培养和广纳贤才相结合的方式，为企业造就一批在“产、学、研”方面均能起骨干作用的“三栖人才”。企业不仅为相关技术人才提供良好的物质待遇，还重视对人才的培养，为科技人才提供学习交流的机会，真正做到感情留人、事业留人。

参考文献

林毅夫. 2000. 再论技术、制度与中国农业发展. 北京：北京大学出版社，78
刘树，王开天. 2000. 科技进步综合评价研究. 石家庄：河北大学出版社，83
王积业. 1986. 技术进步的评价理论与实践. 北京：科学技术文献出版社，79
夏杰长. 2002. 技术进步与经济增长的实证分析及财税政策. 财经问题研究，(11)：13～16
杨承训. 2002. 历史的杠杆——科技主导经济发展研究规律. 江西农业大学学报，(4)：53～56
姚立. 2003. 资本和技术对经济增长的影响分析. 天津社会科学，(2)：11～17
郑友敬. 1994. 技术进步跟踪系统研究. 北京：社会科学文献出版社，33

第六章

企业管理与农业产业化成长

前面我们已经分析得出了企业管理效率对加工农业产业链的延伸有重要的促进作用的结论。那么，要弄清楚企业管理效率如何促进加工农业产业链的延伸，就需要我们能打开企业管理的“黑箱”，弄清楚龙头企业的成长管理过程包含哪些阶段，每一阶段又受哪些因素影响。

第一节　企业成长管理

企业管理是一个比较宽泛的概念，它与创业管理既存在着明显的差异，又存在着联系，理清楚两者之间内在的联系，对于研究龙头企业的管理效率有重要的意义。

一、创业管理与传统企业内部管理的差异

（一）研究对象不同

通常情况下，传统的管理理论以现有的大公司为研究对象，以企业的经营效益或效率为出发点，更多地关注利润、成本、收益率等指标；而创业管理理论则是以不同层次的新建事业以及新的创业活动为研究对象，尽管也要注重效率和效益，但更侧重于在动态变化的环境中通过找寻机会来取得迅速的成功。

（二）面临的环境不同

传统企业采取的是稳定、简单的、大机器流水线运作方式，产品单一化、一贯制，顾客的需求常常是被动适应，企业实行层级式的管理机构，决策是在简单、静态的环境下进行的。在新的时代，重要的不是拥有多少信息量，而是获得信息的时间差以及在获得信息以后如何迅速行动；不在于拥有多少资源，而在于如何尽快地把资源变成收获。因此，速度和变革已成为企业取胜的法宝，商业机

会的发现、识别、利用、成功获取变成企业经营的前提，也是企业管理所要重视的环节。

（三）对管理者素质的要求不同

无论传统管理还是创业管理，都离不开人，但在对待人的态度和结果上却存在巨大的差异。传统的人力资源管理是以职务分析为基础，重点是任务、职务和责任，这种管理是偏离人性的管理；而创业管理把管理者或员工当成为创新、变革的创造者和推动者，人力资源管理正在转向 KSAO 管理（即基于员工知识、技能和能力并回归人性的管理）。在今天竞争日趋激烈的环境下，企业与经济的发展越来越需要具有创业精神的职业经理人或者说企业家型管理者。

二、创业管理与传统企业内部管理的融合

Davidsson 对创业管理与传统管理进行了比较。他认为，创业包括两个过程：一是发现过程，包括最初的机会发现和机会提炼等；二是开发、利用过程，是要解决资源获取和新资源整合问题。创业管理主要在第一个过程，第二个过程则属于传统管理。在企业发展的不同阶段，体现了不同的管理，在企业发展的前期体现为发现机会和开发、利用机会的过程，即创业管理，而在企业发展的中后期体现为传统管理。

图 6-1 是基于“融合说”的创业管理与传统管理之间的关系图。“融合说”不仅强调创业管理与传统管理两者之间有交叉的成分，更强调两者之间有交融的因素。一方面，在机会发现和机会提炼过程中也存在着对“协调”管理等传统管理的成分；另一方面，在开发和利用机会的过程中，要不断地从动态的环境中汲取元素、整合资源，这也需要管理者拥有创业精神。当今许多学者认为，创业管理和传统管理都存在自身的缺陷和不足，两者之间的界限越来越不明显，有融合的趋势（张玉利和李乾，2004）。

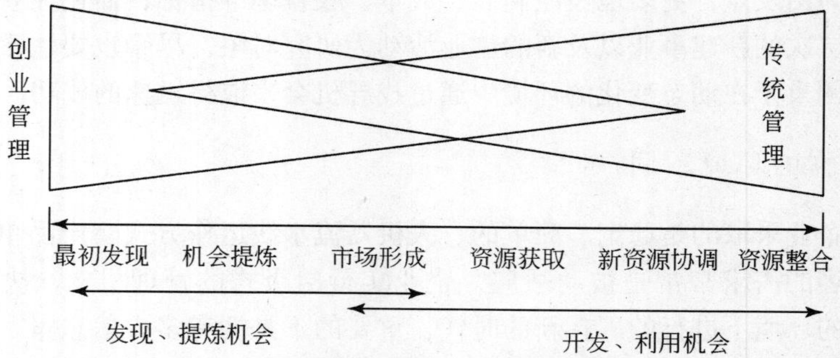

图 6-1 创业管理与传统管理的关系

资料来源：Per Davidsson and PEG Research Team，2000。

因此，将创业管理和传统管理放在同一个管理框架下进行研究，可以动态地看待创业管理和传统管理之间的关系：一开始，创业者发现创业信息、提炼创业机会，然后通过整合各种组织资源或生产要素，捕获创业机会，展开企业经营管理，协调各种矛盾，满足消费者需求，取得良好的经济效益。在此基础上，可开展新一轮的发觉创业信息、提炼创业机会，再整合资源，捕获创业机会，展开新的企业经营管理活动，如此周而复始，循环不断。

三、企业成长管理的过程模型

从微观的角度来看，企业成长管理是创业管理与传统的企业内部管理的统一体（黄群慧，2001；张玉利，2003）。创业管理阶段主要包括创业者发现创业信息、提炼创业机会和市场开拓的过程，而传统的管理阶段包括管理者整合资源、有序经营阶段。

实际上，我们可以将基于知识管理的企业和将创业管理与传统管理相统一的企业结合起来，形成一个基于知识积累的企业成长过程的管理模型，如图 6-2 所示。知识积累是影响企业成长过程中众多环节的核心因素，一方面，它对企业家精神的培育有着重要的作用。创业者在创业活动中会不断遭遇失败和打击，要不断地提高对事物的判断能力，要不断地提高自己的修养，要不断地完善价值观和处事风格。实际上，通过“干中学”的方式不断积累新的知识，提高创业者的个人能力水平和资源禀赋。而创业者个人能力水平和资源禀赋的提高又有利于创业者辨识市场需求、评估商业机会，因而对其把握机会的决策能力和经营管理水平产生重要影响（Rcardozo，1997；Kirzner，1997）。另一方面，我们知道，成功管理好创业机会，企业将获得一部分赢利，而赢利的获得又将提高组织资源水平，组织资源水平的提高为其进一步创业提供了一个新的平台，或者说，提高了企业的整体组织能力和创业者的资源禀赋水平，使其能与更多的市场需求相匹配，衍生出更多的商业机会（陈震红等，2004）。

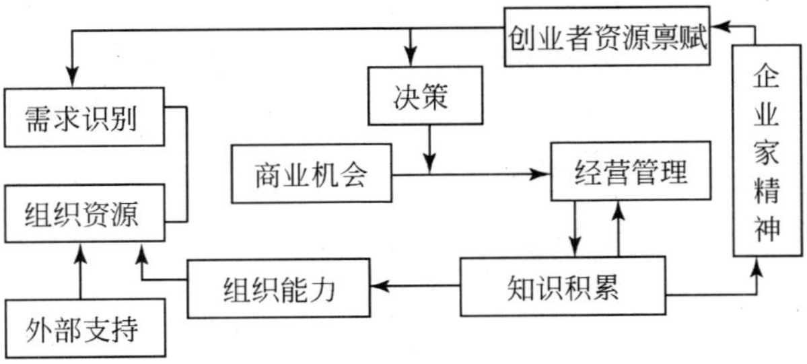

图 6-2　企业成长管理的过程模型

第二节 企业创业管理

一、企业创业机会管理

创业管理过程开始于创业者对创业机会的把握。创业者从成千上万繁杂的创意中选择了他心目中的创业机会，随之持续地开发这一机会，使之成为真正的企业，直至最终获得成功。这一过程中又包括机会搜寻、机会识别、机会评价与创业决策等创业活动（林嵩，张帏，姜彦福，2005），具体如图6-3所示。

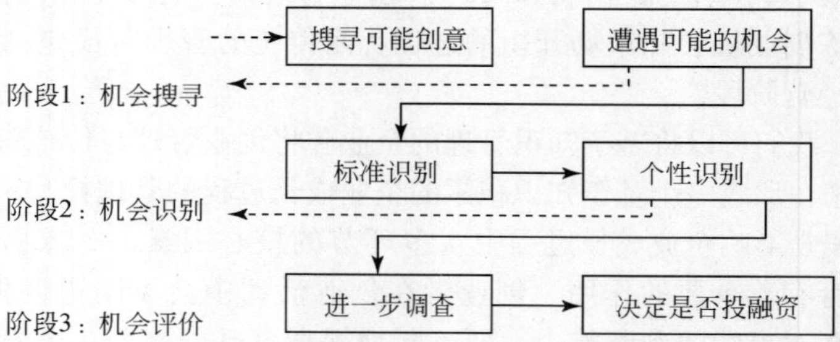

图6-3 创业机会管理过程及阶段

阶段1：机会搜寻。这一阶段创业者对整个经济系统中可能的创意展开搜索，如果创业者意识到某一创意可能是潜在的商业机会，具有潜在的发展价值，就将进入机会管理的下一阶段。

阶段2：机会识别。相对整体意义上的机会识别过程，这里的机会识别应当是狭义上的识别，即从创意中筛选合适的机会。这一过程包括两个步骤：第一步是通过对整体的市场环境以及行业的分析来判断该机会是否在广泛意义上属于有利的商业机会，称之为机会的标准化识别阶段；第二步是考察对于特定的创业者和投资者来说，这一机会是否有价值，也就是个性化的机会识别阶段。

阶段3：机会评价与创业决策。实际上这里的机会评价已经带有部分“尽职调查”的含义，相对比较正式，考察的内容主要是各项财务指标、创业团队的构成等。通过机会评价，创业者决定是否正式组建企业，吸引投资。

二、创业行为与创业者资源禀赋关系的实证研究——以江西省农民创业为例

（一）理论及前期研究

创业行为过程是创业管理研究的核心内容。大量的文献强调企业家的资源

禀赋在创业过程中的重要作用（杨俊和张玉利，2004），认为企业家的资源禀赋是创业行为过程的关键资源，是创业行为的基础。而且资源禀赋构成的异质性决定了微观层次创业行为的随机性与多样性。张玉利指出，企业家的资源禀赋是企业家创业前拥有的各种资本的总和，包括经济资本（economic capital）、人力资本（human capital）和社会资本（social capital）。然而，这一理论尚未得到验证，我们以农民创业为例，探索农民创业行为与其资源禀赋之间是否存在必然的联系。

目前，国内外尚没有学者对农民创业的内涵和外延进行界定，也没有涉及农民为什么选择不同的创业形式，即影响农民创业行为的因素。笔者认为，农民创业是与农民打工相对立的概念，凡是以获取剩余索取权为目的的农民经营活动均称为农民创业活动。具体来说，它包括三种主要形式：一是农村的种植和养殖；二是兴办工业，这种形式占少数；三是从事第三产业，这里主要指的是从事经营饭店、个体服装店、个体食品店、浴室、中小超市、运输等。

（二）研究方法

1. 变量选择

（1）经济资本。任何农民都有一定的经济资本，是农民各种可变现资产的总和，我们以家庭总收入、家庭人均收入、种植收入比例、每年家庭收入与支出来衡量。

（2）人力资本。人力资本由一般人力资本和特殊人力资本构成。一般人力资本包括个体受教育程度、以往的工作经验及个性品质特征。我们把教育程度设置为小学、初中、高中；工作经验主要包括工作年限；个性品质包括敬业精神、性格、个性强弱。特殊人力资本即产业人力资本，包括产业工作年限、前期工作与目前事业的密切性。

（3）社会资本。主要指人际关系，包括社会应酬量、朋友数量、个人诚信度、人缘情况。具体见表6-1。

表6-1 模型变量操作性定义

变量名称	变量定义
家庭总收入	农户年收入的总和（元）
家庭人均收入	农户家庭人均收入（元）
种植收入比例	农户的农业种植收入占家庭全部收入的比例（%）

续表

变量名称	变量定义
家庭收入与支出	问卷项目。家庭收入与支出（1 入不敷出、生活压力很大，2 略有节余、生活压力较大，3 有一定节余、没有多大生活压力，4 有节余、小康生活，5 有较多节余、富裕生活）
启动资金缺口	问卷项目。您创业或从事其他事业的启动资金缺口（1 不缺，2 缺小部分，3 缺一半左右，4 缺大部分，5 基本没有启动资金）
主要收入者年龄	实际年龄（岁）
主要收入者文化程度	1 小学以下，2 初中，3 高中及以上
主要收入者经历	主要收入者实际工作年限
主要收入者敬业精神	问卷项目。您的敬业精神（5 非常能吃苦，4 比较能吃苦，3 不是太能吃苦也不太懒，2 较懒惰，1 非常懒惰）
主要收入者性格	问卷项目。您的性格（1 非常内向，2 内向，3 中间，4 外向，5 非常外向）
主要收入者个性	问卷项目。您的个性（5 非常要强，4 要强，3 中间，2 软弱，1 非常软弱）
主要收入者产业经历	主要收入者与目前从事产业相关工作经历的实际年限
主要收入者经历与目前事业的密切性	问卷项目。您的经历与目前事业（1 密切有关，2 有一定相关性，3 毫不相关）
主要收入者应酬	问卷项目。您平时的应酬（5 非常多，4 较多，3 一般，2 较少，1 非常少）
主要收入者社会交际	问卷项目。您的社会交际面（5 朋友非常广，4 朋友较多，3 一般，2 朋友较少，1 朋友非常少）
主要收入者处理关系能力	问卷项目。您认为您（5 人缘非常好，4 人缘较好，3 人缘不是特别好也不是太差，2 人缘较差，1 经常得罪人）
主要收入者处理关系的态度	问卷项目。您认为您（5 非常诚信，4 较诚信，3 偶尔言不由衷，2 有时不能兑现承诺，1 经常欺骗别人）

2. 资料分析方法与工具

本研究使用 SPSS12.0 统计软件作为分析数据的工具；使用的分析方法有描述统计、信度分析和回归分析法；所使用的模型为二元 Logit 模型。

1）二元 Logit 模型

本研究首先采用二元 Logit 模型，对农民的创业行为与非创业行为、第 i 类创业还是其他创业进行分析，用于探讨各种资源禀赋对农民创业行为的影响。Logit 模型是逻辑概率分布函数（cumulative logistic probability function），二元模型的基本形式为

$$P_i = F(Z_i) = F(\alpha + \beta X_i + \mu) = \frac{1}{1+\mathrm{e}^{-z_i}} = \frac{1}{1+\mathrm{e}^{-(\alpha+\beta X_i)}} \tag{6.1}$$

式中：$Z_i = \alpha + \beta X_i + \mu$；e 为自然对数的底。式（6.1）的估计式为

$$\lg \frac{P_i}{1-P_i} = Z_i = \alpha + \beta Z_i + \mu \tag{6.2}$$

模型的具体形式可以表示为

$$\lg P_i /（1 - P_i）= \alpha + \beta_1 X_{i1} + \beta_2 X_{i2} + \beta_3 X_{i3} + \beta_4 X_{i4} + \varepsilon_i \tag{6.3}$$

式中：当 $i=0$ 时，P_i 为农民是否作出创业行为的概率；当 $i=1$ 时，P_i 为第 1 类创业的概率。

2）信度分析

对问卷中有关农民经济资源、农民人力资本资源、农民社会资本资源的内容进行信度分析，在信度分析方面，使用内部一致性法，衡量内部一致性以克隆巴赫系数（Cronbach'α）的值作为评估标准。

（三）调查方法和数据来源

本研究所使用的数据来源于 2006 年寒假期间作者和大学生寒假社会实践对江西省九江县、上饶县、南昌县、新建县、丰城县、瑞金县、吉安县和安义县等 8 县 13 个乡（镇）240 个农户所做的调查。调查涉及的地区类别包括平原、丘陵和山区，粮食产区和棉花等经济作物产区。调查采用随机抽样、整群抽样和典型调查相结合的方法。通过对 240 个农户进行访谈回收有效问卷 211 份，有效问卷率为 88%。

（四）样本特征、信度分析与因子分析

1. 样本特征

在 211 个农户中，以创业收入为主的共 87 户，占 41.7%，其中，34 户从事第一产业创业，14 户从事第二产业创业，39 户从事第三产业创业。户主文化程度主要分布在小学和初中，比例超过 70%。详细的样本特征及描述数据特征见表 6-2。

表 6-2 描述数据特征

农户特征	类型	数量/人	比例/%
年龄	30 岁以下	6	2.8
	31～50	137	65.1
	51～59	43	20.3
	60 岁以上	25	11.8
职业	以打工为主	124	58.3
	以创业为主	87	41.7
	第一产业	34	16.1
	第二产业	14	6.6
	第三产业	39	19.0
文化程度	小学以下	18	8.5
	小学	82	38.7
	初中	82	38.7
	高中以上	29	14.1
家庭人口	3 人以下	34	16.0
	4～5 人	149	70.8
	5 人以上	28	13.2
农业劳动力人数	2 人以下	176	83.5
	3 人以上	35	16.5
种植面积	5 亩以下	90	42.5
	5～10 亩	90	42.5
	10 亩以上	31	15.0

2. 问卷信度分析

信度是指测量资料的可靠程度，即测量结果的稳定性和一致性。对问卷进行信度检验主要是针对那些需要从多个方面反映事物的某种综合特征的变量进行的分析。本研究采用内部一致性法作为检测问卷信度的工具，以 Cronbach'α 的值来测定问卷项目。一般认为，Cronbach'α 的值若大于 0.7 则表示信度很高，若小于 0.35 则属于低信度，应该予以删除。

本研究对经济资本、人力资本、社会资本三个潜变量进行测度。我们以家庭总收入、家庭人均收入、种植收入比例、劳动力比例、每年家庭收入与支出、创业或打工启动资金缺口来衡量经济资本，其信度 Cronbach'α 系数仅为 0.372，远远小于 0.70。剔除前面评估的三个变量后，创业或打工启动资金缺口、劳动力比例、每年家庭收入与支出三个变量的 Cronbach'α 系数为 0.807，其绝对值大于0.7，因此具有较高的信度。为此，本研究将这三个变量用于综合反映农户的经济资本。我们以个体受教育程度、以往的工作经历、产业经历、敬业精神、性格、个性来表征人力资本，其信度Cronbach'α系数仅为0.499，剔除受教育程度这个变量后，其信度Cronbach'α系数则为0.68，故可以用工作经历、产业经历、敬业精神、性格、个性来反映农民人力资本。我们以社会应酬量、亲戚数量、朋友数量、个人诚信度、人缘关系来表征社会资本，其信度Cronbach'α系数仅为0.12，剔除亲戚数量、朋友数量两个变量，其信度Cronbach'α系数则为0.781。

3. 因子分析

根据以上一致性检验，劳动力比例、每年家庭收入与支出两个变量可以用以反映农民的经济资本。因此，我们可以采用主成分分析法对这两个变量项目进行因子分析。

表6-3为农民经济资本因子分析的KMO测度和Bartlett检验结果。表6-3中的KMO值为0.490；Bartlett球体检验χ^2统计值的显著性水平为0.003，这说明数据具有相关性，适宜做因子分析。

表6-4是因子值的系数矩阵，该系数矩阵将一个公因子表示为两组变量的线性组合，用以进行回归分析。

表6-3　农民经济资本KMO测度和Bartlett检验结果

Kaiser-Meyer-Olkin 检验	0.490	
Bartlett 球体检验	χ^2 统计值	13.36
	df	3
	显著性水平	0.003

表6-4　计算因子值的系数矩阵

项目	成分	
	1	2
劳动力比例	0.080	0.979
收入与支出	0.837	-0.180
资金缺口	-0.828	-0.201

表6-5和表6-6分别显示了农民人力资本因子分析的KMO测度和Bartlett检验结果及计算因子值的系数矩阵。表6-5中的KMO值为0.517；Bartlett球体检验χ^2统计值的显著性水平为0.000，小于0.001，这说明数据具有相关性，适宜做

因子分析。表6-6是因子值的系数矩阵，该系数矩阵将一个公因子表示为两组变量的线性组合，用以进行回归分析。

表6-5 农民人力资本KMO测度和Bartlett检验结果

Kaiser-Meyer-Olkin 检验	0.517	
Bartlett 球体检验	χ^2 统计值	127.74
	df	10
	显著性水平	0.000

表6-6 农民人力资本计算因子值的系数矩阵

项目	成分	
	1	2
敬业精神	-0.036	-0.501
性格	-0.167	0.766
个性	-0.413	0.531
产业经历	0.955	0.120
工作经历	0.892	0.259

表6-7和表6-8分别显示了农民社会资本因子分析的KMO测度和Bartlett检验结果及计算因子值的系数矩阵。表6-7中的KMO值为0.502；Bartlett球体检验χ^2统计值的显著性水平为0.000，小于0.001，这说明数据具有相关性，适宜做因子分析。表6-8是因子值的系数矩阵，该系数矩阵将一个公因子表示为两个变量的线性组合，用以进行回归分析。

表6-7 农民社会资本KMO测度和Bartlett检验结果

Kaiser-Meyer-Olkin 检验	0.502	
Bartlett 球体检验	χ^2 统计值	31.18
	df	3
	显著性水平	0.000

表6-8 农民社会资本计算因子值的系数矩阵

变量	f
社会应酬	0.363
社会诚信度	0.817
人缘关系	0.843

在信度和因子分析中，可能家庭总收入、人均收入、粮食收入占总收入的比

例等数据调查的不准确性，导致其难以反映经济资本。而收入与支出、启动资金缺口可反映经济资本风险程度侧面，劳动力比例表征经济资本总量侧面。而最能反映社会资本的是个人诚信度、社会应酬和人缘关系，其中，诚信度、人缘关系对社会资本的解释贡献最大。人力资本由个性、性格、敬业精神、产业经历、工作经历等变量综合反映，产业经历和工作经历反映了在社会环境中通过“干中学”所累积的资本，而个性、性格、敬业精神则反映个人内在品格资源所形成的人力资本，两者共同来构成人力资本指标。

（五）检验结果与分析

本书运用 SPSS12.0 统计分析软件分别对农户创业和非创业行为、农业创业与其他创业、工业创业与其他创业、第三产业创业与其他创业进行 Logistic 回归分析，结果如表 6-9 所示。

表 6-9　农民创业行为影响分析

检验项目 解释变量	被解释变量 是否创业（创业 =1，打工 =0）			被解释变量 是否创业（农业创业 =1，其他创业 =0）		
	回归系数 *B*	*T* 值	显著性概率	回归系数 *B*	*T* 值	显著性概率
农民经济资本	0.301	1.40	0.180	0.154	1.48	0.160
农民人力资本	0.065	1.96	0.060*	0.830	3.58	0.003***
农民社会资本	0.267	0.39	0.710	0.237	0.24	0.830
年龄	-0.080	1.63	0.120	0.124	2.01	0.040**
常数项	-0.670	0.96	0.320	-1.750	1.87	0.080*
减两倍对数似然值	55.424			67.32		
回归拟合度	0.408			0.39		
卡方值	10.904			11.36		
解释变量	被解释变量 创业类型（工业创业 =1，其他创业 =0）			被解释变量 是否创业（三产创业 =1，其他创业 =0）		
	回归系数 *B*	wald	显著性概率	回归系数 *B*	wald	显著性概率
农民经济资本	0.793	2.312	0.021**	0.303	1.43	0.151
农民人力资本	0.043	1.680	0.089*	0.086	3.41	0.005***
农民社会资本	0.426	0.303	0.750	0.007	1.32	0.899
年龄	-0.043	1.450	0.140	-0.113	2.13	0.029**
常数项	-2.762	1.850	0.062*	1.636	3.37	0.147
减两倍对数似然值	64.30			86.70		
回归拟合度	0.47			0.51		
卡方值	7.90			8.30		

*、**、***分别表示在 0.10、0.05 和 0.01 水平上显著。

检验结果表明如下几点：

（1）在人们选择是否创业回归模型中，人力资本、经济资本对农民行为有正向影响，人力资本影响显著，经济资本影响不是特别显著；年龄有负向显著性影响趋势。这说明户主年龄越大，越缺乏创业的积极性。社会资本与农民创业行为的选择呈相关性，但极不显著。

（2）在创业类型的选择中，人力资本、经济资本、社会资本对农民的农业创业行为有正向影响，其中人力资本影响显著，经济资本影响有一定的显著性，但社会资本的影响不显著；年龄对工业创业行为有正向显著性影响，这意味着年龄越大的农民，越愿意从事农业创业活动，而不愿意从事其他创业活动。人力资本、经济资本、社会资本对农民的工业创业行为有正向影响，其中人力资本和经济资本影响非常显著，但社会资本的影响不显著；年龄对工业创业行为有负向显著性影响，这意味着年龄越大的农民，越不愿意从事工业创业活动。人力资本、经济资本、社会资本对农民的第三产业创业行为有正向影响，其中人力资本影响显著，经济资本影响有一定的显著性，但社会资本的影响不显著；年龄对第三业的创业行为有负向显著性影响，这意味着年龄越大的农民，越不愿意从事第三产业创业活动。

因此，本研究在一定程度上证实了资源禀赋与创业行为之间的必然联系，而在人力资本、经济资本和社会资本中，人力资本是与创业选择关系最为密切的因素，经济资本对于投资要求较大的工业创业更为重要，研究并没有证实对于广大农民而言家庭越富裕越倾向于创业。表面上看，农民创业进入方式80%是基于社会网络，但并不意味着社会资本越多的农民越倾向于采取创业行为，社会资本是人们创业的必要条件但非充分条件，只有与人力资本相匹配，才可能产生创业行为。

第三节　企业内部管理

企业俘获市场机会之后将得到一定程度的发展，企业将增加员工，扩展业务，构建组织管理框架。这时，龙头企业面临着成长过程中的内部管理问题，内部管理范畴包括人力资源、市场营销、财务管理、生产管理等，其管理效率是龙头企业发展过程中至关重要的变量。

一、管理效率与X效率

管理效率是一种特殊的劳动效率，是指管理者从事管理劳动的效用性的效率。与其他劳动效率的区别主要体现在管理者运用和发挥智力的效用。根据对目前文献的考察，人们把效率大概划分为三种类型，即投入产出效率、资源配置效率与 X 效率。投入产出效率也称生产效率，是指经济活动中投入与产出的比率。资源配置效率是从另外的角度来度量资源配置的有效程度。在经济资源稀缺的情形下，既定的资源用来生产什么、生产多少、为谁生产、如何生产等不同的选择会产生不同的配置效率（刘小怡，1998；袁本芳，2004）。

莱宾斯坦在《超越经济人》一书中引用托尔斯泰的话，用于阐述在企业生产中决定产出的不仅是企业的投入和技术状况，还有一个未知的因数，即 X 因素，并将由这种因素引起的效率称为 X 效率。X 效率即“来源不明的非配置效率”。X 效率理论把组织效率同配置效率分割开来，是由人为因素和组织机构的协调等因素产生的，并以个人工作（努力）选择的心理和行为为基础，来研究企业组织的低效率，认为企业组织不仅存在配置效率的问题，而且存在组织（低）效率的问题。

二、企业管理效率的影响因素

实际上，要提高龙头企业的管理效率在很大程度上要降低企业内部的 X 效率。而要降低企业的内部 X 效率，关键要解决好企业内部激励问题，健全企业内部激励约束机制。企业是个人的集合体，企业的整体效率常常取决于其内部每个人的行为，即全体员工的努力水平。只要创造一个能使员工感到是在为他们自己工作的环境，并使他们感到他们在工作中是与他人平等的合作者，就能提高员工的努力水平，进而提高组织的效率。

在现实生活中，产权安排与企业内部管理制度，特别是人力资源管理制度又是影响企业内部激励问题的两大方面。因此，我们可以从图 6-4 来理解影响企业管理效率的因素和路径。

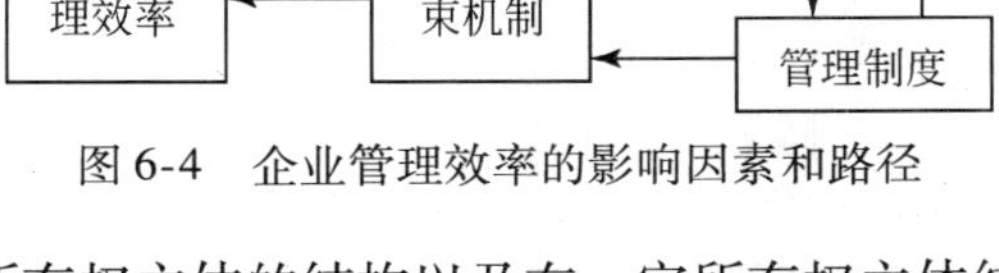

图 6-4　企业管理效率的影响因素和路径

产权安排是指所有权主体的结构以及在一定所有权主体结构的基础上，对各产权主体在财产占有、使用、收益和处置等各项权能上，所形成的权、责、利相互关系的一种法律制度上习惯性的制度安排。企业的产权安排可包括企业外部的产权安排和企业内部的产权安排。企业管理制度的基本问题是组织结构和建立在组织结构基础上的权利安排。企业的具体活动包括原材料采购、生产安排、营销、财会、技术开发等。随着企业规模的扩大，要完成这些活动，就需要建立各种不同的职能机构来负责。某一机构有了管理权后，为使这些权利能运作起来，还必须把其权利落实到机构内个人头上，这就涉及人力资源管理。

20 世纪 90 年代中期以来，关于企业困境的问题，社会上流行着两种对立的观点：一种被称为管理派，另一种被称为产权派。产权论核心观点为企业效率差的根本原因在于企业产权不清、产权安排不合理，即清晰的产权安排是企业绩效的关键。因此，提高企业绩效的根本途径在于改革现有产权制度，明晰产权。管理论则认为，企业绩效问题说到底是企业管理的问题，产权归属不是关键，因为不同产权的企业，均有绩效高和绩效低的明显事实。因此，企业的管理状况是企业绩效的关键，提高企业绩效的根本途径在于加强企业内部管理。

情景资料：

甘肃农垦啤酒有限公司是以生产啤酒为龙头，集种植、农产品深加工、商贸于一体的集团化公司。公司生产“西凉”、“五泉”两大系列30多个品种的啤酒产品，2005年生产啤酒能力18万千升，总资产58 000万元，年创利税7500万元。2003年产量为13.6万千升，实现销售收入19 095万元，上缴税金4519万元，职工年收入9800元，比1996年增长146%。其成绩的取得，主要有如下几方面的原因。

一、积极推进产权制度创新，建立现代企业制度

公司以建立现代企业制度为核心，以建立规范法人治理结构为目标，积极推进产权制度改革，清查资产、规范股权、明确出资人和股东的权利义务，使产权进一步明晰化。同时，建立股东大会、董事会、监事会和经理层的“三会一层”决策、约束和经营机制，不断完善武啤首创的“四全管理模式”（全员质量、全员成本、全员销售、全员考核），形成一套有效的管理模式，提高企业的管理能力和效率。

二、健全质量保证体系，加强规范管理

几年来，公司从上到下形成了“质量就是品牌，品牌就是效益”的全员质量意识。通过全方位的质量管理，形成了一套严格的质量管理体系，在对质量保证体系进行优化、简化、合理调整的同时，逐步向专业化和高效率的方向迈进。从原材料购进到产品的售后服务的每一道工序都把严、把好关，保证子公司产品始终保持较高的水准，维护了产品在消费者中的美誉度。产品质量通过ISO9002认证，西凉系列啤酒还获得中国绿色食品证书。

三、创新管理，促进企业文化建设

以“创新、高效、进取、奉献”为企业的核心理念，建立“热爱西凉五泉啤酒、忠于西凉五泉事业”的企业精神，树立管理者形象、员工形象、产品形象和企业形象，规范各级人员行为，特别规范高管员工的行为，严格控制费用。通过对企业文化的学习和理解，增强全体员工的责任感和对企业的忠诚度、依赖感，增强企业的向心力。

实际上，产权安排与产权运行是两个不同的层次。产权运行是在一定产权安排的基础上进行的。在对产权作出安排后，企业、企业内部机构及其成员就各自拥有了一定的产权。但是，把产权界定给各产权主体后，产权仍处于静止状态，这些产权要运转起来，还必须依靠人的行为，需要管理活动的参与，需要在一定的管理制度下进行。所以，产权安排与管理制度应该相辅相成，共同解决企业内部激励不足的难题，提高企业的管理效率和绩效水平。

第四节　龙头企业成长管理案例①

一、顶新企业简介

在中国的食品市场上，“康师傅”早已成为妇孺皆知的知名品牌了，它是来自台湾顶新集团的一个知名品牌。经过 10 多年的艰苦创业，顶新集团从台湾的一个家庭作坊式、名不见经传的食用油工厂发展为海峡两岸鼎鼎有名的食品企业。目前，顶新集团在内地累计投资总额达到 12 亿美元，旗下已拥有 10 个生产基地、55 家运营公司、34 家工厂以及 31 家德克士快餐连锁店，员工近 24 000 人，产品种类有方便面、饮料、饼干等百余种，其中方便面年产销达到 65 亿包。顶新集团的发展经历颇有些传奇色彩，而在其近于传奇的经历中则蕴含着不少值得回味、思考乃至借鉴的地方。

二、捕获创业机会，赢得领先

经济舞台上活跃着众多大大小小的企业。企业的大和小不是永恒的，今天的小企业也许就是明天的大企业。问题在于，当机遇摆在面前的时候，小企业能不能敏锐地发现它，能不能抓住难得的甚至是稍纵即逝的机遇。

1992 年，康师傅方便面一炮打响，迅速走红大江南北，而在此之前，顶新根本就没有生产过一天或者一包方便面。那时，内地林林总总已经有了不少的方便面企业，仅北京和广州就有一百多条生产线，而同样来自台湾的统一集团也已经有 10 多年经营方便面的历史。在方便面领域，统一应该是真正的“师傅”，顶新只是个刚入道的“小徒弟”。10 余年的斗转星移，师傅和徒弟早已经难分伯仲，而且往日的徒弟似乎还显得略胜一筹。

顶新的前身是台湾彰化一个家庭作坊式的小型油脂厂，主人姓魏。1958 年，魏和德带领家人开办了这家名为“顶新”的食用油工厂。一家九口，父亲负责

---

① 本案例由陈瑞全在《中国中小企业》2003 年第 6 期发表的《“康师傅”的手艺——顶新集团的发展轨迹》整理而来

经营，母亲负责全家人每日三餐，大姐负责洗衣服，二姐、三姐分别负责看油锅、压扁蓖麻油籽，魏应州、魏应交、魏应充、魏应行四个兄弟则分别负责榨油和精取。到1978年父亲魏和德去世的时候，顶新仍然是一家默默无闻的小企业。

20世纪80年代末期，魏家打算到内地寻找发展机会。1989年，四兄弟中的老幺魏应行带着魏家吃苦耐劳的精神和1.5亿台币，从香港转道来到内地。因为家里30年来一直是做食用油的，加上内地市场全部是散装油，谈不上质量和品牌，魏家决心通过大力开发质量好、有品牌的食用油来打开局面。同年，魏应行在北京合资开办了顶好制油厂，并生产出了高质量的“顶好清香油”。然而事与愿违，“顶好清香油”名声顶好，买卖却顶不好，当时中国绝大多数的老百姓用的都是8毛钱一斤的散装油，2元钱一斤的“清香油”质量虽然很好，价格却大大超出了广大普通民众的消费能力。由于滞销，最后甚至不得不全部回收。

后来，魏应行又相继推出了“康莱蛋酥卷”和蓖麻油，产品同样很出色，但同样犯下了高估市场购买力的致命错误。1989～1991年，魏家在内地的发展步履显得跌跌撞撞，虽然先后在北京、济南、秦皇岛、通辽等地开办了4家合资企业，但却赔掉了1.5亿台币的半数以上。

顶新生产方便面非常偶然。1991年，魏应行在天津开发区注册了顶益食品公司准备生产饼干，并看中开发区一间可以用作饼干生产线的厂房。魏应行辗转各地，经常乘坐火车，在火车上泡吃从台湾老家带来的方便面，香味四溢，内地的随行人员都说这面很香，也不时有人询问哪儿能买到这种方便面。魏应行不禁心动了：既然人们喜欢这样的方便面，说明市场有需求；既然市场有需求，我们就可以考虑生产方便面。接着进行市场调查，发现内地市场主要有两类方便面，一类是1元以下一包，一泡就软，口感、质量和包装都极差；另一类是进口方便面，价格在5～10元一包，大多在宾馆和机场销售，普通老百姓根本就消费不起。产品两极分化，中间区域却留着一个巨大的空当。于是，魏应行决定放弃原来生产饼干的计划，把所有家当押进去投入方便面生产，原来准备做饼干的厂房也改成做方便面。

1992年8月，顶新的第一袋方便面上市，考虑到消费者的实际消费能力，把销售价格定在了1.98元一包。由于质量比普通方便面好，价格又比进口方便面低许多，一问世便红透紫透，“康师傅”的名字不胫而走，销售量直线上升。富有戏剧性的是，其后不久，方便面领域真正的“师傅”统一集团也在内地市场推出了自己的方便面。如果二者的先后顺序倒置过来，也许康师傅就不会是今天的康师傅了，现在超市里的方便面货架上也许就不会是康师傅雄踞其中的模样了。

从现象上看，顶新的脱颖而出具有一定的偶然性，但又决非偶然。顶新的决策者抓住了中国内地扩大开放的大好时机，在缴了三年的“学费”后，以敏锐的眼光发现了潜在的巨大市场，瞄准市场的空当，抓住稍纵即逝的机遇，及时改变了主攻方向。事隔10年之后，顶新集团高层人士李家群如是说：最重要的是我们抓住了先机，抢到了第一品牌的形象。

三、提高管理效率，永葆后续动力

市场上，不少企业和品牌在一时的成功之后就开始走向失败。当初也曾有人预言，康师傅方便面飙红的势头最多只能保持3～4年，但是直到现在为止，10个年头早已过去，康师傅依然是业绩斐然，顶新究竟有哪些维系其发展的后续动力？

（一）企业员工高度的敬业精神

顶新集团的网站上和高层人士的言论中经常出现“用心”一词，诸如“用心耕耘”、“企业用心”、“用心经营”、“用心维系”等。与其他行业相比较，食品行业更是个老实人的行业，因为任何好吃的和不好吃的东西，到了消费者的嘴里一吃便见分晓，好吃下回再买，不好吃随手便扔了。刚开始生产方便面的时候，顶新无论从哪方面讲都是个小学生，但是这个学生的确是很“用心”的。

食品业属于低门槛行业，大多不需要掌握什么核心技术。顶新集团董事长把品尝方便面作为自己的“早课”，直接把握产品的品质。同时，顶新还秉承着自己善于“用心”的路，先请目标消费群试吃，把竞争对手的产品和自己的产品分别标识为A、B两组，试吃者在不知道的情况下比较两种产品的优劣。顶新对自己的要求是：认同自己产品的比例要达到70%，该产品才能包装上市。顶新认为，产品开发的基本环节如果不用心把握好，无论你怎样进行市场推广，消费者最终都不会买你的账。

有了好的产品当然还不够，还需要通畅的销售渠道。顶新根据自身的实力和实际需要，精心打造出了庞大的营销网络，其中包括139个发货仓库，311处营业所，6500家经销商和55万个零售点。只要有新产品问世，两个星期以内就可以投放到全国各地市场。有人称康师傅可以“上山下乡”、“在中国，有人的地方就有康师傅”，这并不是夸张溢美之词，无论是在大城市的大商场，还是在偏僻乡镇的鸡毛小店，人们都能很容易地看到康师傅方便面的身影。

随着经营领域的扩张和业务量的膨胀，顶新集团每年的数据量成倍上升。当许多企业还在观望的时候，顶新又先行一步，不惜投入6000万元，与英特尔、微软、优利等著名的IT企业联手，打造出了自己的企业资源计划系统（ERP），以适应业务规模的迅速扩大，提高决策效率。运用这一系统，集团总裁每天早上10点半就可以看到前一天的销售数据，各公司的总经理也可以在自己的办公室里随时从电脑里掌握任意一个营业所的销售量、每一种产品的销售量和账款的回收量等情况。

（二）以人为本的管理理念

企业已经深刻地认识到，企业的成败兴衰往往在于人智慧的比拼，创造一流产品靠人才，保持持续发展也要靠人才。人力资源策略方面，顶新的做法归纳起来主要有四点：高度注重员工的基本培训和专业技能培训；在培训过程中发现和培养具有潜质的人员；让人才在不断的流动中更加有效地发挥潜能；尽可能地把人才锻炼成为管理企业的“通才”。

“全员教育、终身学习”成为顶新集团重要的理念之一。1998 年，在资金最困难的时候，投资 6000 万元在天津建成了设施完备的“教育训练中心”。顶新的培训分职工培训、中层干部职务发展训练和高层主管培育。录用新员工时选取有提高潜力的人员，进入顶新后都要从最基础的职员做起，每半年实行一次考核并提供一次晋升的机会。无论是大学生还是研究生，都必须经过这个流程。每一个新进的员工都要接受三天的新人培训，包括企业理念、规章制度等课程，帮助新员工了解企业，了解集团的文化。培训与员工升迁挂钩，只有修完公司规定的相关课程的人才能获得晋升。即使是高层干部，每年也要接受近 400 小时的再培训，以提升决策的质量。

只有初中、高中文化程度的魏家四兄弟也在不断地学习。在顶新，晚上和周末等节假日的上课培训不算作加班，因为公司认为上课培训是公司把无形的财富送给员工。顶新培养人才的目标是，自己公司的一个科长应该是企业管理的全才，要能够在另外一家公司做总经理。顶新每建一个新厂，都会从各地抽调骨干人员支援。从市场调查、投资可行性研究、选址、签订一系列配套协议，到购买设备、组织设计施工、招聘员工、建立营销网络、安装调试设备、试车投产等所有环节，都要在 6 个月以内完成。如果没有对员工的日常培训和人才的发掘性培养，如果没有所需人才的储备，要达到这一高效率的建设速度是很难的，当然，顶新集团经营规模的不断扩大也只能是空中楼阁。

（三）真诚打动消费者

顶新成功打造“康师傅”品牌，与其成功的策划运作密不可分，从公关的角度看，精心巧妙的策划成就了“康师傅”的品牌形象。显然，顶新对自己的公关策划很有些引以为荣，用滕鸿年的话来说，顶新“善于借助媒体传播渠道达到公关效果”。

顶新本来与“康”不沾边，其掌门人的姓氏也与“康”八竿子打不着，“康师傅”是营销策划的产物。顶新用“康”，其意是要向人们表示“我们提供健康营养的食品”；而“师傅”一词和个性化的厨师图案的运用则更为巧妙，它或多或少能给人以厨艺很好、很亲切友善的印象。“康师傅”的牌子有了，随之诞生的是朗朗上口的广告词“香喷喷，好吃看得见!”接下来是在电视台播放台湾电视剧的时段展开大规模的广告攻势。一番“狂轰滥炸”之后，“康师傅”名声远扬，以至每天清晨，天津顶新公司的门前就排起了要货的汽车长龙，营销商翘首等待着从生产线上下来的“康师傅”方便面，有的干脆就在公司门口席地而卧，连夜等待。

近几年饮料市场潜力巨大。2002 年，顶新的饮料广告虽说不上别出心裁，但也颇费心机：迎合年轻消费群体心理，冰红茶请任贤齐披挂上阵，绿茶则由苏有朋担纲，每日鲜橙 C 邀梁咏琪作为形象代言人。电视、报纸、网络等各类媒体一起上阵，给人以比较深刻的印象。在强大的公关宣传攻势下，喝饮料解渴与喝饮料是喝一种感觉似乎融合在一起了。

十年磨一剑。如今，“康师傅”的影响力早已渗透到千家万户。2002 年 12 月 2 日，顶新集团衣锦还乡，“康师傅”这个完全在内地市场成长起来的品牌登陆台湾，其方便面在岛内 2300 家连锁超市上架并引起轰动，获得成功。面对顶新十年来的进退得失，人们也许从中可以悟出一个道理：激烈的市场竞争中，没有永远的胜，没有永远的败，也没有一成不变的师傅和徒弟。

参考文献

陈瑞全. 2003. “康师傅”的手艺——顶新集团的发展轨迹. 业界，(6)：111 ~ 121

陈震红，刘国新，董俊武. 2004. 国外创业研究的历程、动态与新趋势. 国外社会科学，(1)：68 ~ 71

黄群慧. 2001. 企业家的期望角色：经济学和管理学的阐释. 财经科学，(6)：44 ~ 47

姜彦福，邱琼. 2004. 创业机会评价重要指标序列的实证研究. 科学学研究，(1)：3 ~ 7

林嵩，张帏，邱琼. 2004. 创业过程的研究评述及发展动向. 南开管理评论，(3)：33 ~ 35

林嵩，张帏，姜彦福. 2005. 创业机会识别：概念、过程、影响因素和分析架构. 科学学与科学技术管理，(6)：52 ~ 57

刘小怡. 1998. X 效率一般理论. 武汉：武汉出版社，129

杨俊，张玉利. 2004. 基于企业家资源禀赋的创业行为过程分析. 外国经济与管理，(2)：18 ~ 21

袁本芳. 2004. 论我国企业人力资源管理中的 X 效率问题. 湖北社会科学，(3)：42 ~ 46

张玉利. 2003. 企业家型企业的创业与快速成长. 天津：南开大学出版社，216 ~ 224

张玉利，李乾. 2003. 企业家创业行为理性分析. 经济与管理研究，(5)：71 ~ 75

张玉利，李乾. 2004. 创业管理与传统管理的差异与融合. 外国经济与管理，(5)：35 ~ 39

Kirzner I M. 1997. Entrepreneurial discovery and the competitive marketing process: an Austrian approach. Journal of Economic Literature, (2): 12 ~ 15

Rcardozo A. 1997. A theory of entrepreneurial opportunity identification and development. Journal of Business Venturing, (3): 45 ~ 49

第七章

交易费用与农业产业化成长

交易费用的概念最早是罗纳德·科斯在1937年《企业的性质》一文中提出的。后来，由奥利弗·威廉姆斯、哈罗德·德姆塞茨、张五常等经济学家逐步完善（Tirole，1999；Williamson，1986；Telsev，1980）。这一概念的提出引发了现代经济学中新制度主义的革命，它启示人们通过交易成本的权衡来进行组织选择和制度选择（Hart，1980），对分析我国农业产业化经营发展有着重要的理论和实践意义。

第一节 交易费用的内涵

一、从契约过程看交易费用

对交易费用的构成分析，较为流行的方法是根据交易发生的过程将其分为事前发生的费用、为达成一项合同而发生的费用和事后监督、贯彻该项合同而发生的费用等三类，包括信息搜寻费用、讨价还价过程、起草讨论确定交易合同过程、监督合同履行及对违约起诉索赔等费用（Hart，1980）。

（一）信息成本

市场信息成本主要是支付收集和传播市场信息、寻找贸易伙伴的费用。虽然价格体系能够传递各种商品和劳务的相对稀缺性，但价格体系本身并不能使人们免费获得信息，即便是价格体系很完善，人们也很可能不知道其他地方的行情，不知道未来的趋向。因此，要进行交易就需要市场调查，获取关于商品和劳务的价格分布及质量信息，寻找潜在的买主和卖主。

（二）交易合约签订费用

合约签订费用是指农户在收集和扩散信息、找到有交易意向的伙伴后，根据自己掌握的信息和效用标准，同交易伙伴讨价还价、签订合约时发生的费用。签订合约的费用主要受双方掌握的信息量的大小、谈判地位、谈判技巧等因素的制约。一般现金现货交易时以口头协议为主，确定口头合约的费用以工时消耗为表现，签订费用可忽略不计；非现金现货交易则以书面合约为主，书面合约因较为正式，其费用除消耗工时外，还包括公证费用等。

（三）交易执行成本

交易执行成本指达成或实现交易时花费的成本，主要包括招待交易伙伴费用、产品的运输费用、中间人佣金及赋税和政府管理条例等。这类交易成本大小主要受交易量和交易额的制约。在我国，农产品产地普遍偏远，其运输成本是一项不小的费用，而各级政府对交易主体的约束，也增加了交易的执行成本。

（四）交易欺诈损失成本

在交易成本中，还有一项虽不是必须发生、但是很有可能发生的成本，即交易欺诈损失成本。农户由于受自身能力的限制，不可能对复杂和不确定的环境一览无余，不可能获得关于环境现在和将来变化的所有信息。在这种情况下，有的交易者就可能利用某种有利的信息条件说谎或欺骗，背信弃义。这种机会主义行事方式实际上增加了交易主体的内生交易成本。

二、从交易维度来看交易费用

威廉姆森认为，交易费用的存在取决于三个前提假设：有限理性、机会主义以及资产专用性。机会主义描述了“追求利润的利己主义”。资产专用性是指资产不能变现或转为他用，因此拥有资产的一方常常被“敲竹杠”，资产专用性水平高意味着双边垄断的存在。有限理性意味着人们常常面临不完全信息，不可能完全理性。威廉姆森认为，交易费用主要与交易的维度有关，这些维度包括资产专用性程度、不确定性和交易频率。资产的专用性程度较高使得拥有专用性资产的一方在退出交易时变得困难，因为专用性资产在移作他用时通常表现为较低的价值。交易的不确定性含义很广，它既包括那种只要花费代价便能预见的变化，从而可以在合约中预先设置条款加以处理；也包括那种事前最多只能加以粗略猜想的变化；还包括如果双方的交易量很大且正常地不断进行，那么，就值得双方花费资源去做一个特殊安排，但这种花费可以分摊到大量不断重复进行的交易中去，因此，相对交易成本下降（周立群和曹利群，2002；黄祖辉和徐旭初，2003）。

杨小凯从另一个角度来分析交易费用，把交易费用分为外生交易费用和内生交易费用。外生交易费用常常指那些在作决策之前就出现的交易费用，如运输费用、储存费用、执行费用等，这些费用常常由交易技术所决定。内生交易费用是指那些在人们作决策之后才能看到的交易费用。内生交易费用常常会引起一般均衡与帕累托最优之间的偏离，如在不完全信息情况下，道德风险常常引起交易者财富的损失，从而导致内生交易费用的产生。

三、农业产业化经营中的交易费用

农业产业化经营中的交易费用可分为两种类型：其一为各种交易主体面临的外生交易费用；其二为各种交易主体面临的内生交易费用（杨小凯，2003；尹志超，2002）。

（一）外生交易费用

农业产业化经营包含了由于道路设施落后、市场建设滞后、运输设备不足、缺乏标准化识别体系等因素产生的外生交易费用，其中运输费用是非常重要的外生交易费用（孟枫，2004；Master，1998）。“要想富，先修路”是这一思路的客观写照。可以通过提高城市化水平、缩小邻居之间的距离、改善交通和通讯条件、提高交易速度与安全性等方式来降低交易费用。事实上，到1998年，从我国铁路密度来看，中部地区是东部地区的70%，西部地区仅为东部地区的9.1%；从公路密度来看，中部地区只有东部地区的43.9%，西部地区仅为东部地区的9.86%；从光缆线密度来看，中部地区为东部地区的53.1%，西部地区仅为东部地区的10.2%。而在同年，东部地区农业产业化经营组织数目占全国的48.1%，而中部地区占44.8%，西部地区占7.1%，基本上反映了交易费用影响农业产业化发展的现实。

（二）内生交易费用

农业产业化经营中也存在着由于制度建设滞后、市场体系发育不完善和农民组织化程度不高等原因所引起的内生交易费用（汪洪涛，2003）。由于内生交易费用通常是自利决策之间的冲突或激励不相容引起的扭曲，是人们作决策之后发生的成本（孙剑和李崇光，2003）。在农业产业化经营中，更多地表现为公司与农户之间经常发生违约行为、农业加工企业与销售企业之间冲突、龙头企业与消费者的博弈关系等。

公司和农户无法在签约时详尽列出所有条款，他们之间的契约是一组典型的不完全契约。当市场价格高于合同价时，农户有违约的动机；当市场价格低于合同价时，公司有违约的动机。只有加强诚信教育、强化自我实施机制、不断完善政府及其相关部门的监督机制，降低政府、法院和仲裁等第三方机构对违约行为的裁判成本，才能以行政、法律手段保证公司与农户契约关系的权利和义务得以兑现。

在公司与农户之间加入中介组织，实际上就延长了农业产业化经营中的契约链，中介组织成为契约两端公司与农户的缓冲带，促进了公司与农户的履约行为。这一方面是因为我国农民组织化程度一直很低，大多数农民处于无组织状态，势单力薄，谈判地位低，公司常常会肆无忌惮的违反契约。大力培育中介组织，农户可以依靠中介组织与公司进行谈判，从而改善其在契约关系中的被动地位，降低公司违约的概率。另一方面，由于我国农户生产规模小，数量多，当农户违约时，公司对他们进行追索和制裁的成本非常大。而中国又是一个典型的静态社会，中介组织与农民有着天然的地域或血缘的联系，其对违约农户的追索和制裁的成本非常小，从而降低农户违约的概率。

笔者认为，尽管人们在交易时还受到道路设施落后、市场建设滞后、运输设备不足、缺乏标准化识别体系等外生交易费用的制约，然而最关键、最为重要的还是成员之间的内生交易费用，本章将侧重对此进行探讨。

第二节　公司与农户的交易关系分析

一、农户面临着巨大的交易费用

（一）农用资产的资产专用性偏高

1. 农地具有极强的区位专用性

土地、劳动资料以及劳动力是农业生产的基本要素。其中土地是最基本的生产资料。农业用地一旦形成，它的位置不可能像其他生产资料那样可以随意挪动，土地资源的经济用途具有较强的选择性，例如，高原草地适于畜牧业生产而不适于种植业，缺水耕地适于旱地作物而不适于种植水稻等。虽然有的农地适用于多种生产项目，但不同项目土地的生产率差异巨大，这就意味着农业生产投资具有极强的区位专用性。

2. 农业生产工具的专用性强

在物理资产方面，由于农业生产受动植物生理机能的制约，生产周期长，作业环节多，生产部门、品种、作业项目很繁杂，因而它要求多种多样的生产工具与之相适应，即不同地点、部门、作物、作业要有与之相配套的工具和设备。由于农业的家庭经营以及农业生产的特点，农场或农户往往必须拥有各种（整套的）农用劳动资料，而这些资产的流动趋于高度无弹性。

3. 专业化生产提升了人力资本的专用性

无论是栽培农作物的种植业，还是用材林、经济林、茶桑、果园等的林业，抑或是畜牧业，其生产对象都有其固有的生物学特性、自然生长及繁殖规律。与“小而全”的生产方式相比，专业化的生产条件下，劳动者需要更为专门的知识技能，人力资本的专用性较自然经济农业生产条件要高。

4. 农产品销售的专用性要求高

由于季节性强、一次性收获数量多、产品鲜活易腐、不易保存等特点，农产品短期供给缺乏弹性，若在一定期限内不能及时销售出去，则丧失使用价值和价值，这极大地提高了对农产品销售能力和专用性的要求。

（二）农户交易具有高度不确定性

1. 农业生产风险导致交易的不确定性

农业生产具有自然和市场两种风险。现代农业对自然环境的依赖程度依然较强，对自然灾害的预测和抵御能力依然较弱，自然条件的不可控性使得农业的产出水平不可能保持均衡，不同年份间农产品的供给量有明显的波动性，农产品交易总量不断发生变化，交易的不确定性增加。

2. 农户经营规模偏小导致交易的不确定性

我国农民经营面积小，生产能力弱，农户依靠自身能力收集市场信息的代价过高而力不从心。数量庞大而位置分散的农业生产决策者们由于缺乏必要的信息指导与交流，无从了解他人同一时间作出的决策和计划，往往一哄而上、一哄而下，农产品供求大起大落。陕西省曾发生农民在苹果苗两元多一株时争上苗圃，两三年后由于供过于求，价格降至0.1元一株，不够成本钱，许多农民忍痛砍苗当柴烧。此外，由于规模偏小，农户在讨价还价和签订合同时会因信息不对称而处于不利地位，交易中完全有可能因对方的投机行为而蒙受损失，因而交易关系变得不确定和复杂化。

3. 农户的交易项目多、交易频率高，常常导致交易的不确定性

为了进行农业生产，生产者首先要与产前部门发生交易，向他们购买各种农用生产资料，如种子、种苗、化肥、农膜、饲料等；其次，在农业生产过程中，生产者要与产中服务部门发生交易，接受机耕、排灌、植保等服务。由于农业生产周期长、作业环节多，这类交易活动在生产过程中不断地发生，高交易频率常

常使得交易出现波动和不确定性。

二、农业产业化经营是节约交易费用的诱致性的制度创新

由以上分析可知，农业家庭经营涉及的交易具有资产专用性高、不确定性大、交易频率高的交易特征，这种特征使得农户进入市场时交易费用大、经济损失大。一种降低交易费用、取得更大经济收益的诱致性的制度创新势在必行。显然，农业产业化经营是节约交易费用的重要途径，这主要体现在以下三个方面。

（一）避免交易的市场风险，减少管理费用

在市场体制下，交易双方都会着眼于自己的利益来考虑问题，一旦发生利益冲突，就必须通过代价高昂（包括时间的耽误）的谈判来解决，这样必然会使交易费用增加。尤其重要的是，资产专用性高、交易关系的不稳定使得农业生产经营面临巨大的风险，市场机制对于家庭经营的农业生产的发展是不利的。农业产业化经营中，稳定的交易对象和交易关系使交易风险、交易费用大大降低，农户仍在家庭联产承包制的前提下，以独立的商品生产者的身份从事农业生产，与龙头企业通过合约关系进行生产资料、技术和农产品的购销活动，类似于企业的“目标管理”模式。企业不必对生产活动的过程进行监督，既减少了科层组织的机构设置、人员安置费，又减少了行政管理开支。

（二）降低交易频率，减少信息成本

如果农户各自独立地进入市场，无论是在生产决策还是在产品营销时，因较少有稳定的交易关系，每发生一次交易，农户就势必支付一次搜寻交易费用、加工整理市场信息、考察对方资信情况以及与其协商、谈判和监督履约的费用，即每一次的信息成本都是完全成本，而这笔信息费用的数额必然相当可观。在农业产业化经营中，龙头企业与农户的交易关系变得相对稳定而明晰，农户只需在最初与企业达成合作意向时支付对对方资信情况、项目情况等进行考察的最初成本，以后每增加一笔交易至多增加一次有关该次交易情况的信息边际成本，这就大大降低了公司企业和农户各自在市场中不断寻找合作伙伴和确定交易关系而发生的信息费用。

（三）减少经营及交易风险损失

在与生产资料售卖方和农产品购买方进行交易时，高的资产专用性会给农户带来极大的市场风险，而且极易出现“买难”、“卖难”的现象。通过产业化组

织形式，力量雄厚的龙头企业把从市场捕捉到的各有关信息进行综合整理，制定出自己的生产经营计划，然后通过与农户订立长期的合作契约或购销合同，把计划分解到农户，农户按合同安排生产、交售产品，龙头企业按合同收购产品并提供有关服务，双方都有效地避免了交易的不确定性，降低了市场风险。

三、农业产业化内公司与农户高违率的原因与化解

商品契约是我国农业产业化经营中公司联结农户的必要手段。现实生活中，我们可以发现公司和农户经常进行博弈，双方都有在缔约之后产生机会主义行为倾向的动机。当农产品的市场价格高于双方契约规定的价格时，农户就会拒绝按契约规定的价格进行履约；反之，当市场价格低于双方契约规定的价格时，公司也会有违约的动机，它可能会变相地通过提高产品标准或其他的方法来拒收农户的产品，下面我们通过构建博弈模型来解释公司与农户之间存在高违约率的现象的原因。

（一）公司与农户博弈构建

假定公司和农户合同定价 p_0，农户至少提供 q_0 产量，市场价格 p_1，农户产量为 q。公司策略空间 =｛违约，不违约｝，农户策略空间 =｛违约，不违约｝。

当市场价格 p_1 大于合同定价 p_0 时，农户违约收益为 p_1q，农户守约收益为 p_0q。在农户违约的情况下，公司违约收益为0，守约收益将失去从市场上收购产品的机会成本 $-c$。在农户不违约情况下，公司违约收益为0，不违约收入为（$p_1 - p_0$）q。

当市场价格 p_1 小于合同定价 p_0 时，农户违约收益为 p_1q，农户守约收益为 p_0q。此时，公司守约收益为0，违约收益为（$p_0 - p_1$）q。这样就可以构建一个完全信息条件下的动态博弈模型如图7-1所示。

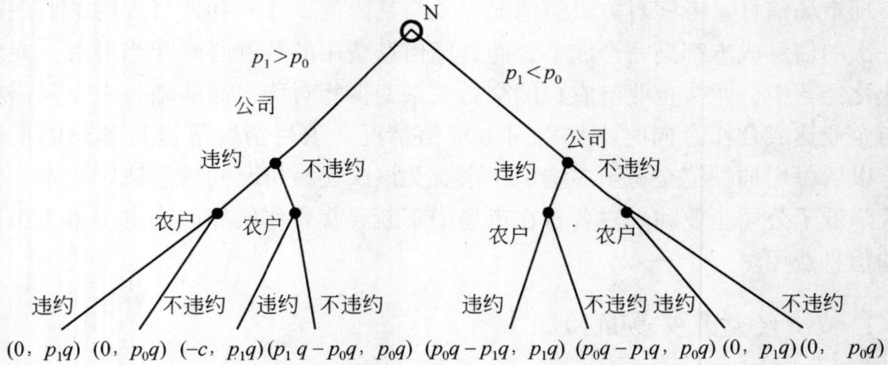

图7-1　公司与农户的动态博弈

（二）博弈分析

（1）当 $p_1 > p_0$ 时，农户选择违约的收益 p_1q，大于其守约的收益 p_0q；而在农户违约的条件下，公司守约收益为 $-c$，违约收入为 0，因此纳什均衡解为{公司违约，农户违约}。

（2）当 $p_1 < p_0$ 时，农户选择违约的收益 p_1q，小于其守约的收益 p_0q；而在农户不违约的条件下，公司守约收益为 0，违约收入为 $p_0q - p_1q$，因此纳什均衡解为{公司违约，农户不违约}。

因此，在一次动态博弈中，无论是市场价格高于合同价格，还是合同价格高于市场价格，都会导致公司与农户之间产生违约行为。

（三）化解高违约率的途径

1. 增加交易次数，使单次博弈转变为重复博弈，增强契约人的自我履约机制

假定一个较理性的农户一定会考虑到长远的利益，因为这次如果违约了，公司就不会再与他签订明年的合约。如果一个农户预期公司将长期存在，在自己没有违约的情况下，公司与自己继续签订合同的概率为 σ，农户的产量为 q，那么，农户的总期望收入为

$$(1+\sigma+\sigma^2+\sigma^3+\sigma^4+\sigma^5+\cdots)\ p_0q = [1/(1-\sigma)]\ p_0q \text{ 或者写成} \left(\frac{1}{1-\sigma}\right)\cdot p_0q$$

因此，只要 $(1/1-\sigma)\ p_0 > p_1$，即 $\sigma > (p_1 - p_0)/p_1$，农户就有选择继续履约的动机。显然，当 $\sigma < (p_1 - p_0)/p_1$ 时，农户的最优选择就是违约。

在我国农业产业化经营过程中，农业产品生产周期长，市场风险较大，农产品价格波动大，常常会使得合同价格大大地低于市场价格，即 $p_1 - p_0$ 差值较大，这增大了农户违约的可能。另外，目前我国农业产业化经营中公司的规模普遍较小，抗风险能力弱，农民很难相信公司会长久存在，农民与公司之间的博弈关系是有限次的博弈关系，这样，选择违约是更为保险的做法。最后，农户自身的规模、生产能力和抗风险能力也是影响农户履约的重要因素。一个生产规模小、家庭收入低的农户，一方面会预期公司与自己继续签订合同的概率 σ 很小，另一方面迫切需要一个较高的短期收入来抵御风险，因此，这也增大了农户违约的可能性。

2. 进行制度设计，确保第三方裁判机制有效实施

当契约当事人的自我履约机制失效时，第三方裁判机制是保证履约的另一种手段，第三方裁判机构通常是指法院、仲裁机构，在我国农业产业化经营中，通

常是地方政府。当契约某一方当事人违约时，由第三方对违约方进行惩罚。沿用上面的例子，当 $p_1 > p_0$ 时，农户选择违约，假定第三方对违约农户处罚罚金 a，只要使得 $p_0 q > p_1 q - a$，即 $a >（p_1 - p_0）q$，农户的最优选择是履约，而此时公司的最优选择也是履约。问题是，我国第三方裁判成本很高，如果通过法院或仲裁机构来执行的话，一方面需要足够长的识别契约和裁判契约当事人行为的时间成本，另一方面需要一笔足够大的起诉费用，当这比费用高于罚金 a 时，公司就不会去追究农户了。所以，一个生产规模很小的农户，即使有违约行为，其受到处罚的罚金也极可能抵付不了公司为第三方执行处罚所支付的成本。有时即使罚金高于公司为第三方执行处罚所支付的成本，但若农民生活没有保障，这种处罚也不可能实行。

四、加工企业专用性投资不足的博弈模型

（一）公司与农户博弈描述

公司和农户签订合同，农户按合同规定的生产方式生产农产品，生产结束之后，农户有两种选择，要么按契约规定将产品卖给公司，要么将农产品转售给市场（为了分析的简便，不考虑一部分交售、一部分转售的情况）。假定当农产品的市场价格高于合同价格时，农户选择违约，则农户将其农产品出售给市场，公司只有从市场上购买农产品。假定公司在没有进行专用性资产投资时，按市场价格买入，但当公司进行了专用性资产投资时，就会遭到“敲诈”，它将以高于市场价格的价格买入。当农产品的市场价格低于合同价格时，公司会以合同价格收购其产品。

（二）公司与农户博弈模型的构建

首先，我们假定公司的行动空间为｛投资，不投资｝，农户的行动空间为｛违约，不违约｝。再假定：c 表示农户生产农产品耗费的单位成本，q 是农户提供的总产量，p_0 为合同价格，p_1 为市场价格，p_1^m 为公司遭到“敲诈”后的产品销售价格，且 $p_1^m > p_1$。由于农产品生产周期很长，因而其市场风险也很大，市场价格的波动也很频繁。假定 $p_1 > p_0$ 的概率为 r，这时，农户必违约。当 $p_1 < p_0$ 时，农户必履行合约，其概率为 $1 - r$。I 为公司进行专用性资产量，p^I 为进行投资之后，公司在市场上的产品售价，p^I 大于产品收购价。p^0 表示未进行投资时公司在市场上的产品售价，p^0 也大于产品收购价，但 $p^0 < p^I$，即意味着公司对农产品深加工后，提高了农副产品的附加值。

由此，我们可以得出，无论公司是否进行专用性投资，农户履约的农户收益

为 $E_0=(p_0-c)\ q$，在公司未进行专用性投资时，农户违约的农户收益为 $E_1=(p_1-c)\ q$，在公司进行专用性投资时，农户违约的农户收益为 $E_2=(p_1^m-c)\ q$；在农户履约且公司未进行加工设备资产投资的公司收益为 $F_0=(p^0-p_0)\ q$，而在农户违约，公司未进行加工设备资产投资的公司收益为 $F_1=(p^0-p_1)\ q$，在农户履约，公司进行加工设备资产投资的公司收益为 $F_2=(p^1-p_0)\ q-I$，在农户违约，公司进行加工设备资产投资的公司收益为 $F_3=(p^1-p_1^m)\ q-I$。

这样，我们就可以构建一个公司与农户之间的博弈模型如图 7-2 所示。

		公司	
		投资	不投资
农户	违约	E_2　F_3	E_1　F_1
	履约	E_0　F_2	E_0　F_0

图 7-2　公司与农户的博弈模型

(三) 公司与农户博弈结果分析

从图 7-2 可知，农户与公司博弈的均衡解主要取决于 F_1 和 F_3 的大小。F_3-F_1 等于 $[(p^1-p^0)\ q-(p_1^m-p_1)\ q-I]$，其中 $(p^1-p^0)\ q$ 是深加工附加值，$(p_1^m-p_1)\ q$ 是被挤兑的准资金。$F_3-F_1>0$，就意味着公司投资加工设备后带来的附加值足以弥补投资金额本身和被挤兑的准资金，这时公司就会选择投资，纳什均衡解为｛公司投资，农户违约｝；否则，公司就不会选择进行专用性投资，其纳什均衡解为｛公司不投资，农户违约｝。

如果把农户违约概率 r 引入到博弈模型中，我们知道公司进行专用性投资的收益为 $rF_3+(1-r)\ F_2$，而公司不进行专用性投资的收益为 $rF_1+(1-r)\ F_0$，公司选择投资与否就取决于两者的大小。由前者减去后者可得 $[(p^1-p^0)\ q-r\ (p_1^m-p_1)q-I]$，若这一差值大于 0 时，公司就进行专用性投资；反之，就不会去投资。

如果农户违约概率越低，可被挤占专用性的准资金的期望值 $r\ (p_1^m-p_1)\ q$ 就越小，即越利于公司进行加工环节投资。如图 7-3 所示，在违约率为零的情况下，公司进行加工环节投资决策的最高投资量为 I_0，即 $(p^1-p^0)\ q$。随着加工附加值的增大，公司对加工环节的最高投资水平 $I_0{}^*$ 也会增大，I 与 I^* 曲线分别指在不同农副产品附加值的条件下，公司在决定进行专用性投资的情况下，公司最高投资水平与农户违约率的关系变化曲线。显然，在其他条件一定时，农户违约概率越低，越有利于公司作出对加工环节投资的决定；农户违约概率越高，越不利于公司作出对加工环节投资的决定。

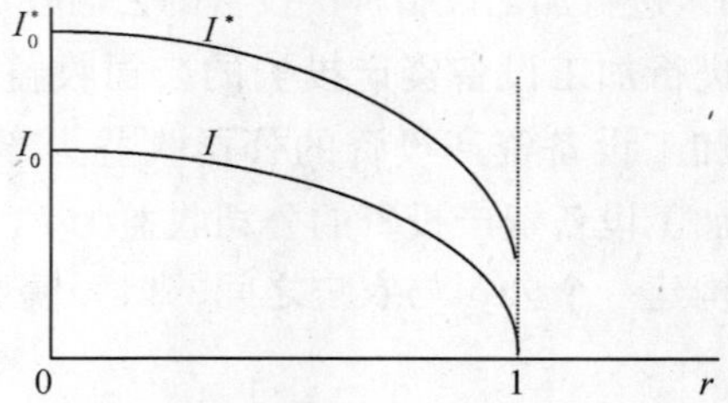

图 7-3 违约率、加工附加值与公司最大投入量的关系

第三节 农业中介组织、农户与企业交易关系

一、农业中介组织与交易费用

（一）农业中介组织

中介组织主要是指市场经济中，在企业和企业、企业和市场以及企业和政府之间发挥联系和沟通作用的社会组织或经济组织。中介组织或中间性组织作为市场经济下的一种“制度安排”或“行动集团”，其形成及稳定存在的根本原因在于为了节省交易费用。这就是说，由于资产专用性以及有限理性、机会主义行为倾向、不确定性与不完全信息等原因，交易在某些情况下由市场、企业、政府三种经济组织之一来协调，势必产生“失灵”或“不合算”，只有采用中介组织或中间性组织，才能使交易费用最低。从交易角度来看，这种组织充当农户与其他有关交易主体的交易中介的角色，起着农产品和农业生产资料交易组织者的作用，将农户与其他交易主体之间的直接交易转变为组织化间接交易（寇平君和卢凤君，2002）。

根据这些特点，我们可以比较清晰地把握这种中介组织的现实形态。当我们的观察点是农户的生产与最终产品市场如何衔接时，“市场＋农业合作社或农民协会＋农户”、“市场＋公司＋农户”、“零售市场＋专业批发市场＋农户”等农业产业化经营模式中的农业合作社、农民协会、专业批发市场、企业等组织形式就是这种中介组织；当我们的观察点是农户生产与中间产品市场如何衔接时，“公司＋农业合作社＋农户”、“公司＋农民协会＋农户”等农业产业化经营模式中的农业合作社、农民协会等组织形式就是这种中介组织；当我们综合考察农产品的生产、加工、销售等环节如何衔接时，“市场+公司+农业合作社或农民协会+农户”这种模式中的公司、农业合作社、农民协会就是这种中介组织。在农业产业化经营中，把农户与公司联结起来的“桥梁”——农业合作社或农民协会是最为重要的中介组织，也是本研究所指的中介组织形式。

（二）农业中介组织节约交易费用

1. 通过农业中介组织可简化交易关系

交易成本的大小与交易次数的多少是成正比的。假定存在 m 个农户，都需要到 n 个市场上去购买生产资料或销售农产品，则其交易次数为 $F(m, n) = m \cdot n$。如果上述交易经由中介组织实现，则其交易次数为 $F(m, n) = m + n$。如果以 $G(m, n) = m \cdot n/(m + n)$ 度量中介交易的相对效率，则当 $m > 2$ 且 $n > 2$时，$G(m, n) > 1$。说明中介交易是有效率的，而且交易者越多，中介组织带来的交易费用节约也越明显。

2. 通过中介组织可节约信息费用，提高信息质量

中介组织信息来源广，寻找市场信息更专业、更可靠、更全面，它能够用市场的超前性预测去消解农业生产的滞后性，并可根据价格信号来协调买卖双方的交易活动，从而合理组织农产品购销流向，降低交易中的不确定性，避免交易损失。同时，还可减少单个农户直接交易时的信息搜寻次数，节约信息搜寻费用。

3. 通过中介组织可抑制各交易主体的机会主义行为，保护农民利益

中介组织拥有信息优势，可降低信息的不对称程度，其还具有较高的商品知识，可强化质量检验。中介组织的交易纠纷处理能力强，有能力解决合同履行中的纠纷，提高交易对手机会主义的风险成本。总之，中介组织在谈判中处于有利地位，可增强农户的讨价还价能力，改变其与交易对手经济、社会地位的不对等状态，防止对农户利益的不合理侵蚀。

二、农业中介组织、农户和龙头企业合作博弈

假定某有限公司是一家农产品加工生产龙头企业，在与农户的合作中，公司可以和农业中介组织直接签订契约，也可以与小规模生产农户分别签订合作契约。这样，在农业产业链中最少存在三个典型的主体，加工企业、农业中介组织、农户，如果他们之间进行合作博弈，其利益分配的格局又会是怎样的？

（一）合作博弈与 Shapley 值

合作博弈是博弈论的一个重要组成部分，由于现实世界中合作是主流，合作博弈有着广阔的应用前景。Shapley 值是合作博弈是解，利用 Shapley 值可以为解决合作各方的利益分配问题提供重要思路。Shapley 值是局中人的影响的量度，其计算方法如下。

定义 $[N, v]$ 的承载（carrier）是一个联盟 $T \subseteq N$，满足：$v(S) = v(S \cap T)$，$S \subseteq T$。在同一局中人集 $N = \{1, 2, \cdots, n\}$ 上的全体联盟博弈 v 的集合 M 上，定义并映射 ϕ：$M \to E_n^+$，即 $\phi[v] = (\phi_1[v], \cdots, \phi_n[v])$，若满足以下三个假设，则称 ϕ 为 Shapley 值。

S_1（有效性）：若 S 是 v 的承载（carrier），则 $\sum_{i \in s} \phi i[v] = v(S)$，特别地，$\sum_{i=1}^{n} \phi i[v] = v(N)$；

S_2（对称性）：对任意置换 π 和任意 $i \in N$，有 $\phi_{\pi(i)}[\pi, v] = \phi i[v]$

S_3（增加性）：u 及 v 为任意两个合作博弈，则 $\phi i[u+v] = \phi i[u] + \phi i[v]$，$i = 1, \cdots, n$。

Shapley 定理 N 固定，存在唯一的 $M \to E_n^+$ 的映射 ϕ，满足 S_1、S_2 和 S_3，则 Shapley 值为

$$\phi i[v] = \sum_{i \in T \subseteq N} \frac{(|T|-1)![n-|T|]}{n!} [v(T) - v(T \backslash \{i\}]$$

式中：$|T|$ 为联盟 T 中所含局中人的个数；$T \backslash \{i\}$ 为联盟 T 中去掉局中人 i。

（二）合作博弈模型简介

假设存在三个利益主体，$N = \{1, 2, 3\}$ 为一个局中人集。小农户 1、农业中介组织 2 和龙头企业 3。对其中的每个联盟 T（$\{1, 2, 3\}$，$\{1, 2\}$，$\{1, 3\}$），$v(T)$ 为 T 的成员参与合作生产所获得的总收益。$v(T)$ 如何在联盟 T 的局中人间进行分配，决定着局中人进行合作的具体决策。这个问题可通过计算联盟的 Shapley 值 $\phi i[v]$ 来解决。这里，$\phi i[v]$ 是局中人 i 所要求的支付。

假定只有龙头企业 3 拥有农产品的深加工能力，必须以初级农产品为原料进行加工生产，没有原材料就无法加工产品，故其单独行动无收益。小农户 1 和农业中介组织 2 都不拥有农产品的深加工能力，但小农户单独从事初级农产品生产可以获得一定的收益 a，中介组织单独活动无任何收益，中介组织与农户的合作收益为 b。公司与农户合作产生收益 e，公司、中介组织、农户公司三者合作收益为 g，中介组织与公司合作收益为 0，且 $a < b < e < g$。再假定中介组织的主要

职能是将千家万户农民的联结起来，其销售和加工能力非常低。因此，在“公司+农户”模式和“农户”单干情况下，加入中介组织后，前者总收益增值要超过后者，即可以理解为 $(g-e)>(b-a)$ 。局中人合作联盟收益如表 7-1 所示。

表 7-1　农业产业化经营局中人合作联盟收益

联盟	$v(1)$	$v(2)$	$v(3)$	$v(1,2)$	$v(1,3)$	$v(2,3)$	$v(1,2,3)$
收益	a	0	0	b	e	0	g

（三）Shapley 值的求算及比较

1. $T=\{1,2,3\}$ 时的 Shapley 值

首先，根据合作博弈 Shapley 值公式计算出联盟 $T=\{1,2,3\}$ 时的 Shapley 值为

$$\phi_1[v]=\frac{0!2!}{3!}a+\frac{1!1!(e-0)}{3!}+\frac{1!1!(a-0)}{3!}+\frac{2!0!}{3!}(g-0)=\frac{3a+e+2g}{6}$$

$$\phi_2[v]=\frac{1!1!}{3!}(b-a)+\frac{2!0!}{3!}(g-e)=\frac{2g-2e+b-a}{6}$$

$$\phi_3[v]=\frac{1!1!}{3!}(e-a)+\frac{2!0!}{3!}(g-b)=\frac{e+2g-2b-a}{6}$$

2. $T=\{1,3\}$ 时的 Shapley 值

$$\phi_1[v]=\frac{1!1!}{2!}(e-0)=\frac{e}{2}$$

$$\phi_3[v]=\frac{1!1!}{2!}(e-a)=\frac{e-a}{2}$$

3. $T=\{1,2\}$ 时的 Shapley 值

$$\phi_1[v]=\frac{1!1!}{2!}(b-0)=\frac{b}{2}$$

$$\phi_2[v]=\frac{1!1!}{2!}(b-a)=\frac{b-a}{2}$$

4. $T=\{1,2,3\}$ 的 Shapley 值与各局中人独立行动收益比较

（1）$\phi_1[v]-v(1)=\frac{3a+e+2g}{6}-a=\frac{e+2g-3a}{6}>0$

故通过合作,农民能够获得比其独立行动更多的收益。

(2) $\phi_2[v]-v(2)=\frac{2g-2e+b-a}{6}-0=\frac{2g-2e+b-a}{6}>0$

通过合作,中介组织也比其独立行动更多的收益。

(3) $\phi_3[v]-v(3)=\frac{e+2g-2b-a}{6}-0=\frac{e+2g-2b-a}{6}>0$

通过合作，加工龙头企业也比其独立行动更多的收益。

5. $T=\{1,2,3\}$ 与 $T=\{1,3\}$ 的 Shapley 值的比较

(1) $\frac{3a+e+2g}{6}-\frac{e}{2}=\frac{3a+2g-2e}{6}>0$

故对于农户来说，农户在“公司 + 中介组织 + 农户”组织模式中的收益比“公司 + 农户”组织模式要高。

(2) $\frac{e+2g-2b-a}{6}-\frac{e-a}{2}=\frac{2g-2e+2a-2b}{6}>0$

又因为 $(g-e)>(b-a)$，故龙头企业在“公司 + 中介组织 + 农户”组织模式中的收益比“公司 + 农户”组织模式要高。

6. $T=\{1,2,3\}$ 与 $T=\{1,2\}$ 的 Shapley 值的比较

(1) $\frac{3a+e+2g}{6}-\frac{b}{2}=\frac{3a+2g+e-3b}{6}>0$

故对于农户来说，农户在“公司 + 中介组织 + 农户”组织模式中的收益比“中介组织 + 农户”组织模式要高。

(2) $\frac{2g-2e+b-a}{6}-\frac{b-a}{2}=\frac{2(g-e)-2(b-a)}{6}$

又因为 $(g-e)>(b-a)$，故龙头企业在“公司 + 中介组织 + 农户”组织模式中的收益比“公司 + 农户”组织模式要高。

三、结论与启示

从上面的分析可知，“龙头企业 + 农业中介组织 + 农户”组织模式中行为主体所得收益不仅要比龙头企业、中介组织、农户各自独立经营利益分配更高，而且也比“龙头企业 + 小农户”及“中介组织 + 农户”合作时利益分配高。当今“公司 + 农户”是农村经济发展中一种主要的组织形式，如果契入中介组织，公司就可以绕过农民，直接与中介组织打交道，不仅节约总交易次数，而且提高了交易效率。农业中介组织是信誉的重要载体，为了维持信誉，必然会降低道德风险的概率。此外，中国农村是一个典型的静态社会，在中介组织内农民之间非常了解，信息在其固有的社会网络中流动，农民之间的交易效率远远高于龙头企业

与农民之间的交易，因此，我们要大力发展和扶持农业合作组织，降低农业产业化经营中交易费用，提高各利益主体的合作收益，从而促进其快速向前发展。

第四节　加工企业、销售商与消费者交易

一、我国农产品营销渠道

（一）营销渠道

“营销渠道”来源于英文“channel of marketing”，又称分销渠道（channel of distribution），有人称之为“销售通路”、“流通渠道”或“配销渠道”。对其定义有三种不同的观点（孙剑和李崇光，2003）。

（1）重点强调营销渠道的组织结构。美国市场营销学会（AMA）将其定义为：“公司内部单位以及公司外部代理商和经销商（批发商和零售商）的组织结构，通过这些组织，产品和劳务才得以上市营销”。

（2）重点强调产品的分销路径。美国学者 Edwardw、Cundiff 认为营销渠道是指“产品从生产者向最终消费者或用户转移时直接或间接转移所有权所经过的路径”。

（3）重点强调渠道成员间的交易关系。著名营销专家 PhilipKotler 认为，营销渠道是指“某种产品或服务从生产者向消费者转移时，取得这种产品或服务所有权或帮助转移其所有权的所有企业或个人。”

笔者非常倾向于第三种观点，渠道成员之间必然存在着一定的交易关系，营销渠道成员之间必然为了各自的利益进行博弈，博弈双方在进行博弈时，也必然产生交易费用。因此，我们通过分析渠道成员之间的博弈关系，可以探讨降低交易费用的途径。

（二）我国农产品营销渠道

我国现有的农产品营销渠道是计划经济体制下，由国家统购统销的流通体系经过诱导性制度变迁政策的引导逐步演变而成的。在这一市场化改革变迁过程中，首先放开的是蔬菜、水果、禽蛋等一类农副产品，然后是肉类、水产品，最后是粮、棉、油等主要农产品。另外，我国地域辽阔、农村地理条件不一，各地生产力发展不均衡，因此农产品营销渠道呈多样化形式。就目前我国农产品营销渠道的现状来看，主要有以下三种较典型的形式。

1. 农产品运销型营销渠道

农产品生产者选择便捷的运输方式，主要通过在县、乡镇一级农产品集贸市场与消费者采取面对面的交易方式，一手交钱，一手交货。由于这种营销渠道辐射面小、半径小，无中间环节、市场交易费用低，因此其更适合鲜活农产品交易。在这种营销渠道中，渠道成员难以准确地把握市场整体的交易信息，无法实现充分调节供求的功能，因而无法解决人类社会化需求的广泛性与满足消费需求的手段的有限性之间的矛盾，容易导致农户卖农产品难，农户承担较大的市场不确定性风险。目前，这种农产品营销渠道留存在我国一些商品流通不发达的地区和某些农产品的局部交易中。

2. 多层中间商销售型营销渠道

这种营销渠道是通过中间商的市场能力优势把农产品推向市场，完成农产品在流通领域中所有权的转移，这种农产品营销渠道是目前我国农产品流通的主要形式之一。这种农产品营销渠道中，单个农产品生产者所提供的产品数量占总供给量的比例微乎其微，技术和营销上的投入十分有限，农户在近似完全竞争的市场中，是市场价格的接受者。中间商主要以农产品贩卖为主，未经加工、包装的农产品从生产者经众多中间环节到消费者，社会交易成本高，农产品价格被反复抬高，再加上市场参与主体众多，成分复杂，易造成市场秩序混乱，严重损害消费者的利益。以蔬菜流通过程为例：菜农（生产者）—产地中间商—市场批发商—市场中间商—零售商—消费者，经过了多个环节和多重中介主体，蔬菜在市场上的交换利润绝大部分被以追求利润为目的的贩卖大军所掠取。菜农往往得不到蔬菜市场交换中的平均利润，受到盘剥，因此菜农往往获利微薄，甚至还要承担蔬菜售不出去的风险。

3. 农业产业化型营销渠道

在农业产业化经营中，营效渠道成员之间的关系完全不是简单的交易关系，他们以契约的形式，将各自的利益联结起来，形成“利益共享，风险共担”的共同体，可分为垂直一体化式和契约式。

垂直一体化式营销渠道是工商资本或金融资本直接投资兴办工厂或农业企业，并有自己庞大的销售集团和网络系统，即把农产品生产、农产品加工、销售过程的若干环节纳入一个统一的经营体内，融合为一个企业，实行完全统一核算。例如，意大利著名的费鲁齐集团公司，除了石油不是自己生产的以外，从农业生产、农用生产资料的供应、农产品加工到销售，全部由本公司完成，经营规模相当大。而这种形式分为以生产者为中心的垂直营销渠道和以商贸企业为中心的垂直营销渠道。我国实行农产品垂直化的营销系统大多数以加工企业为主。加工企业在系统内处于资源、信息和价格的领导地位，农户组织程度低，信息获得能力差。湖南金健米业股份有限公司的营销渠道就属于这种类型。由公司为农户提供资金技术和生产资料等帮助，加工原料的供应获得了保证，并降低了农户的市场风险。深圳农产品股份有限公司批发市场企业化是以商贸为中心的垂直一体化农产品营销系统模式，通过“企业办市场”创建了一条以商业企业为主的垂直渠道系统模式。通过“企业办市场，市场企业化”，实现了农产品营销渠道系统模式的创新。

内部契约式的营销渠道成员间的关系由原来各自以追求最大利润为目的的交易关系转变为农产品生产、流通、消费等全过程服务目标统一性，由此建立起渠道成员间在交易关系基础上的各种合作关系或伙伴关系，农业中许多部门从农业中分离出来，形成以农产品生产、流通和消费为中心的综合服务体系。这种综合服务使农产品营销渠道延伸到农产品产前的服务领域和其他辅助服务领域（如银行、保险、运输、咨询等)。当前，我国农业产业化经营中大部分营销成员采取这种模式。

二、农业产业化营销渠道成员博弈

农业产业化营销渠道中，加工商与销售商、龙头企业与消费者之间的交易过程中存在着不同的博弈行为，分析他们之间的博弈关系有助于我们寻找制约其交易效率的关键因子。

1. 博弈模型描述与构建

我们假定加工企业把产品生产出来之后，面临着建立市场网络、选择销售商的现实困难。现实生活中，加工企业与销售商之间存在着信息不对称的现象。加工企业必须对销售商的优劣作出判断，在此基础上分析与其合作或拒绝条件下各自的收益。

我们可以假定销售商存在两种情况：一种是商誉好、资金实力强、履约和返款有保证的销售商，用 H 表示；一种是商誉差、资金实力弱、履约和返款没有保证的商家，用 L 表示。由于加工商与销售商之间存在信息不对称现象，加工商不能准确地判断销售商的类型，但知道销售商为 H 的概率是 u，为 L 的概率是 $1-u$，销售商类型符合［0，1］均匀分布。当销售商为 H 时，销售商与加工商合作时的收益分别为 F_1、S_1，且 F_1、S_1 均大于 0；当销售商为 L 时，销售商与加工商合作时的收益分别为 F_2、S_2，且 F_2 大于 0 ，S_2 小于 0；双方未达成协议时收益均为 0。这样我们就可以构造图 7-4。

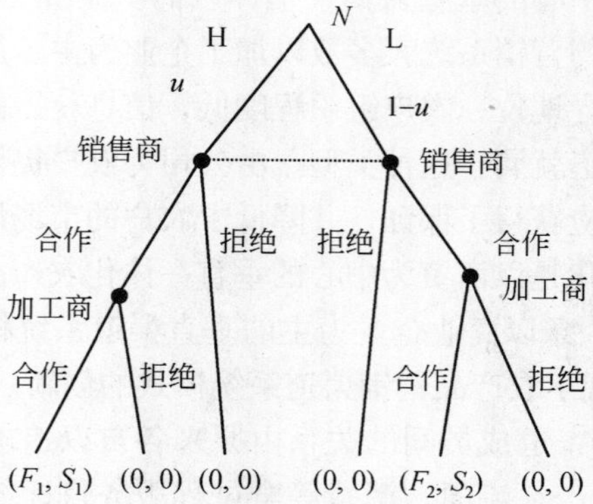

图7-4 加工商与销售商博弈模型

2. 博弈模型分析

当加工商准确地知道销售商为商誉好、资金实力强、履约和返款有保证的销售商时，$u=1$，这时纳什均衡为 $\{N=\text{H}$，(合作，合作)$\}$；当加工商准确地知道销售商为商誉差、资金实力弱、履约和返款没有保证的商家时，$u=0$，这时纳什均衡为 $\{N=\text{L}$，(合作，拒绝)$\}$。

但在信息不对称的条件下，如果加工企业选择接受合作，其期望收益为：$E(S)=u\times S_1+(1-u)\times S_2$，如果厂家选择拒绝，其期望收益为零。所以，加工企业选择合作的条件为 $E(S)>0$，即 $u\times S_1+(1-u)\times S_2>0$，亦即 $u>\dfrac{-S_2}{S_1-S_2}$。此时，加工企业的选择取决于其预期损失 $-S_2$ 的大小，如果 $-S_2$ 较大，作为风险中性的加工企业，即使实际上是H的销售商，加工企业也可能选择拒绝；如果 $-S_2$ 较小，即使是L的商家，加工企业也可能选择接受。而对于上述两种情况，作为加工企业作出的选择的结果均是无效率的，因为前一种情况厂家损失了可能的收益，而后一种情况则是遭受损失，使投机者得逞。

3. 对策与建议

加工企业和销售商存在着信息不对称的问题，从而导致无效合作或错误拒绝，使得低稳定度、高冲突的合作发生，使渠道趋于不稳定，交易效率低下。为了降低这种无效率的情况发生的概率，加工企业可以通过对渠道的整合达到这一目的，包括信息整合和决策整合。信息整合是指渠道参与各方就有价值的信息进行共享。决策整合是指对渠道内多个企业之间的决策进行统一的规划与控制，减少不同企业因决策差异而产生的冲突。

三、龙头企业与消费者信号模型分析

（一）信号模型构建

在农产品销售市场上，存在着信息不对称的情况。龙头企业的产品质量信息属于私人信息，消费者很难直接区别产品质量的好坏、优劣，因而将导致“逆向选择”的出现，降低了消费购买产品时的交易效率。为了减少这种“逆向选择”行为的出现次数，要借助于一种可区别产品质量的信号（张维迎，1996）。这种信号是企业通过其经营活动向消费者传递的独特信息，如现实生活中许多企业在广告宣传和连锁经营过程中采用统一的店面布置装修、统一价值符号、统一公关行动等。企业向消费者发布的信号越强，越有利于消费者进行购买选择。

假定龙头企业 1 选择一种信号水平 x，然后要求消费者 2 向其支付购买产品价格 W，龙头企业存在两种类型，高生产力 H 型和低生产力 L 型，L < H。令 L 型生产能力 =1，H 型 =2。

这样，我们就可以构造一个龙头企业的分离均衡模型，如图 7-5 所示。龙头企业的信号水平对其生产力没有直接影响，但龙头企业的信号水平依赖于企业类型。一个更具生产和管理效率的企业，通常是一个单位生产成本和产品质量有保证的企业，企业向消费者传播的信号水平也非常高。消费者愿意向两种类型企业支付的购买价格分别为 $W_L = 1$，$W_H = 2$。$C_L(x)$ 表示 L 型企业的生产成本，$C_H(x)$ 表示 H 型企业的生产成本，前者高于后者，令 $C_L(x) = x$，$C_H(x) = x/2$。信号强度 x，纵坐标为龙头企业收益水平 W，W 是与龙头企业信号 x 相关的阶梯曲线，X^0 是一个信号强度标准，当龙头企业的信号强度 $x > X^0$，消费者就认为该企业为 H 型企业，$W(x) = 2$；当 $x < X^0$ 时，消费者就认为该企业为 L 型企业，$W(x) = 1$。

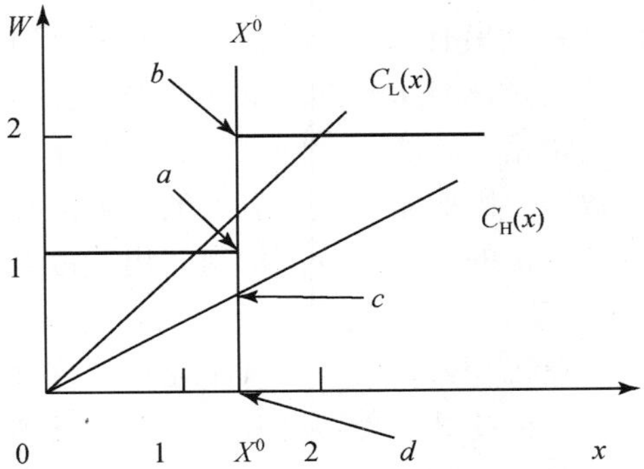

图 7-5　龙头企业的分离均衡模型

（二）信号模型分析

现在我们讨论均衡的条件。

1. 混同均衡

当$X^0<1$时，即L型企业和H型企业在b点时，$W(x)=2$，$C_L(x)$和$C_H(x)$均小于1，故其利润均大于1。而龙头企业在原点时，$W(x)=1$，$C_L(x)$和$C_H(x)$均为0，其利润水平为1，故b点同为L型企业和H型企业均衡，称为混同均衡。

当$X^0>2$时，L型企业和H型企业在原点时，$W(x)=1$，$C_L(x)$和$C_H(x)$均为0，其利润水平为1，但在b点时，$W(x)=2$，$C_L(x)$和$C_H(x)$均大于1，其利润均小于1。故坐标原点为L型企业和H型企业混同均衡。

2. 分离均衡

当$1<X^0<2$时，L型企业在坐标原点时，$W(x)=1$，$C_L(x)=0$，其利润水平为1，但在b点时，$W(x)=2$，$C_L(x)$大于1，其利润均小于1。因而，其均衡点必定为原点。

当$1<X^0<2$时，H型企业在坐标原点时，$W(x)=1$，$C_H(x)=0$，其利润水平为1，但在b点时，$W(x)=2$，$C_H(x)$小于1，其利润均小于1。因而，其均衡点必定为b点。

因而当$1<X^0<2$时，龙头企业将出现分离均衡。

3. 相关启示

分离均衡的出现意味着龙头企业资源配置效率的提高。这种配置效率的提高又是通过龙头企业向消费者发出有效信号，使得消费者能对龙头企业类型作出准确的判断来实现。消费者通过信号水平的高低、强弱、优劣来对企业产品品质作出评价，给予不同的支付价格。这实际上降低了龙头企业与消费者之间的交易费用，提高了两者的交易效率。因此龙头企业有效的信号提高了交易效率，而交易效率的提升又促进了分离均衡的出现，分离均衡的出现最终优化龙头企业的资源配置。

因此，要推动农业产业化经营，要求龙头企业在经营管理时要重视及时有效地向广大消费者发出信号，提高其宣传力度和有效性。具体来说，要重视企业识别系统的建设，重视统一产品包装、店面的装修、企业标志设计、连锁经营，要重视统一企业形象、公关活动、员工行为规范和价值理念等。

第五节　案例分析：阳光乳业产业化发展之路①

一、公司简介

江西阳光乳业有限公司是一家按照现代化企业管理制度进行专业化经营、市场化运作的集奶牛养殖、乳品加工、生产、销售为一体的新型股份制企业。公司位于风景秀丽的南昌市青云谱区，占地400多亩，厂区环境优美，绿树成荫。1997年12月由老牌国有企业南昌市奶业产销公司和南昌市乳品厂改制而成，国有股份现已全部退出，现有固定资产8000万元，聘用员工2800多人。

阳光乳业的销售收入及利润取得了连续五年的翻番增长，产销量连续几年雄居江西省第一名，阳光鲜奶等产品在江西省鲜奶市场的占有率高达70%，远远超出竞争对手。2002年产值高达2.2亿元，全年利税3400余万元。2002年通过ISO9001国际质量体系认证，成为中国学生奶定点生产企业，2003年全国液态奶生产企业排名13位，是中国唯一一家欧盟奶类合作项目实施单位。2005年，公司控制了全省65%以上的奶源，拥有国际一流水平的生产线及检测设备，17条生产线，日处理鲜奶220t，优产10大系列90多个品种的各种乳制品和果汁饮料。

二、建立农业产业化组织形式，降低农业产业化中的交易费用

江西阳光乳业有限公司除了在南昌有五座牧场，饲养优种奶牛3800余头外，还通过南昌市奶农联合会运用“公司+农户”的发展模式，组织周边1200户奶农饲养奶牛6000多头。在“公司+农户”的发展模式中，公司通过集中采购、上门服务、分散养殖、统一管理的服务体系，以长期的收购合同、稳定的收购价格，切实地保障了奶牛养殖户的经济利益，使养殖户免除了后顾之忧，养殖效益得到了最大的体现，越来越多的奶农走上了致富之路。

2003年5月收购了江西红星乳业有限公司，从而使公司一下增加了3万亩纯天然生态草场，公司在红星乳业原有养殖优种奶牛4000多头的基础上追加投资1300余万元人民币，新购土地500亩、奶牛6000头，建设了目前全省最为现代化的大型自动化牧场，控制了江西省65%以上的鲜奶资源。

公司已经在东乡建成了江西省最大、最先进的万头奶牛养殖基地，并采取“公司+基地+农户”的组织模式。公司通过养殖技术培训班，培养了众多专业

---

① 本案例是2003年作者对阳光集团进行调查整理的结果

的奶牛养殖户，提高了南昌市乃至全江西省的奶牛养殖技术水平。奶牛养殖业走向了技术化、规范化、规模化、科学化的现代养殖之路。这极大地降低了公司与农户之间存在的违约率，降低了农业产业化经营中的交易费用。通过这一模式，公司不仅有效解决了市场扩大、产品畅销所带来的奶源问题，更带动了奶牛养殖的兴起和农业产业结构的调整。公司每年支付奶农奶款近亿元，让奶牛养殖户走上了发家致富之路。其社会效益显著，为农业产业化做出了巨大的贡献。企业也因此获得2003年度“江西省农业产业化龙头企业”称号。

三、完善的市场直销网络，降低消费交易费用

1. 建立大中商业超市与小店零售网络

目前，商业超市越来越成为消费者购买商品的重要场所。大中型商业超市一直是鲜奶争夺的重要战场，阳光乳业有限公司在沃尔玛、南昌百货大楼、利华超市跟竞争对手展开短兵相接，其产品基本上覆盖了80%的大中商业超市。此外，近年来公司也加大了零售小店的网络建设，在销售网络上，他们以奶站为基本单位划分销售区，由销售部直接管辖，销售计划直接分配到个人，使南昌市区和周边的县市大大小小的零售店都成为其销售渠道。

2. 建立送奶入户和市民早餐工程网络

一方面，公司通过招募、培训下岗工人，建立了3000余名员工组成的送奶入户网络。通过这种最直接的方式，消费者可以足不出户，每天都能喝上新鲜的牛奶，降低消费交易的时间和成本，从而牢牢地“锁住”了消费者。长达几年坚持不懈，苦修内功，不断地查缺补漏，留住老客户，开发新客户，目前入户率达到80%以上，有效地进行了渠道封闭。另一方面，公司投资200万元制作了市民早餐车，与早餐配送站合作，专供阳光牛奶，从而形成了自有渠道。

3. 建立酒店餐饮直销网络

酒店餐饮树立的是高端产品形象，依靠地方政府的支持，通过与酒店的长期合作，双方不断加强了解和信任，目前与众多酒店达成“只许阳光进（店），不许进其他（货）”的客情关系，有效阻止了外来品牌的进入。

四、建立迅捷的物流通道，降低运输成本

近年来，公司导入现代化营销管理模式，生产、销售全程电脑网络化管理，生产、销售、消费环环相扣，形成一套标准的科学物流、配送体系。公司建立了16个销售公司，40个分发中心，百辆冷藏车，销售人员4800余人，遍布江西省

81个县市及福建、广东、湖南、湖北、上海、安徽、浙江等周边20多个地区，构筑了一套完善健全的销售网络体系。

阳光乳业充分利用了地方企业一切可以利用的地域优势，扬长避短。企业在中心城市建立多个工作站，工作站是企业销售鲜奶的中转地点，也构成了企业的物流枢纽。企业工作站设计合理，数量多，从而提高了员工送奶入户的效率，增强了企业产品的配送效率。企业在鲜奶的配送上采用人海战术，展开扫街活动，通过一系列激励措施对送奶员工实行竞争上岗，择优提拔，从而提高了其工作效率和服务质量。

正是因为在农业产业化经营中重视提高交易效率，阳光乳业公司在2002年到2003年，在液态奶行业品牌混战最为激烈的时期，才能够顶住一些地产品牌带来的巨大压力，一直保持快速发展，并立于不败之地。

参 考 文 献

黄祖辉，徐旭初. 2003. 大力发展农民专业合作经济组织. 农业经济问题，(5)：31～36

寇平君，卢凤君. 2002. 构建我国农产品市场流通模式的战略性思考. 农业经济问题，(8)：9～12

孟枫. 2004. 平联盟博弈在农业产业链合作问题中的应用. 农业经济问题，(5)：71～77

孙剑，李崇光. 2003. 论农产品营销渠道的历史变迁及发展趋势. 北京工商大学学报，(2)：33～36

汪洪涛. 2003. 制度经济学——制度及制度变迁解释. 上海：复旦大学出版社，77

杨小凯. 2003. 经济学——新兴古典与新古典框架. 北京：社会科学文献出版社，12

尹志超. 2002. 农业产业化中交易费用分析. 江西财经大学学报，(5)：55～58

张维迎. 1996. 博弈论与信息经济学. 上海：上海人民出版社，8

周立群，曹利群. 2002. 商品契约优于要素契约——以农业产业化经营中的契约选择为例. 经济研究，(1)：44～49

Hart O D，Holmstrom B. 1980. The Theory of Contracts，Advances in Economic Theory Fifth World Congress. Cambridge：Cambridge University Press，39

Masten S E. 1998. Contractual choice. NBER Working Paper，(6)：187～197

Telser G. 1980. A theory of self-enforcing agreements. Business，(22)：11～16

Tirole J. 1999. Incomplete contract：where do we stand? Econometrica，(67)：46～48

Williamson O. 1986. The Economics Insitutions of Capitalism. New York：Free Press，23

第八章

农业产业化成长模型及路径分析

我们已经对农业产业链的成长机制进行了剖析。农业产业化经营能够顺利发展，取决于农业加工产业链的不断延伸，而需求引导、技术进步、交易费用和企业管理费用的节约是至关重要的四个变量。本章以此为依据，根据新兴古典主义分工理论，利用超边际分析构建一个数理模型，将前面加工产业链延伸的思想形式化，并根据模型求解结果，探索我国农业产业化成长与发展的一般路径。

第一节　新兴古典主义经济学

一、新兴古典主义经济学简介

新古典主义主要关注稀缺条件下的资源分配问题，这类问题至少涉及三类冲突。其一，在消费者收入一定的条件下，选择 x 商品消费数量与选择 y 商品消费数量之间的两难冲突，要同时提高两者的消费数量是不可能的。其二，在生产上的冲突。用两种要素 K（资本）和 L（劳动）生产一种商品的企业，为达到一个给定的产出水平，K（资本）和 L（劳动）的数量之间也会存在两难冲突，这个两难冲突与两种商品之间的边际转换率相关，是由个体决策者作出的决定。其三，在市场上，不同个体之间的自利决策又是相互矛盾的。商品的卖者总是希望尽可能地卖高价，而买者总希望价钱尽量低些，这样市场上相互冲突的自利决策之间的交互作用，也同样涉及两难冲突（杨小凯和黄有光，1999）。

上面所述的两难冲突与新古典给定资源稀缺程度的资源分配问题有关。但是资源的稀缺程度本身也会被其他力量所折中，这类折中正是斯密和其他古典主义主流经济学家们所关注的主要问题，他们认为，分工可以降低资源稀缺性并提高国家财富。实际上，分工对生产力产生的正网络效应与交易成本之间的两难冲突是新兴古典主义经济学所关注的重点。交易成本不仅表现在决策层次上，也表现在自利决策交互作用的层次上。分工经济和交易成本之间的有效的两难折衷，可以用来解释资源的稀缺程度是如何由个体自利决策及交互作用内生决定的。个体在选择专业化水平时所作的自利决策之间交互作用的结果，将决定市场中全社会分工网络规模的大小；反过来，分工模式和分工网络规模的大小又会决定需求和供给。

以杨小凯为代表的新兴古典主义经济学派，提出一个非常大气的分析框架，此框架能将现代经济学的各个流派尽收囊中，从而整合成一个新的经济学主流学派。新古典主义经济学博大精深，也正是植根于这种博大精深，才有了新兴古典主义经济学的天高云阔。没有新古典主义经济学充足的养分，也就不会有今天的新兴古典主义经济学。阿罗称赞杨小凯将斯密的劳动分工论与科斯的交易费用理论结合得浑然一体，在某种程度上，新兴古典分析框架其实就是一种“斯密－科斯”框架（杨小凯，2003）。

二、新兴古典主义经济学的特征

（一）专业化经济替代规模经济

新古典增长理论将递增报酬归于规模经济，而新兴古典主义却将其归功于专业化经济。规模经济实际上是新古典主义表征条件，当一个生产函数所有投入等比例增加时，产出以更大比例增加，这个生产函数就有规模经济特性。专业化经济是指某人在生产产品时，其平均或边际劳动生产效率随着专业化水平的提高而提高。经济增长中的递增报酬并非来源于规模经济，而是来自于分工和专业化经济。

规模经济在1970年以后成为国际经济学界的一个热门话题。尽管如此，经济学家们的理论却面临如下困境。第一，经济合作与发展组织（OECD）国家、亚洲新兴工业化国家（地区）以及中国的经验证据显示，厂商平均规模不是越来越大，而是越来越小，总体呈倒“U”形变化趋势。第二，现代商业社会中种种有趣的“新发展现象”，如企业规模变小、生产外包、合约出让、提高企业核心竞争力、特许连锁经营、贴牌（OEM）生产、电子商务等，用规模经济都无从解释。

专业化经济是一个比规模经济恰当得多的概念。阿林·杨格在《递增报酬与经济进步》[①] 中指出马歇尔冲突的根源是“从内部经济和外部经济的区分中来考察产业进步过程的性质必然带有片面性”。因此，他极力主张用专业化经济替代规模经济的概念。

---

① 该文载于社会经济体制比较.1996（2）

1. 大规模生产利用分工和专业化的好处

大规模生产使得人们工作更为简单、容易操作，工作的熟练程度能快速得以提升。实际上这正是亚当·斯密强调的分工和专业化经济。

2. 规模经济来源于范围经济

范围经济是指同一个工厂搭配生产多个产品或副产品而产生额外的效益。实际上，范围经济是一个工厂中专业多样化的问题，即对专业化方向和范围选择的问题。

3. 学习效应引发规模经济

大规模生产有利于工人积累经验、提高工人的劳动熟练程度、减少工人失误。实际上，“学习曲线”的取得恰恰得益于工厂中的分工和专业化生产，专业化生产的工人和管理者不断熟悉自己的领域，获得经验和技巧，创造学习曲线。

4. 设备的物理性质引发规模经济

一些机器设备投资大，固定成本高且具有不可分割特性，其固定成本随着生产能力的充分利用可以平摊，从而产生收益递增效应。设备的物理性质的确可以产生规模效应，但必须考虑到市场规模足够大这一现实条件。如果市场规模有限，决定厂商生产能力受限，继而影响到成本分摊比率，则有可能产生规模效益不经济。而市场规模取决于分工和专业化水平，从这个角度讲，设备的物理性质引发规模经济的本质依然为专业化经济。

（二）没有纯消费者与企业的绝对分离

马歇尔[①]的新古典主义研究框架将消费者和企业截然分开，假定社会分为两类人，一类是不从事生产的纯消费者；另一类是不作消费决策的纯生产者。每个人不能选择其专业化水平，每个消费者必须从市场上购买一切产品，即分工水平和市场化程度是外生给定的。每个厂商必须在市场上卖出一切产品，即厂商的存在也是外生给定的。于是，主流经济学研究的重心就从古典的经济组织问题转向了给定组织框架下的资源分配问题。

新兴古典主义则假定社会中的每一个人既是生产者又是消费者，这一假定有

① 杨小凯、黄有光在1999年经济科学出版社出版的《专业化与经济组织》中指出，马歇尔新古典主义研究的缺陷之一是没有将消费者和生产者分开

很强的社会现实意义。亚当·斯密[①]曾指出："一旦分工完全确立，一个人自己劳动的产品就只能满足他需要的很小一部分。他把自己劳动产品超过自己消费的剩余部分，用来交换自己需要的他人劳动的剩余部分。"从中我们可以看到，现实生活中人们既自己生产产品，又消费他人生产的产品，把生产者和消费者分割开来不符合现实情况。

新兴古典主义在假定社会中的每一个人既是生产者又是消费者的基础上，引入交易成本这一概念。经济发展的逻辑思路是：随着社会商品交易成本的不断下降，经济发展就会由自给自足的形态不断过渡到非完全分工形态再到完全分工经济形态。在新兴古典主义经济学中，需求和供给是分工的两个侧面。需求和供给函数是由其选择的最优模式所决定的，一个人的决策包含了对最优模式的选择，这就是角点解。比如，人们必须选择文中的自给自足形态还是非完全分工还是完全分工状态等，人们在不同角点（决策模式）中时，需求与供给函数是不同的，因此这里的分工水平和市场化程度是内生的（杨小凯和黄有光，1996）。

（三）超边际分析方法

什么是超边际分析？为了说明问题，我们不妨举一个具体的例子。假设社会由两个人组成，每个人必须消费两种产品，即食物和衣物。每个人在每种产品上有 3 个变量要选择：一是自给自足量；二是购买量；三是销售量。这样，两种产品就有 6 个变量，每个变量可取正值或零。这在数学上是个六变量两组合的问题。因此，在"两个人两种产品"的经济中，可能的角点解和内点解的数量是 64，其中有 63 个角点解和 1 个内点解。如果产品数量再继续增加，则可能的角点解就会变成一个天文数字。1988 年，杨小凯运用库恩－塔克定理，排除了一些非优化的可能解，从而将最优解的范围大大缩小。假如存在着专业化经济（意味着专业化生产比自给自足生产效率更高）和交易费用，则一个人的最优决策绝不会是同时购买和生产同一种商品，而且最多只卖一种商品，尽管他可以生产几种商品。之后，文玫[②]将这一命题推广到了一般准凹效用函数的情形，这被称为文定理。有了文定理，我们就可以将最优解的范围大大缩小。对于上面这个例子，我们只需考虑基于三种模式的三个角点解。第一种模式是粮食和衣物两种产品都自给自足，没有交易行为发生，第二种模式是专业生产粮食，用卖粮食的钱购买衣物，第三种模式是专业生产衣物，用卖衣物的钱购买粮食。也就是说，一个人进行决策时，只会选择这三种模式中的一种。对每个角点解进行"边际分析"之后对不同角点解进行总成本－收益分析（杨小凯，2003）。

---

① 见商务印书馆 1997 出版．亚当·斯密的《国民财富的性质和原因的研究》

② 见杨小凯《经济学——新兴古典主义框架》，社会科学文献出版社，2003

完整的超边际分析应该包括三个步骤：第一步，利用文定理排除那些不可能为最优的角点解；第二步，对剩下的每一个组合用“边际分析”求解，求出每一个局部最优值；第三步，比较各组合之间的局部最大目标函数值，整体最优解就是一般均衡最优解。可见，超边际分析脱胎于新古典的边际分析。但是，青出于蓝而胜于蓝，它的威力要远远大于边际分析（杨小凯，2003）。

（四）经济组织的拓扑性质

在新古典主义的分析框架中，消费者消费的商品都是从企业中购买的，消费者不能选择他们的自给自足水平。这样，市场和企业制度就是外生的。企业的生产效率只同它的运营规模有关，而同其工人和经理的专业化水平毫不相关。新古典主义中，消费和生产的商品数量可以用代表商品和要素流的线条的粗细来表示。在数学上，这个特征被称为经济组织图的非拓扑性质。由于其主要关注商品的价格和数量，我们可以说，新古典主义主要集中在经济组织的非拓扑性质上。图 8-1 是新古典主义经济学流量图，它忽视了组织的拓扑性质，体现了经济组织的非拓扑性质。

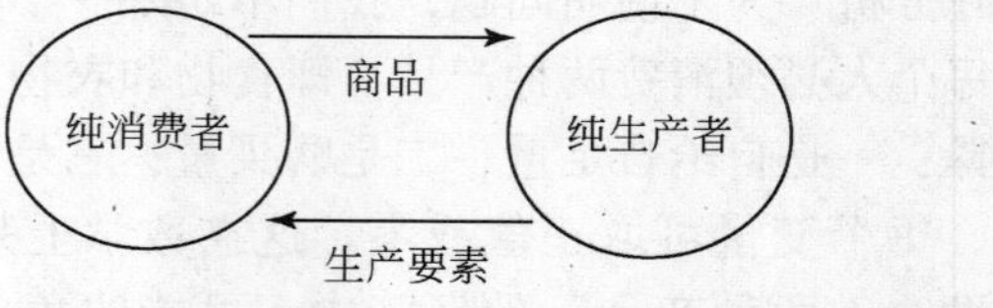

图 8-1 新古典主义经济学流量图

在新兴古典主义经济学假设中，每个人既是消费者又是生产者，是消费者－生产者的统一体。假定有四个消费者－生产者，他们每个人消费四种商品，且能选择生产其中的一种、两种、三种或四种商品，那么在社会上就可能形成至少三种不同性质的经济组织结构，如图 8-2 所示。

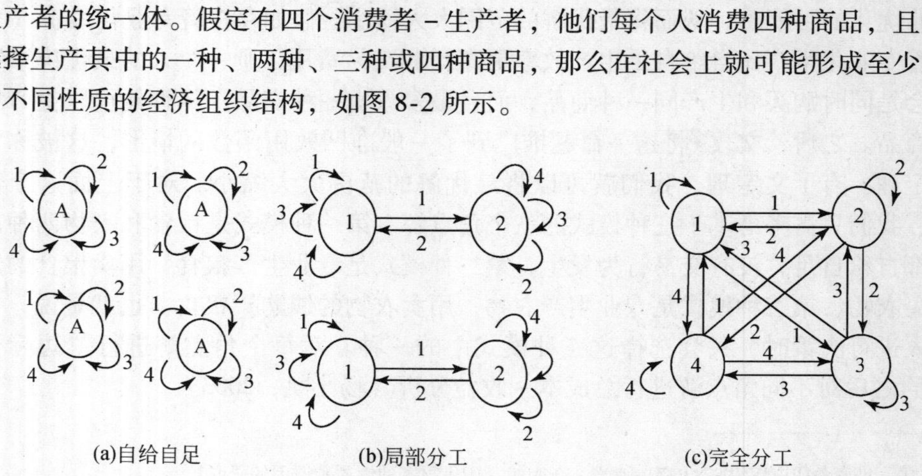

图 8-2 新兴古典主义经济学分析框架

图 8-2（a）表示每个消费者 - 生产者自己生产所有四种商品，自己消费，因此，社会上没有商品交换，当然也不可能形成市场，并且其经济被分割成 4 个单元，经济的市场化、商业化、一体化程度非常低。图 8-2（b）描述的组织结构中，每个人生产商品的数量已经从四种降低到三种，相对于图 8-2（a）而言，每个人的专业化水平和生产力水平有所提高。两种商品的市场就从分工中出现，而交易次数和交易成本也提高了。整个经济由两个而不是四个分隔商业区组成，故市场一体化程度就得以提高。由于在分工中出现两个不同的职业，经济结构多样化的程度也随着每个人专业化水平的提高而提高。图 8-2（c）中，每个人完全专业于生产一种商品。因此，市场一体化程度、市场数目、经济结构多样化程度、交易的次数、生产集中度、商业化程度、生产力和交易成本都比图 8-2（b）要高。

第二节　分工理论与农业产业化

一、新兴古典主义分工理论

亚当·斯密在《国民财富的性质和原因的研究》中开宗明义地指出[①]："由于分工，所有不同行业的产量成倍地增长，一个治理得好的社会所出现的普遍的富裕扩展到了最底层的劳苦大众身上。每一个工人自己劳动的产品，除了供应自己需要之外，还要大量出售；每一个其他工人也完全一样，能用自己的大量产品交换他人大量的产品或等价物。他对他们的需求给予丰富的供应，他们对他的需求也给予丰富的供应，于是，社会阶层变得普遍富裕起来。"因此，他认为，一方面，分工提高了专业化水平和劳动生产率，增加了商品的总供给量；另一方面，由于劳动生产率提高了，人们的收入提高了，从而增加了对社会的总需求，而这就是分工是国民财富增进的源泉的根本原因。同时，他进一步地指出："由于交换的力量而引起分工，所以分工的范围必然受到交换能力范围的限制。换言之，受到市场范围的限制。当市场小时，没有人能够得到鼓励去专门从事一种职业，这是因为，他没有能力将他自己的劳动产品中所有远远超过自己消费的剩余部分去交换他所需要的其他人劳动产品的剩余部分。"因此，他认为，分工依赖于市场，市场需求容量制约着社会分工的程度。因而分工决定了分工水平。

阿林·杨格[②]在《报酬递增与经济进步》中进一步发展了这一思想（阿林·杨格，1996），并指出："用一种包容的观点来看，考虑到市场不是作为某种产业

① 见商务印书馆 1997 年出版的《国民财富的性质和原因的研究》

② 见《社会经济体制比较杂志》1996 年刊登阿林·杨格的《报酬递增与经济进步》

产品的输出口，因此不是外在于那个产业的，而是作为总产品的输出口，市场规模是由生产的数量所决定和确定的。”这就意味着，不仅分工取决于市场大小，而且市场大小也取决于分工程度，因此，供给和需求是一个铜板的两个侧面。同时，他指出，“从内部经济和外部经济的区分中来考察产业进步过程的性质必然带有片面性”，报酬递增的原因不是规模经济，而是产业的不断分工和专业化的结果，并提出了“迂回生产”的概念。“迂回生产”是一种间接地获取物品的生产方法，在获得物品之前，先获得制造物品的能力。人类的生产活动具有普遍的迂回性，而社会分工作为生产整体的一个环节，必然是迂回生产法，是从生产链上的不同节点分化出来的，节点的增加会使经济性的规模得到级数增长。这正如他所说：“由产业间劳动分工所获取的最大收益是更充分地实现了资本化或迂回生产方式的经济。如果我们假定，正如我们必须假定，在大多数产业中，个别企业的经济规模确实存在着虽然是有弹性的限制，那么，这种收益是非常明显的。单个企业的产出一般占一个产业总产出的相对较小的比例。单个企业通过迂回的方法经营所达到的经济程度是有限的。但当某种迂回方法的优势包括整个产业的产出时，这种迂回方法就变得确实可行和经济了。因此，这些潜在的经济分别为专业化的企业通过经营而取得，这些专业化企业合起来构成了一个新产业。”因此，促进分工发展、延长产业链条是经济发展的核心机制。

杨小凯在继承亚当·斯密和阿林·杨格的有关分工思想的基础之上，引入了罗纳德·科斯交易费用的概念①，并用超边际分析方法形式化了亚当·斯密和阿林·杨格的思想，使斯密的劳动分工论与科斯的交易费用理论浑然一体。杨小凯认为，分工和交易是生产方式这一个问题的两个方面。与分工和专业化紧密相连的是不同经济主体之间的交易行为，交易起着不同专业化分工之间的联系纽带的作用，但交易本身需要费用。这样，一方面分工与专业化的发展会带来经济主体之间更多的交易行为，进一步拓展经济网络；另一方面，分工与专业化的发展会受到交易费用的制约，过高的交易费用会阻碍分工和专业化的发展，而专业化分工与交易费用之间此消彼长的两难冲突及其有效折衷则成为贯穿经济发展的主线。沿着新兴古典主义的逻辑，我们可以假定：如果现实生活中的每一个人既是生产者又是消费者，产业发展之初，每个生产者－消费者面临的交易费用非常之大，大于进行专业化分工带给人们的好处，此时采取自给自足方式是最优的组织模式，中国长期存在的封建社会小农生产方式就是这种情况。随着交易效率的提高，采用局部分工带来的半专业化经济超过其交易费用，这时生产者－消费者除自给一部分产品外，还部分交换产品。交换活动促进了市场的产生，而市场价格

① 见2003年社会科学文献出版社出版的杨小凯的《经济学——新兴古典与新古典框架》

体系大大地减少机会主义行为产生的内生交易费用，是人类社会中的一种重要制度创新。交换也可能促进了职能分化，企业或其他组织由此产生，从而协调不同成员之间分工，降低分工带来的交易费用的上升。因此，劳动分工是产业不断发展、分化和延伸，社会财富不断增加的原动力。

二、农业产业分工演进的逻辑

我们知道，农业产业化经营本质上是农业产业分工过程中的一系列制度安排。那么，农业产业分工演进的基本逻辑是什么呢？为了回答这一问题，我们不妨举一个例子加以说明。假定农民拥有有限的土地资源，生产粮食和蔬菜，且农户之间信息完全独立，他们之间的交易费用巨大，那么农户之间就不进行任何产品交换，这是典型的自给自足的小农经济，是我国封建社会主要的经济形态。实际上，在这种生产方式中，每个劳动者只从事初级农业生产活动，整个社会也不存在任何交易活动，我们称其为农业分工形态 1。

一旦交易费用降低了，必然有一部分农户会多生产一部分超过自己消费所需的粮食或蔬菜，用以换取少生产的蔬菜或粮食，这时就存在一定的商品交易活动了，整个社会就衍生出交易职能。而此时，农户既从事农业生产，又从事农产品交易，交易职能尚未专业化，这可以看成高于自给自足小农经济的一种农业经济形态，我们称之为农业分工形态 2。

当人们之间的交易效率进一步提高，需要交易的商品数量也会越来越多，这时也许有人会放弃生产，专门从事交易活动，于是商人就出现了，商人成为交易职能的专业承担者。一方面，商人将农民生产的农产品收集起来卖给他人，从中赚取差价；另一方面，商人消费由其他农户生产的粮食或蔬菜，而农户成为农产品的专业化生产者。这时，农业产业的链条开始延伸到商业环节了，农业产业化初级形态开始形成，我们称之为农业分工形态 3。据史学家对我国纺织业的研究，到 1915 年时，流行的是一种换布制度，即商人用棉纱来换乡民织出的布，纱和布的重量约相等或纱多些，每换一匹布，可以赚半斤至一斤棉纱。商人逢集市设摊买布，整理后外运销售。这种形式对织户而言是自织自售，有赔有赚。实际上，我国改革开放之后，特别是统购统销的农产品流通格局被打破之后，在中国大地上出现了许多农产品“经纪人”，如长途贩运者，他们把牲畜从内陆地区运往沿海地区，赚取差价，这些形态都属于农业分工形态 3。

之后，为了协调好商业环节和生产环节的关系，商业环节再次分化出了一系列服务职能（农户信息指导、生产技术引进、运输、管理等），但这些职能的承担者通常是商人本身，商人既从事交易活动，又从事服务事务。我们称此种形态为农业分工形态 4。我国晚清和民国时期纺织业中出现的“包买制”就属于此种形态，包买商将棉纱包给织户，而负责收取织成的布匹。这里，包买商负责设备、原料和市场以及技术和质量控制，织户负责生产。

随着分工变得日益细化，服务活动日益复杂化，人们的活动变得越来越专业化，生产经营中交易需求进一步增大，并出现多层次和多结构的交易势态，于是组织就出现了。通过组织协调，许多职能有了专门的承担者。公司和中介组织都属于这类组织范畴，在“公司+农户”模式中，农户负责生产，公司负责种子供应、生产指导、收购和销售农产品。公司内部不同个人承担不同职能，一部分人负责为农民提供技术支持，一部分人负责收购管理，一部分人负责销售。在“中介组织+农户”模式中，农户负责初级农产品生产，种子供应、生产指导、收购和销售职能由中介组织承担。实际上，在中介组织中也可以使职能专业化，现实中存在着多种多样的合作社，包括生产、销售、加工或综合性的合作社。生产型合作社承担生产技术指导、种子供应等职能，销售型合作社承担交易职能，加工型合作社承担加工职能，而综合型合作组织则承担上述多项职能。农业协会承担信息提供、生产技术引进、金融服务等职能。20世纪80年代中期，我国东部的一些地方率先进行了产、加、销一体化经营，大多数属于这种，我们称之为农业分工形态5。

与第5种农业分工形态相比，第6种农业分工形态又分化出一个重要职能，即加工职能。随着人们收入的进一步提高，对农产品品质有了更高的需求，而这需要借助新技术和新机器来提高农产品品质。当新技术和新机器对提高农产品品质带来的经济效果高于其成本时，就产生了加工环节。加工环节是产业发展链中一个非常重要和相对高级的环节，常常容纳了以“新技术”为代表的中间产品。今天，我国大部分地区的农业产业化经营水平开始超越第5种农业分工形态，走向第6种农业分工形态。第6种农业分工形态的特征是在组织内部开始出现加工职能，但加工职能的专业化水平不高，整个社会的农产品加工业不是特别发达，这正是目前我国大部分地区农业产业化现状的真实写照。

因此，我国农业产业化进一步的发展方向就是要促进加工环节的壮大，就是要使加工职能专业化。加工职能专业化是第7种农业分工形态的主要特征，此外，在这种分工形态中，其他职能日益分化出新的职能，服务的种类和范围日益增加。从生产职能来看，今天在我国农村开始出现农作物专业化收割现象，即有部分农民购买收割机，专门从事农作物收割业务，许多农民只从事农作物栽培工作，农业生产职能也会分化新的职能；从服务职能来看，农业服务项目也不断发展，从农业技术指导、农业信息提供、农业种子提供到农业金融服务等，而且每一个项目都有进一步细化的趋势；从交易职能来看，由原来单一的中间商结构逐渐发展到批发商和零售商，有的甚至发展到更复杂的层次结构；从加工职能来看，加工环节在增加，加工的程度在加深。

因此，农业产业化成长的动力来源于农业产业内不断分工、再分工的过程，就是农户职能不断分化、再分化的过程，就是农业产业链不断延伸、再延伸的过程。我们可以根据上面的分析，将农业分工形态与农业产业化关系归纳为表 8-1。

表 8-1　农业分工形态与农业产业化的演进关系

<table>
<tr><th>农业分工形态</th><th colspan="4">农户职能分化</th><th>产业链环节长度</th><th>经济组织形态</th><th>有无组织出现</th></tr>
<tr><td>1</td><td colspan="4">生产</td><td>1</td><td>自给自足</td><td>无</td></tr>
<tr><td>2</td><td colspan="2">生产</td><td colspan="2">交易</td><td>2</td><td>市场初级形态过渡形态</td><td>无</td></tr>
<tr><td>3</td><td colspan="2">生产</td><td colspan="2">交易</td><td>2</td><td>市场经济初级形态</td><td>无</td></tr>
<tr><td>4</td><td>生产</td><td>服务</td><td colspan="2">交易</td><td>3</td><td>农业产业化初级形态
（类似于“分包制”）</td><td>无</td></tr>
<tr><td>5</td><td>生产</td><td>服务</td><td colspan="2">交易</td><td>3</td><td>农业产业化中初级形态
（公司＋农户或合作组织＋农户）</td><td>有</td></tr>
<tr><td>6</td><td>生产</td><td>加工、服务</td><td colspan="2">交易</td><td>4</td><td>农业产业化中级形态
（加工龙头企业＋农户或加工、销售合作社＋农户）</td><td>有</td></tr>
<tr><td>7</td><td>生产及细化</td><td>加工及细化</td><td>服务及细化</td><td>交易及细化</td><td>4 以上</td><td>农业产业化高级形态
（加工企业＋中介组织＋农户）</td><td>有</td></tr>
</table>

第三节　加工农业产业化成长的超边际模型

前几章已经分析了我国农业产业化成长的重点和核心是促进农业加工产业链的发展，而需求引导、科技进步、交易费用和管理费用的节约是四种最为重要的影响因素。本节将以新兴古典主义分工理论为基础，结合这四个因素，再利用超边际分析方法，构建一个加工农业产业链成长的理论模型。

一、农业产业化成长超边际模型的描述

我们假定社会上有多个生产者－消费者型的农民，最初他们只生产初级农产品用于自身消费，这时他们相互之间完全封闭，没有任何交换。随着社会的发展进步，初级农产品已经不能满足人们的需求，人们希望得到加工农产品。但加工农产品的生产需要以初级农产品为原料，一个加工后的农产品给人们带来的效用水平要高于初级农产品的效用水平。人们为了消费加工农产品，就会产生多种生

产方式和交换方式。

最原始的方式是每个农民自己生产初级农产品作为原材料，自己加工生产，自己消费加工产品。但随着社会的发展，就出现一部分人专门生产初级农产品，另一部分人通过交换获得初级农产品，将其作为原材料专门生产加工农产品，然后消费一部分加工农产品，并将剩余的加工农产品出售给其他消费者，此时就出现了部分农业产业化的雏形。

加工产品生产和交换方式还可以是其他形式。其一，某部分生产者－消费者雇佣另一部分生产者－消费者生产初级农产品，然后以此为原材料生产加工产品，再分配一部分加工农产品给雇员，其他归自己所有。其二，某部分生产者－消费者自己生产初级农产品作为原材料，然后雇佣另一部分生产者－消费者作为加工生产工人来生产加工农产品，再分配部分加工农产品给生产工人，剩下的产品归自己所有。而此时，社会已经出现加工龙头企业，农业产业化得到更大的发展。

因此，农业产业化成长是在农业产业的演进过程中，农业分工不断深化和农民专业化生产水平不断提高的结果，农业产业化成长中，组织形态取决于人们的决策行为。书中农业产业化成长的超边际模型主要分析人们是否生产加工农产品和以怎样的生产方式和交换方式来提供加工农产品。

二、农业产业化成长超边际模型的构建

杨小凯和黄有光（1999）在新兴古典主义经济学中构建的超边际模型，实际上是一个非线性规划求解。目标函数是非线性效用函数，它受到生产函数、个人劳动时间等的制约。本次研究将对杨小凯采用的生产函数与效用函数进行修订，构建一个农业产业化成长的超边际模型。

（一）对杨小凯生产函数的修订

杨小凯在构造生产函数时，常常把它看成是劳动时间和专业化程度的函数。假定每一位生产者－消费者最多生产 x 、y 两种产品，个人总劳动时间为一个常数 l , l_1 为 x 的劳动时间、l_2 为生产 y 的劳动时间，α 为人们的专业化程度，则其生产函数为

$$Q_1(l_1, \alpha) = x + x_s = l_1^{\alpha} \tag{8.1}$$

$$Q_2(l_2, \alpha) = y + y_s = l_2^{\alpha} \tag{8.2}$$

$$l_1 + l_2 = l \tag{8.3}$$

杨小凯的这一生产函数有以下几点不足。

（1）生产函数不仅与劳动时间和专业化程度有关，而且还与投入资金有关，

并受到资源的约束。

可以说杨小凯受到马克思劳动价值理论的影响深刻，因此在生产函数中只看见“劳动”投入，没有看到其他要素投入。但马克思在谈及生产劳动过程时曾指出：“劳动过程的简单要素是：有目的的活动或劳动本身、劳动对象和劳动资料……劳动者利用物的机械的、物理的和化学的属性，以便把这些发挥力量的手段，依照自己的目的作用于其他物。”亚当·斯密在《国富论》一书中也曾指出：“由于大量机器的发明，方便和简化了劳动，使一个人能干更多的活了。”因此，生产劳动过程既与人的因素有关，又与物的因素有关，是人的因素与物的因素的综合体（杨小凯，2003）。因此，生产函数不仅与劳动时间和专业化程度有关，还与投入资金有关。作为一种生产要素，任何个人的资金总量都是有限的，这成为制约生产的一个因子。

从广义上来讲，资金是一种特殊的资源，现实生活中生产者的生产效率也与资源因素有关，同样，生产者在肥沃土地上和在贫瘠土地上的生产效率也肯定不一样。道格拉斯的生产函数中，通过资金利用率来反映资源的受约束程度。

（2）生产函数假定生产者劳动投入是均质的，由劳动时间的长短决定，忽视了劳动技能对生产的影响。

实际上，每个劳动者的生产水平除了取决于劳动时间外，还与劳动者本身的素质和能力有关。我们知道，农民在同样卖力的情况下，由于其技能水平差异，熟练生产的农民肯定要比非熟练者的生产效率高。因此，我们可以在生产函数前面加上一个生产效率系数来反映劳动者的技能水平，而这一系数在企业层面反映了员工知识技能等因素对企业生产的促进作用，或者可以理解为企业技术进步和技术创新因素对企业发展的促进作用。

（3）生产函数模型难进行实证分析和率定参数。

鉴于上面的分析，我们可以借用道格拉斯生产函数来替代杨小凯的生产函数。值得一提的是，加工农产品 y 的生产过程还容纳了科技因素，如果科技水平不高，就很难生产出符合质量的产品来，随着科技水平的提高，加工农产品的产量也会提高。因此，我们修订后的生产函数及其约束条件为

$$Q_1 = x + x_s = l_1^{\alpha} k_1^{\beta} \tag{8.4}$$

$$Q_2 = y + y_s = a l_2^{\alpha} k_2^{\beta} \tag{8.5}$$

$$l_1 + l_2 = l \tag{8.6}$$

$$k_1 + k_2 = k \tag{8.7}$$

式中：x、y 分别为自给产品的数量；x_s、y_s 分别为市场上出售的产品数量；l_1、l_2 分别为生产两种产品的劳动时间份额；k_1、k_2 分别为生产两种产品的资本投入份额；常数 k 为每个人的资本；a 为加工农产品生产效率系数，是与社会技术进步

水平密切相关的变量。在本书第五章，我们通过德兴异 VC 纳的资料，采用 $Q_2 = al_2^{\alpha}k_2^{\beta}$ 模型，已经率定出了 a 值。由于初级农产品的生产一般不需要大型的机器等技术设备，其产量受自然界气候等环境变量的影响巨大，而自然环境变量不可控，因此在构建其生产函数时不加技术参数 a 。

在杨小凯的模型中，其效用函数种类比较多。当只涉及一种产品时，杨小凯常常令它等于产品本身数量；当涉及多个产品时，常常令它为多种产品数量的乘积（杨小凯，2003）。在本模型中，存在两类相互关联的产品，即初级农产品和加工农产品，这两类产品存在重要的联系，任何加工农产品的生产必须使用初级农产品，这就意味着加工后农产品的效用比对初级农产品的效用要高。因此，我们可以引进一个效用效率参数 r，它与人们对产品消费带来的满足程度相关。我们假定初级农产品的效用系数为 1，r 为加工农产品的效用系数，r 大于 1。比如说，人们食用红薯时可以有三种选择，第一种选择就是直接食用生红薯，第二种情况就是简单地将红薯煮熟，第三种情况就是炸成红薯条，做成精包装出售。显然，第二种情况简单的水煮加工后，人们感觉比第一种情况下效用大。而第三情况红薯加工生产进一步深化后，其效用水平有要高于第二种情况：

$$u = x \tag{8.8}$$

$$u = ry \tag{8.9}$$

本书在第四章需求引导与农业产业化成长中已经详细阐述了，由于影响加工农产品的需求因素非常多，其中心理因素是与消费密切联系的因素之一。因此，加工龙头企业在充分了解消费者对加工农产品消费心理的条件下，采用有效的营销策略和手段，就可以提高消费者对加工农产品的评价水平和效用，这也是模型引入加工农产品效用系数 r 的重要依据。

（二）其他假设条件

模型还有以下几个假定。

（1）在经济系统中有 M 个生产 - 消费者。M 是很大的数，其中，M_1 为生产 x 的人数，M_2 为生产 y 的人数，$M_1 + M_2 = M$ 。

（2）x、y 为两种产品，其中，x 为初级农产品自给量，y 为加工农产品自给量，生产 y 必须使用 x ；在生产力落后、居民收入水平低的社会发展阶段，人们只食用初级农产品 x ；当整个生产力水平提高以后，人们不愿食用初级产品，而愿意食用加工农产品 y ，这样初级农产品 x 就是生产加工农产品 y 的中间产品。x_d 、y_d 为两种产品的购买量；x_s 、y_s 为两种产品的出售量。

（3）l_1 为生产初级农产品的劳动时间，l_2 为加工农产品的劳动时间，α 为劳动生产产出弹性，k_1 为生产初级农产品的资本，k_2 为生产加工农产品的资本，β 为资本投入产出弹性。

（4）本书第七章系统地讨论了交易费用对农业产业化发展的重要作用，节约交易费用、提高交易效率是促进农业产业化向前发展的动力源泉。为此，有必要引入 t_1 、t_2 为 x 、y 两种产品的交易效率系数。

（5）本书第六章探讨了企业管理费用是农业产业化成长过程中重要的内部阻力，节约企业管理费用、提高企业管理效率，是促进农业产业化成长与发展的又一大动力源泉。因此，有必要引入管理效率系数。当企业主雇佣农民生产初级产品时，管理者对农民的管理效率为 h ；当企业主雇佣工人对初级农产品进行加工生产时，管理者对加工生产工人的管理效率为 g 。

（三）超边际模型的内在特征分析

1. 边际劳动生产率

把生产函数对劳动时间求导：

$$\frac{\mathrm{d}Q_1}{\mathrm{d}l_1} = \frac{\mathrm{d}k_1^{\beta}l_1^{\alpha}}{\mathrm{d}l_1} = \alpha l_1^{\alpha-1}k_1^{\beta} > 0 \tag{8.10}$$

$$\frac{\mathrm{d}^2Q_1}{\mathrm{d}l_1^2} = \frac{\mathrm{d}^2k_1^{\beta}l_1^{\alpha}}{\mathrm{d}{l_1}^2} = \alpha(\alpha-1)l_1^{\alpha-2}k_1^{\beta}\ \alpha > 1 \text{ 时} \tag{8.11}$$

一阶导数大于0，说明边际劳动生产率大于0，农业生产劳动和资本的替代是有效的。当 α 大于1时，生产函数的二阶导数大于0，说明边际劳动生产率的增量大于0，即专业化水平的提高有利于分工经济和专业化经济的产生。

在本书第五章技术进步与农业产业化中，我们实证模拟德兴异VC钠企业的生产函数为

$$Q = ak^{\alpha}l^{\beta} = 0.000\,014\,947k^{0.85}l^{1.656} \tag{8.12}$$

从中可以看到 $\alpha = 1.656 > 1$，因此，也反映了该企业生产存在着专业化经济。

2. 平均劳动生产率

$$AL_1 = \frac{Q_1}{l_1} = \frac{l_1^{\alpha}k_1^{\beta}}{l_1} = l_1^{\alpha-1}k^{\beta} > 0 \tag{8.13}$$

对 l_1 求导，得

$$\frac{\mathrm{d}AL_1}{\mathrm{d}l_1} = (\alpha-1)l_1^{\alpha-2}k_1^{\beta} > 0\ (\alpha > 1) \tag{8.14}$$

这说明，平均劳动生产效率在具有显著规模经济 $\alpha > 1$ 时，随专业化水平的提高而提高。

3. 总量转换曲线

当$\alpha<1$时，自给自足的总量转换曲线高于分工时的总量转换曲线，图 8-3 说明个人专业化水平的提高和分工水平的提高并不带来分工经济，即分工不经济。但这时，$\alpha<1$，生产具有规模经济效应，规模经济先于分工经济和专业化经济。

当$\alpha>1$时，自给自足的总量转换曲线低于分工时的总量转换曲线，说明个人的专业化水平的提高和分工水平的提高带来了分工经济，这时，分工经济就等价于专业化经济。

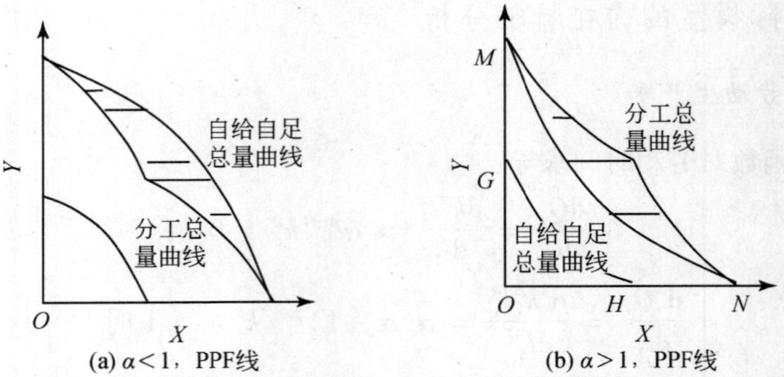

图 8-3　个人转换曲线和两个人的总量转换曲线（两种产品）

三、经济组织模式

市场经济表面看来不是递阶组织，但受到递阶决策原理的支配，完全市场经济从表面上看，原子式分布的生产者、消费者的行为无人刻意组织，各自分工协作，最终形成有序的经济系统。这个系统以市场为平台，以价格为杠杆，但受到“看不到的手”的操纵，即受到供需平衡规律和等价交换原则的支配。从这一规律的权威性来看，相当于递阶结构中上级单元的作用，下级单元（生产者、消费者）必须服从；如果不遵循这些规律，轻则损失效益，重则使系统崩溃。

我们假定社会上有M个生产者－消费者型的农民，他们生产初级农产品x和加工农产品y。y的生产需要以初级农产品x为原料，一个加工后的农产品给人们带来的效用水平要高于初级农产品的效用水平。人们为了享受到加工农产品，就会产生多种生产方式和交换方式。在这种分析框架下，至少就有如图 8-4 所示的几种经济组织模式，即初级农产品的自给自足模式（A_1）、加工农产品的自给自足模式（A_2）、初级农产品市场交易模式（B）、初级农产品劳动力专家交易型企业模式（C_1）、加工农产品生产专家交易型企业模式（C_2）。

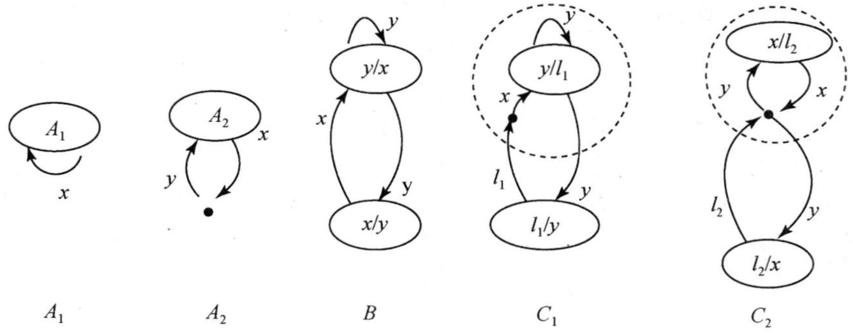

图 8-4　农业产业化进程中的经济组织模式

我们以养鸭为例，分析如下。

1. A_1 模式

该模式是各个初级农产品的生产者－消费者各自决策，互不来往，自给自足，没有形成市场，不需要遵循递阶规律决策原理。具体来说，就是农户自己养鸭自己消费，而不到市场上出售。

2. A_2 模式

该模式是各个加工产品的生产者，以其生产的初级农产品为原材料加工生产，各自决策，互不来往，自给自足，没有形成市场，不需要遵循递阶规律决策原理。具体来说，就是指农户自己养鸭，自己加工鸭子，然后自己消费，如自己卤鸭。

3. B 模式

该模式是一种产品市场交易类型。一部分生产者－消费者专门生产初级农产品，另一部分生产者－消费者通过交换获得初级农产品，将其作为原材料专门生产加工农产品，然后消费一部分加工农产品，并将剩余的加工农产品出售给其他消费者。具体来说，就是指一部分农户将自己生产的鸭子卖到市场上，另一部分农户专门加工鸭子。这一模式中出现了市场，需要遵循递阶规律决策原理。

4. C_1 模式

该模式是一种产品企业结构交易组织类型，指某生产者－消费者雇佣 N 个生产者－消费者生产初级农产品，然后以此为原材料生产加工产品，再分配一部分加工农产品给 N 个雇员，其他归自己所有。具体来说，是农户被农产品加工专家所雇佣，为企业养鸭子，然后加工企业将鸭子进行加工，再将加工后的鸭子分配给农户。这一模式中出现了企业，需要遵循递阶规律决策原理。

5. C_2 模式

该模式是一种产品企业结构交易组织类型。某生产者－消费者自己生产初级农产品作为原材料，然后雇佣 N 个生产者－消费者作为加工生产工人来生产加工农产品，再分配部分加工农产品给 N 个生产工人，剩下的产品归自己所有。具体来说，养鸭农户雇佣农产品加工专家，自己加工鸭子，然后出售鸭子给农产品加工专家。这一模式中出现了企业，需要遵循递阶规律决策原理。

四、经济组织模式求解

（一）初级农产品的自给自足模式（A_1）

$$\begin{aligned} \text{Max}\, u &= x \\ S.t \quad x &= l_1^{\alpha} k_1^{\beta} \\ l_1 &= l \\ k_1 &= k \end{aligned} \tag{8.15}$$

解得

$$u = l^{\alpha} k^{\beta} \tag{8.16}$$

（二）加工农产品的自给自足模式（A_2）

$$\begin{aligned} \text{Max}\, u &= ry \\ S.t \quad x &= l_1^{\alpha} k_1^{\beta} \\ y &= a(k_2 x)^{\beta} l_2^{\alpha} \\ l_1 + l_2 &= l \\ k_1 + k_2 &= k \end{aligned} \tag{8.17}$$

解得

$$u = ral_1^{\alpha\beta} k_1^{\beta^2} (l - l_1)^{\alpha} (k - k_1)^{\beta} \tag{8.18}$$

当 $\dfrac{\partial u}{\partial k_1} = 0$ 时，

$$\beta^2 k_1^{\beta^2 - 1} (k - k_1)^{\beta} - \beta k_1^{\beta^2} (k - k_1)^{\beta - 1} = 0$$

则

$$\beta k = (\beta + 1) k_1 \text{ , } k_1 = \frac{\beta}{\beta + 1} k \tag{8.19}$$

当 $\frac{\partial u}{\partial l_1}=0$ 时，

$$\alpha\beta l_1^{\alpha\beta-1}(l-l_1)^{\alpha}-\alpha l_1^{\alpha\beta}(l-l_1)^{\alpha-1}=0$$

则

$$l_1=\frac{\beta}{\beta+1}l \tag{8.20}$$

$$u=ra\frac{\beta^{\alpha\beta+\beta^2}k^{\beta^2+\beta}l^{\alpha+\alpha\beta}}{(\beta+1)^{\alpha\beta+\beta+\alpha+\beta^2}} \tag{8.21}$$

（三）农产品市场交易结构（*B*）

如图8-4所示，这一结构由（y/x）模式和（x/y）模式两部分构成。这里没有企业，只有市场。

1. 子系统决策

（1）加工农产品生产者（y/x）决策模型为

$$\text{Max}\ u=ry$$

$$S.t\quad y+y_s=a(k_2x_d)^{\beta}l_2^{\alpha}$$

$$l_2=l$$

$$k_2=k$$

$$p_1x_d=t_2p_2y_s \tag{8.22}$$

解得

$$u=r\left[al^{\alpha}k^{\beta}x_d^{\beta}-\frac{p_1x_d}{t_2p_2}\right] \tag{8.23}$$

当 $\frac{\partial u}{\partial x_d}=0$ 时，

$$a\beta l^{\alpha}k^{\beta}x_d^{\beta-1}-\frac{p_1}{t_2p_2}=0$$

$$x_d=\left(\frac{a\beta t_2p_2}{p_1}\right)^{\frac{1}{1-\beta}}l^{\frac{\alpha}{1-\beta}}k^{\frac{\beta}{1-\beta}} \tag{8.24}$$

$$y_s=(a\beta)^{\frac{1}{1-\beta}}\left(\frac{t_2p_2}{p_1}\right)^{\frac{\beta}{1-\beta}}l^{\frac{\alpha}{1-\beta}}k^{\frac{\beta}{1-\beta}} \tag{8.25}$$

$$u=ra(1-\beta)\left(\frac{a\beta t_2p_2}{p_1}\right)^{\frac{\beta}{1-\beta}}l^{\frac{\alpha}{1-\beta}}k^{\frac{\beta}{1-\beta}} \tag{8.26}$$

（2）初级农产品生产者（x/y）决策模型为

$$\text{Max}\ u=ry_d$$

$$S.t \quad x_s = l_1^{\alpha} k_1^{\beta}$$
$$l_1 = l$$
$$k_1 = k$$
$$t_1 p_1 x_s = p_2 y_d \tag{8.27}$$

解得

$$u = r l^{\alpha} k^{\beta} t_1 \frac{p_1}{p_2} \tag{8.28}$$

2. 集总与平衡

在市场出清的条件下，（ x/y ）模式与（ y/x ）模式中，生产者－消费者真实收入相等，即

$$u = ra(1-\beta)\left(\frac{a\beta t_2 p_2}{p_1}\right)^{\frac{\beta}{1-\beta}} l^{\frac{\alpha}{1-\beta}} k^{\frac{\beta}{1-\beta}} = r l^{\alpha} k^{\beta} t_1 \frac{p_1}{p_2} \tag{8.29}$$

$$\frac{p_1}{p_2} = \left[\frac{a(1-\beta)}{t_1}\right]^{1-\beta} (a\beta t_2)^{\beta} l^{\alpha\beta} k^{\beta^2} \tag{8.30}$$

$$u = ra(1-\beta)^{1-\beta}(t_1 t_2 \beta)^{\beta} l^{\alpha\beta+\alpha} k^{\beta+\beta^2} \tag{8.31}$$

且

$$M_1 y_d = M_2 y_s$$

则

$$M_1 = \beta M, \; M_2 = (1-\beta) M \tag{8.32}$$

（四）初级农产品劳动力专家交易企业结构（C_1）

1. 子系统决策

（1）对于（ y/l_1 ）模式，雇主决策模型为

$$\text{Max}\, u = ry$$
$$S.t \quad x_s = l_1^{\alpha} k_1^{\beta}$$
$$l_1 = l$$
$$k_1 = k$$
$$X_d = hN x_s$$
$$y + y_s = a(X_d k_2)^{\beta} l_2^{\alpha}$$
$$l_2 = l$$
$$k_2 = k$$
$$l_2 p_2 y_s = wN l_1 \tag{8.33}$$

解得

$$u = r\left(ah^{\beta}N^{\beta}l^{\alpha\beta+\alpha}k^{\beta^2+\beta} - \frac{wNl}{p_2}\right) \tag{8.34}$$

当 $\frac{\partial u}{\partial N} = 0$ 时，

$$\left(a\beta h^{\beta}N^{\beta-1}l^{\alpha\beta+\alpha}k^{\beta^2+\beta} - \frac{wl}{p_2}\right) = 0$$

$$N = \left(\frac{a\beta h^{\beta}p_2}{w}\right)^{\frac{1}{1-\beta}} l^{\frac{\alpha\beta+\alpha-1}{1-\beta}} k^{\frac{\beta^2+\beta}{1-\beta}} \tag{8.35}$$

$$u = ra(1-\beta)\left(\frac{ah\beta p_2}{w}\right)^{\frac{\beta}{1-\beta}} l^{\frac{\alpha\beta+\alpha-\beta}{1-\beta}} k^{\frac{\beta^2+\beta}{1-\beta}} \tag{8.36}$$

（2）对于（l_1/y）模式，雇主决策模型为

$$\begin{aligned} &\text{Max } u = ry_d \\ &S.t \quad p_2 y_d = wl_1 \\ &l_1 = l \end{aligned} \tag{8.37}$$

解得

$$u = r\frac{wl}{p_2} \tag{8.38}$$

2. 集总与平衡

在市场出清的条件下，（y/l_1）模式和（l_1/y）模式生产者－消费者的真实收入相等，即

$$u = r\frac{wl}{p_2} = ra(1-\beta)\left(\frac{ah\beta p_2}{w}\right)^{\frac{\beta}{1-\beta}} l^{\frac{\alpha\beta+\alpha-\beta}{1-\beta}} k^{\frac{\beta^2+\beta}{1-\beta}} \tag{8.39}$$

则

$$\frac{w}{p_2} = a(1-\beta)\left(\frac{ah\beta p_2}{w}\right)^{\frac{\beta}{1-\beta}} l^{\frac{\alpha\beta+\alpha-1}{1-\beta}} k^{\frac{\beta^2+\beta}{1-\beta}} \tag{8.40}$$

$$u = ra(1-\beta)^{1-\beta}(h\beta)^{\beta}k^{\beta^2+\beta}l^{\alpha\beta+\alpha} \tag{8.41}$$

且

$$M_1 y_d = M_2 y_s$$

则

$$M_1 = \beta M, M_2 = (1-\beta)M \tag{8.42}$$

（五）加工农产品生产专家交易企业结构模式（C_2）

1. 子系统决策

（1）对于（x/l_2）模式，雇主决策模型为

$$\begin{aligned}
&\text{Max}\ u = rY \\
&S.t \quad Y + Y_s = Ny_s \\
&y_s = a(gk_2x_d)^{\beta}l_2^{\alpha} \\
&l_2 = l \\
&k_2 = k \\
&x_d = x_s/N \\
&x_s = l_1^{\alpha}k_1^{\beta} \\
&l_1 = l \\
&k_1 = k \\
&p_2Y_s = wNl_2
\end{aligned} \tag{8.43}$$

解得

$$u = aN^{1-\alpha}g^{\beta}k^{\beta^2+\beta}l^{\alpha\beta+\alpha} - \frac{wNl}{p_2} \tag{8.44}$$

当 $\frac{\partial u}{\partial N} = 0$ 时，

$$N = \left[\frac{(1-\beta)ap_2g^{\beta}}{w}\right]^{\frac{1}{\beta}} l^{\frac{\alpha\beta+\alpha-1}{\beta}} k^{\beta+1} \tag{8.45}$$

$$u = rg\beta a^{\frac{1}{\beta}}\left[\frac{p_2(1-\beta)}{w}\right]^{\frac{1-\beta}{\beta}} \tag{8.46}$$

（2）对于（l_2/x）模式，雇主决策模型为

$$\begin{aligned}
&\text{Max}\ u = ry_d \\
&S.t \quad p_2y_d = wl_2 \\
&l_2 = l
\end{aligned}$$

$$u = \frac{rwl}{p_2} \tag{8.47}$$

2. 集总与平衡

在市场出清的条件下，（x/l_2）模式和（l_2/x）模式生产者－消费者的真实收入相等，即

$$u = r\frac{wl}{p_2} = rg\beta a^{\frac{1}{\beta}}\left[\frac{p_2(1-\beta)}{w}\right]^{\frac{1-\beta}{\beta}} \tag{8.48}$$

则

$$\frac{w}{p_2} = a(g\beta)^{\beta}(1-\beta)^{1-\beta}l^{\alpha\beta+\alpha-1}k^{\beta^2+\beta} \tag{8.49}$$

$$u = ra(g\beta)^{\beta}(1-\beta)^{1-\beta}l^{\alpha\beta+\alpha}k^{\beta^2+\beta} \tag{8.50}$$

且

$$M_1 y_d = M_2 y_s$$

则

$$M_1 = \beta M,\ M_2 = (1-\beta)M \tag{8.51}$$

（六）角点均衡的信息集成

五个角点均衡的信息集中如表 8-2 所示。

表 8-2　各组织形式的角点均衡分布

结构	A_1	A_2	B	C_1	C_2
相对价格			$\left[\frac{a(1-\beta)}{t_1}\right]^{1-\beta}$ $(a\beta t_2)^{\beta}l^{\alpha\beta}k^{\beta^2}$	$a(1-\beta)$ $\left(\frac{ah\beta p_2}{w}\right)^{\frac{\beta}{1-\beta}}l^{\frac{\alpha\beta+\alpha-1}{1-\beta}}k^{\frac{\beta^2+\beta}{1-\beta}}$	$a(g\beta)^{\beta}$ $(1-\beta)^{1-\beta}l^{\alpha\beta+\alpha-1}k^{\beta^2+\beta}$
专家人数			$M_1 = \beta M$ $M_2 = (1-\beta)M$	$M_1 = \beta M$ $M_2 = (1-\beta)M$	$M_1 = \beta M$ $M_2 = (1-\beta)M$
真实收入	$l^{\alpha}k^{\beta}$	$ra\frac{\beta^{\alpha\beta+\beta^2}k^{\beta^2+\beta}l^{\alpha+\alpha\beta}}{(\beta+1)^{\alpha\beta+\beta+\alpha+\beta^2}}$	$ra(1-\beta)^{1-\beta}$ $(t_1t_2\beta)^{\beta}l^{\alpha\beta+\alpha}k^{\beta+\beta^2}$	$ra(1-\beta)^{1-\beta}$ $(h\beta)^{\beta}k^{\beta^2+\beta}l^{\alpha\beta+\alpha}$	$ra(g\beta)^{\beta}$ $(1-\beta)^{1-\beta}l^{\alpha\beta+\alpha}k^{\beta^2+\beta}$

五、经济组织模式转化的条件分析

我们可以根据上述研究进行比较分析，得出相应的结果。

（一）A_1 与 A_2 结构比较

在 A_2 结构中，每个生产者和消费者的真实收入为 $ra\frac{\beta^{\alpha\beta+\beta^2}k^{\beta^2+\beta}l^{\alpha+\alpha\beta}}{(\beta+1)^{\alpha\beta+\beta+\alpha+\beta^2}}$，而在 A_1 结构中，每个生产者和消费者真实收入为 $l^{\alpha}k^{\beta}$。用前者除于后者，得

$$\frac{u_{A_2}}{u_{A_1}} = ra\frac{\beta^{\alpha\beta+\beta^2}k^{\beta^2}l^{\alpha\beta}}{(\beta+1)^{\alpha\beta+\beta+\alpha+\beta^2}} \tag{8.52}$$

当 $ra\frac{\beta^{\alpha\beta+\beta^2}k^{\beta^2}l^{\alpha\beta}}{(\beta+1)^{\alpha\beta+\beta+\alpha+\beta^2}}>1$ 时，就会出现 A_2 结构；否则，就出现 A_1 结构。

效用系数 r 和生产效率系数 a 越大，就越有可能由初级农产品自给自足型 A_1 结构转化成加工农产品自给自足型 A_2 结构，社会出现了加工农产品，但整个经济系统仍然由一个个孤立的状态组织组成。需求引导和技术进步是促进经济组织形态不断变迁的动力。

（二）B 与 A_2 结构比较

在 B 结构中，每个生产者和消费者的真实收入为 $ra(1-\beta)^{1-\beta}\ (t_1t_2\beta)^{\beta}l^{\alpha\beta+\alpha}k^{\beta+\beta^2}$，而在 A_2 结构中，每个生产者和消费者真实收入为

$$ra\frac{\beta^{\alpha\beta+\beta^2}k^{\beta^2+\beta}l^{\alpha+\alpha\beta}}{(\beta+1)^{\alpha\beta+\beta+\alpha+\beta^2}}$$

用前者除于后者得

$$\frac{u_{\mathrm{B}}}{u_{\mathrm{A}_2}}=\frac{(1-\beta)^{1-\beta}(t_1t_2\beta)^{\beta}(\beta+1)^{\alpha\beta+\beta+\alpha+\beta^2}}{\beta^{\alpha\beta+\beta^2}} \tag{8.53}$$

当 $\frac{(1-\beta)^{1-\beta}(t_1t_2\beta)^{\beta}(\beta+1)^{\alpha\beta+\beta+\alpha+\beta^2}}{\beta^{\alpha\beta+\beta^2}}>1$ 时，就会出现 B 结构；否则，就出现 A_2 结构。

显然，初级农产品交易效率系数 t_1 和加工农产品交易效率系数 t_2 越大，就越有可能由加工农产品自给自足 A_2 型结构跳跃到农产品市场交易 B 型结构。这时在经济系统中产生市场体系，生产者－消费者之间形成了专业化分工。一部分人负责生产初级农产品，另一部分人通过一系列的契约形式交换获得初级农产品，以此为原材料进行加工生产。

农业产业化经营本质上是农民和企业主之间通过更为紧密的契约关系获取初级农产品和出售加工农产品，实际上降低了初级农产品交易效率系数 t_1 和加工农产品交易效率系数 t_2，因此在 B 结构中隐含了农业产业化经营的初级形态。

（三）C_1 与 B 结构比较

在 C_1 结构中，每个生产者和消费者的真实收入为 $ra(1-\beta)^{1-\beta}(h\beta)^{\beta}k^{\beta^2+\beta}l^{\alpha\beta+\alpha}$，而在 A_2 结构中，每个生产者和消费者的真实收入 $ra(1-\beta)^{1-\beta}(t_1t_2\beta)^{\beta}l^{\alpha\beta+\alpha}k^{\beta+\beta^2}$。

用前者除于后者得

$$\frac{u_{C_1}}{u_B}=\left(\frac{h}{t_1t_2}\right)^{\beta} \tag{8.54}$$

当 $\frac{h}{t_1t_2}>1$ 时，就会出现 C_1 结构；反之，就会出现 B 结构。

显然，C_1 结构中出现企业，企业是一种为协调生产者－消费者分工而出现的制度安排。由 C_1 结构取代 B 结构的本质就是，企业通过内部分工对市场中外部分工的有效替代。而这要求企业内部管理效率 h 不断提升。当企业内部管理效率 h 大于初级农产品交易效率系数 t_1 与加工农产品交易效率系数 t_2 的乘积时，就有可能由农产品市场交易 B 型结构跳跃到初级农产品生产专家交易企业 C_1 结构；

反之，就出现 B 型结构。

这时，在经济系统中产生市场体系，生产者－消费者之间形成了专业化分工。企业主雇佣农民，农民负责生产初级农产品作为加工生产原材料，加工企业与农民之间的契约关系是劳动力生产要素的契约关系。

（四）C_1 与 C_2 结构比较

在 C_2 结构中，每个生产者和消费者的真实收入为 $ra(1-\beta)^{1-\beta}(h\beta)^{\beta}k^{\beta^2+\beta}l^{\alpha\beta+\alpha}$，而 C_1 结构中每个生产者和消费者的真实收入为 $ra(g\beta)^{\beta}(1-\beta)^{1-\beta}l^{\alpha\beta+\alpha}k^{\beta^2+\beta}$。

前者除于后者得

$$\frac{u_{C_1}}{u_B} = \left(\frac{h}{g}\right)^{\beta} \tag{8.55}$$

当 $h > g$ 时，就会出现 C_1 结构；否则，出现 C_2 结构。

C_1 结构和 C_2 结构中都出现企业。C_1 结构和 C_2 结构的本质区别就是龙头企业中初级农产品专家和加工生产专家谁当企业主，谁当工人。结果表明，当 $h > g$ 时，也就是加工生产专家对初级农产品专家的管理效率高于初级农产品专家对加工专家的管理效率时，就出现了 C_1 结构；否则，出现 C_2 结构。

（五）C_1 与 A_1 结构比较

在 C_1 结构中，每个生产者和消费者的真实收入为 $ra(1-\beta)^{1-\beta}(h\beta)^{\beta}k^{\beta^2+\beta}l^{\alpha\beta+\alpha}$，而在 A_1 结构中，每个生产者和消费者的真实收入为 $l^{\alpha}k^{\beta}$。

前者除于后者得

$$\frac{u_{C_1}}{u_{A_1}} = ra(1-\beta)^{1-\beta}(h\beta)^{\beta}k^{\beta^2}l^{\alpha\beta} \tag{8.56}$$

当 $ra(1-\beta)^{1-\beta}(h\beta)^{\beta}k^{\beta^2}l^{\alpha\beta} > 1$ 时，就会出现 C_1 结构。

也可以说，效用系数 r、生产效率系数 a、对初级农产品生产员工管理效率 h、劳动时间 l、资金投入 k、劳动投入产出弹性 α、资金投入产出弹性 β 越大，就越有可能由自给自足初级农产品模式 A_1 结构跳跃到 C_1 结构。

（六）C_2 与 A_1 结构比较

在 C_2 结构中，每个生产者和消费者的真实收入为 $ra(g\beta)^{\beta}(1-\beta)^{1-\beta}l^{\alpha\beta+\alpha}k^{\beta^2+\beta}$，而在 A_1 结构中，每个生产者和消费者的真实收入为 $l^{\alpha}k^{\beta}$。

前者除于后者得

$$\frac{u_{C_2}}{u_{A_1}} = ra(1-\beta)^{1-\beta}(h\beta)^{\beta}k^{\beta^2}l^{\alpha\beta} \tag{8.57}$$

当 $ra(1-\beta)^{1-\beta}(g\beta)^{\beta}k^{\beta^2}l^{\alpha\beta}>1$ 时，就会出现 C_2 结构。

也可以说，效用系数 r 、生产效率系数 a 、对加工生产员工管理效率 g 、劳动时间 l 、资金投入 k 、劳动投入产出弹性 α 、资金投入产出弹性 β 越大，就越有可能由自给自足初级农产品模式 A_1 结构跳跃到 C_2 结构。

综合而言，生产者 - 消费者处于何种市场均衡状态与商品市场交易效率 t_1 或 t_2 、企业管理效率 g 及效用系数 r 、生产效率系数 a 等因数相关，这些变量的增大都有利于市场均衡体系由 A_1、A_2 结构向 B、C_1、C_2 结构转变，而实现这“惊险”的一跳就必须大力促进商品市场交易效率 t_1 或 t_2 、企业管理效率 g 或 h 及效用系数 r 、生产效率系数 a 等的增大，这样加工农业产业就不断出现、壮大并形成规模。因此，从某种意义上，这从理论上证明了上一章关于农业产业链延伸规律的相关论断，这为我们推动我国农业产业化经营与发展提供了重要的思路。

第四节　农业产业化成长路径分析

一、农业组织形态变迁路径

从上面关于农业产业化超边际模型的分析可知，在农业产业发展过程中存在五种基本组织模式 A_1、A_2、B、C_1 和 C_2。这五种模式能否出现，主要取决于加工效用系数 r 、交易效率系数 t 、管理效率系数 g、h 和生产效率系数 a 。从时间发展的维度来看，这些影响因素在农业发展不同发展阶段所起的作用也不同，因而在不同发展阶段，农业的组织形态也不同。总的来说，农业组织形态的变迁路径呈现一定规律，如图 8-5 所示，可分为三个阶段：第一阶段，从组织形态 A_1 发展到组织形态 A_2；第二阶段，从组织形态 A_2 到组织形态 B；第三阶段，从组织形态 B 到组织形态 C_1 或 C_2。

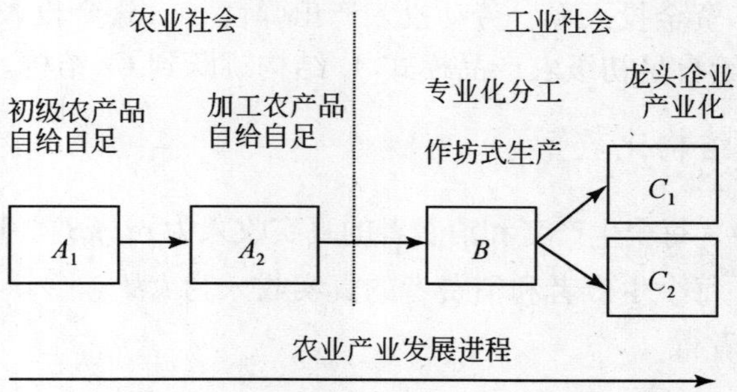

图 8-5　农业产业组织形态的变迁路径

（一）第一次变迁：从组织形态 A_1 发展到组织形态 A_2

在农业社会发展初期，人们基本上自耕自种、自种自收、自收自用，人们只生产初级农产品以满足最基本的生存需要。可以说，从原始社会人们从游牧生产转为农业生产起，就开始了 A_1 的组织形态。

在漫长的农业发展过程中，人们不断发明新的生产工具，改进生产方式，提高生产效率和初级农产品的数量，直到人们最基本的生存条件基本得到满足，于是产生了新的需求。为满足新的需求，他们将初级农产品进行简单加工，并生产加工农产品，新的加工农产品为人们带来的效用大大提升。这时，就可能由 A_1 组织形态跃迁到 A_2 组织形态。

从原始社会后期到封建社会，A_1 组织形态就一直存在着，但在封建社会发展过程中，就开始了从 A_1 组织形态到 A_2 组织形态的变迁。在 A_2 组织形态还没有出现分工、也没有出现市场交换前，社会“经济细胞”的主体仍然是一个个彼此孤立的家庭。

（二）第二次变迁：从组织形态 A_2 到组织形态 B

我国封建社会是一个相对静止的经济体系。A_2 模式即自给自足的加工农产品模式一直是封建社会的主要组织形态。但随着人们生产劳动知识的不断积累，加工农产品的生产效率也不断提高，部分农民生产的加工农产品在满足自身消费需求的条件下还会有部分剩余，就产生了与其他农民交换产品的想法。其中一部分农民用其生产的初级农产品与另一部分农民生产的加工农产品进行交换。这时，社会就会由 A_2 模式跃迁到 B 模式。

B 模式中存在社会分工和社会交换。社会分工一方面使得人们的生产更专业化，提升专业化经济效果，另一方面增加了交易费用。在 B 模式中存在多种多样为节约交易费用、提高人们交易效率而产生的制度安排。

古代社会在一些地方出现的“市场”就是其中的一种节约交易费用的制度安排。因此，无论在遥远的边陲，还是在人口稠密的江南地区，都不同程度地产生了“市场”。此外，许多界于市场和企业之间的组织模式也可以节约交易费用。当利益相关主体的交易越来越频繁时，他们之间就会结成更为紧密的共同体，由一个“长期契约”替代一系列“短期契约”，这也是农业产业化经营的初级形态。例如，改革开放之后，在广大农村出现的“合作社＋农户”、“经纪人＋农户”、“专业市场＋农户”等组织形态存在这种模式。

当社会分工带来的好处超过交易费用时，就出现了分工，B 模式就出现了。应该说，B 模式中虽然出现了“加工”环节，但这一环节仍然是低水平的作坊式生产加工，加工生产者通常是个人或家庭，分工程度低，技术含量低，基本上是简单的粗加工。在我国近代社会中，B 模式一直都是主流模式。20 世纪 80 年代，我国许多地方仍然存在的家庭作坊式食品加工生产仍然属于这种情况。

（三）第三次变迁：从组织形态 B 到组织形态 C_1 或 C_2

随着社会的不断进步，分工水平不断深化，人们加工生产农产品的专业化程度也越来越高，交易次数也呈现级数倍的增加的现象，市场及其过渡形式节约交易费用的空间越来越受到限制。企业通过“权威”来协调各交易主体之间的行为显得越来越有效，当企业管理效率超过市场的交易效率时，就出现了龙头企业，整个社会的经济组织形态就由 B 模式跃迁到 C_1 或 C_2 模式。

实际上，企业组织将社会分工卷入到企业内部分工还有两大优点。其一，由于企业内成员之间的交易更频繁，分工更细致，因此，成员关系更紧密，更容易相互学习，从而更易于促进技术创新，提高生产效率。其二，由于企业将众多的成员和各种资源积累在一起，本质上是一个系统。企业如果能够集中调配资源、合理分工，就会产生“1 +1 >2”的协同效应。企业可以由一部分成员负责营销、一部分员工负责生产、一部分员工负责后勤等。营销成员可以动用企业资源对消费者进行需求引导，从而促进产品销售。

近代社会已经出现企业，但企业快速发展是在 20 世纪，企业的出现极大地加快了分工深化的速度，企业组织也成为经济社会的“核心”。我国明清时代已经出现了企业，但其发展一直比较缓慢。直到新中国成立以后，企业才得到快速发展，但那时我国实行计划经济体制，企业缺乏有效的发展环境。改革开放之后，我国初步实行了市场经济，在山东、河南、广东等地区开始出现许多龙头企业，它们通过收购农户生产的初级农产品，利用先进的科学技术进行加工生产，提高农产品的附加值，然后出售给消费者，农户分享相关利润，形成典型的“公司 + 农户”组织模式。此后，“公司 + 农户”等农业产业化组织模式在全国各个地方开始发展，形成了一支促进农业产业发展的重要力量。从农业部的统计资料来看，2000 年以来，我国龙头企业总体发展势态比较良好，其固定资产、销售收入、利润、数量都在增长。2000 年，龙头企业固定资产 3072 亿元，到 2002 年为 4693 亿元；2000 年，龙头销售收入 5900 亿元，到 2002 年为 9461 亿元；2000 年，龙头利润 223 亿元，到 2002 年为 264 亿元；2000 年，销售收入过亿元的企业个数为 1186，到 2002 年为 1762；到 2000 年，省级以上龙头企业 1043 个。

因此，我国农业组织形态随时间的发展而不断变化，从其发展路径来说经历了三次跃迁：第一次跃迁为由初级农产品自给自足 A_1 模式跃迁到加工农产品自给自足的 A_2 模式；第二次跃迁为由加工农产品自给自足的 A_2 模式跃迁到作坊式

专业化生产的 B 模式；第三次跃迁为由作坊式专业化生产的 B 模式跃迁到企业化农业产业化的 C_1 模式或 C_2 模式。

二、农业产业化组织模式的现实选择

企业、市场或中间组织本质上就是一系列的契约安排。科斯指出，“企业是契约的联结”，企业代替市场本质上就是用“一个契约代替一系列契约”。张五常认为，在私有产权下，任何使用权的契约性授让的倾向，主要是受定价费用的约束。如果要素转让的定价费用高于商品交易的定价费用，就通过商品契约的形式进行交易；反之，就通过要素合约的方式进行交易，企业就出现了。杨小凯在其分工理论中引入交易费用进行分析，在对企业的起源问题的探讨中，将张五常的思想形式化，得出当劳动力的交易效率高于商品的交易效率时，企业就产生，反之就促进了市场的发展的结论。因此，市场制度和企业制度的本质区别是商品契约关系或是生产要素契约关系，而这里生产要素包括劳动力要素、资金要素和土地要素等。由于现实生活情况非常复杂，其相应的制度安排也不仅仅是典型意义上的市场或企业制度，而是两者复合或者是过渡形式。实际上，我们沿着这种思路来分析我国农业产业化经营制度将带来有益的启示。

（一）几种典型的农业产业化组织模式分析

随着经济的进步，农业产业内的交易效率不断提高，其分工的水平和生产的专业化程度在逐渐提高，产业链不断延长。但分工的水平又受到市场规模的制约，专业化经济和交易费用陷入两难冲突。为了降低交易费用，其过程中必然内生出许多制度安排，农业产业化经营是农业产业分工发展进程中的重要制度安排，它是介于市场和企业之间的制度状态。从具体的经营组织形式来看，至少有如下几种模式。

1. “公司＋农户”模式

“公司＋农户”模式实际上是指以公司为龙头，联系农户，通过签订商品契约的形式建立固定的供销关系。公司向农户提供生产资料、资金和技术，农户按照公司的生产计划和技术规范进行生产，以合同价格出售商品给公司，公司必须按照契约规定收集农产品。因此，公司与农户之间的关系本质上是一种商品契约关系，而非要素契约关系，但这种契约关系不是短期的，是相对固定的、长期的、有别于市场制度的契约关系，像“订单农业”、“签订产销合同农业”是当今我国“公司＋农户”模式下的具体形态。但是，在现实生活中，还存在一些相对特殊的形态。例如，公司与农户“倒租反包”的模式，实际上是公司与村级组织统一签订土地租赁合同，农户通过出租土地，一方面可以获得一定租金，另一方面变成企业农业工人，按劳取酬，这实际上是农户与公司发生劳动要素和土地要素的契约关系。

2. "经纪人+农户"模式

这一模式是指通过专业市场的辐射作用，引导农户按照市场需求调整农业生产结构，生产出合格、充足的农产品。这种模式本质上是农户与市场其他经营主体进行交易所发生的短期的商品契约关系。寿光模式即"蔬菜批发市场+农户"模式就是这种典型的农业产业化模式。由菜农、贩运商、经纪人等构成寿光蔬菜批发市场的主体，批发市场成为载体，作为服务供给方的批发市场及其贩运商、经纪公司等对农户提供尤为广泛的服务。有了贩运商-蔬菜的中间购买方，加上市场上大量的经纪公司的具体操作，使得农民生产的蔬菜流向销区消费者。

3. "中介组织+农户"模式

这种模式是指以中介组织为依托，在某种农产品的生产、加工、销售等环节，实行联合经营。实际上，中介组织又分为两大类，一类是农业协会。农业协会就是指农民为了自身利益组织起来的一种组织机构，其目的是为农户提供各种有偿服务，有的农业协会还负责将农民的产品收集起来，帮助农户销售，因此，农业协会与农民的关系也是通过商品连接起来的。另一种是农业合作社。合作社以销售产品为主要目的，社员以平等的身份通过资金或土地入股，社员与合作社既发生了商品契约关系，又发生了劳动、土地、资金等要素的契约关系，因此，它是商品契约和要素契约的复合状态，近些年，合作社与社员关系逐渐由商品契约关系为主体转向以要素契约关系为主体。

4. 垂直一体化模式

垂直一体化模式通常是指公司自己生产、加工、销售农产品，使农业生产经营的各个环节一体化。农业生产者已经不是真正意义上的农民，而是农业工人，即出卖劳动力给企业从而获取工资的人。因此，垂直一体化模式中农民与公司的关系是典型的劳动力要素契约关系。值得一提的是，这种模式存在于一些大型的农业产业化企业中，包括一些跨国企业，但它一直不是农业产业化经营的最主要模式。

基于上述分析，我们可以从契约理论的视角将农业产业化模式归类如表8-3所示。

表 8-3　现代契约理论的视角下农业产业化模式分类

<table>
<tr><th rowspan="2">契约类型</th><th colspan="2">商品契约关系</th><th colspan="3">要素契约关系</th></tr>
<tr><th>短期契约</th><th>长期契约</th><th>劳动力</th><th>土地</th><th>资金</th></tr>
<tr><td>单一契约关系下的农业产业化模式</td><td>经纪人 + 农户</td><td>公司 + 农户（订单农业）</td><td>纵向一体化</td><td></td><td></td></tr>
<tr><td rowspan="3">复合契约关系下的农业产业化模式</td><td></td><td colspan="4">合作社 + 农户</td></tr>
<tr><td colspan="2"></td><td colspan="3">公司 + 农户（倒租反包）</td></tr>
<tr><td></td><td colspan="2">股份合作</td><td></td><td></td></tr>
</table>

（二）我国农业产业化组织模式的现实选择

1. 农业劳动力交易效率不高，使得以“工资制”为特征的纵向一体化模式比例非常低

农业生产的一个重要的特点就是土地分散、环节众多且受自然条件的影响很大。和流水线标准化作业生产相比，农业生产的劳动监督成本非常大。我们很难从产量水平来推断农业劳动者的努力程度，因为反复无常的自然变化对最终产量的影响程度远远覆盖了农业劳动努力的作用。农业劳动的边际收益很难确定，农业劳动力交易的定价会很困难，因此农业劳动力交易效率普遍低于农产品交易效率。实际在中国农业历史上，“工资制”契约一直没有占据主导地位，它只占契约比例的 1% ~5% 。而无论是在中国，还是在美国以及世界各国，农业纵向一体化的企业模式在农业产业化模式中均不是主流模式（周立群和曹利群，2002）。

2. 农产品市场价格波动大，导致“公司 + 农户”组织模式仍是主要选择

农业生产周期长，生产决策与产品销售的时间间隔长，因此农产品潜在的供求均衡绝对先于市场上的供求均衡。只要这种局面存在，就必然会导致农产品的市场供求失衡，农产品价格波动大。为了降低价格波动风险，农产品交易双方可以事先签订一个固定合约来规避风险，因此，长期商品契约条件下的农产品交易效率高于短期契约条件下的农产品交易效率（周立群和曹利群，2002）。实际上，表现为“市场 + 农户”模式总体不及“公司 + 农户”模式效率高。据农业部 2002 年的统计表明，我国各类农业产业化经营组织已发展到 66 000 多个，“公司 + 农户”组织形式的为 27 000 多个，占 41% ；而据专业“市场 + 农户”形式的为 7600 多个，占所有组织的 12% 。而在美国这个农业生产标准化程度较高的国家，农户（通常称农场主）与公司（加工或销售企业）之间形成的垂直协作关系占据了农业产业化经营模式的主体地位。

3. 农业土地交易效率非常低下，导致土地难以集中，农业公司规模形态较少

据统计，我国已经有1/3省的人均土地面积小于1亩，1/3县人均土地面积小于0.8亩，这个数据已经低于联合国规定的土地对人口的最低保障线。随着人地关系越来越紧张，我国农地正在失去作为生产资料的功能，社会保障功能正在强化，福利化趋势越来越明显。在这种情况下，农业土地难以走向私有化，农业土地交易效率非常低。况且，我国农地破碎化现象非常严重，农业公司要想整合土地实行规模化生产，会涉及成千上万的农户家庭，需要进行大量的交易，因此，我国农业土地交易的效率非常低，这导致以土地规模经营为特征的农业公司难以出现。但是，在一些地方出现了“倒租反包”模式，这一模式实际上是公司与村级组织统一签订土地租赁合同，合同中的土地常常是一些集体土地，因此交易起来就比较容易，农业公司规模经营就会出现。

4. 复合契约关系下的农业产业化模式优于单一契约下的农业产业化模式

实际上，土地、资金、劳动力等生产要素的交易效率和商品的交易效率随着时空的变化是不同的，单纯的商品契约或要素契约模式常常不如两者的复合形态，这就导致以复合生产要素和商品契约关系为特征的农业合作组织的出现。据农业部2002年的统计表明，我国各类农业产业化经营组织已发展到66 000多个，“中介组织+农户”形式的为22 000多个，占33%。而且，近些年，农业合作组织的形式、种类和数量日益增多，表现出更为复杂的契约特征。

参考文献

阿林·杨格. 1996. 报酬递增与经济进步. 社会经济体制比较，(2)：40～44

亚当·斯密. 1997. 国民财富的性质和原因的研究. 唐日松译. 北京：商务印书馆，58

杨小凯. 2003. 经济学——新兴古典与新古典框架. 北京：社会科学文献出版社，12

杨小凯，黄有光. 1999. 专业化与经济组织. 北京：经济科学出版社，62

周立群，曹利群. 2002. 商品契约优于要素契约——以农业产业化经营中的契约选择为例. 经济研究，(1)：44～49

第九章

农业产业化成长综合案例分析[1]

汇仁集团是一家集中药材规范化种植（养殖）、中药饮片加工、中西药生产和医药贸易为一体的现代化大型民营企业，2004 年被商务部评为农业产业化国家级重点龙头企业。它采用“公司 + 农户”、“公司 + 专业户”、“公司 + 基地分公司”等方式，以中药农业高新技术为依托，进行中药材种植（养殖），实施中药材种植质量管理规范。2004 年，汇仁集团中药材产业化带动农户近 4500 户，至 2005 年带动农户近 15 000 户，提高农民收入，带动农民致富。笔者在本书写作期间，对该企业进行了较为翔实、全面的调查，并发现汇仁集团的成长过程折射了我国保健食（药）品产业的历史轨迹。依赖于需求引导的拉力作用、科技进步和技术创新的推力作用、提高交易效率带来的外部阻力减缓作用和提高企业管理效率带来的内部阻力减缓作用，保健食（药）品产业中的组织形态得以不断跃迁。依此，形成案例，以便更好地理解我国农业产业化成长与发展的一般规律。

第一节　保健食（药）品产业发展轨迹

保健食品是保健品当中重要的组成部分，普通食品只是针对我们日常的生活，包括解决饥饿问题、一般身体营养需要的问题。而保健品针对特定人群有一定的辅助作用和调节作用。例如，人们要消除疲劳感觉，就不能依靠营养来解决问题，要通过药食来解决问题，可以将一些植物合成的配方做成胶囊、片剂、口服液、饮料等。

改革开放之前，我国居民的收入水平非常低，相当一部分人的温饱问题尚未解决。因此，以粮食为主体的初级农产品是满足人们消费需求的主要物资。但改革开放之后，我国经济不断向前发展，社会生产力水平不断提升，人们收入也在

---

① 本案例材料由作者 2003 年通过对汇仁集团的调查整理

不断增加。一些先富裕起来的人群有了“保健”的需求，他们希望通过改善饮食来调节身体状态，达到身体健康的目的。

20 世纪 80 年代初到中后期，蜂蜜成为我国保健品行业的重要组成部分。蜂蜜营养丰富、热量低、不含脂肪、具有良好的营养保健功能，是天然滋补食品和糖类的最佳替代品。此外，蜂蜜对肝炎、胃病、心脏病、高血压、肾炎、贫血、便秘、十二指肠溃疡以及褥疮性溃疡有一定的疗效；将蜂蜜涂抹于烫伤皮肤处，可减轻疼痛，并有助于伤口愈合。80 年代，人们对蜂蜜的需求开始增大，养蜂业从此进入全面高速发展时期，我国成为举世瞩目的养蜂生产大国，到 1988 年，我国饲养蜂群数已达 769 万群，创历史最高纪录，年蜂蜜生产量达 20 多万吨。80 年代中后期，人们的收入水平进一步提高。这时，作为一般性滋补品的蜂蜜已经越来越难以满足人们对保健功能性更高的要求。因此，市场上开始出现了大量蜂乳制品。蜂乳制品不是简单的蜂蜜，而是在蜂蜜的基础上进行深加工，从蜂蜜中提炼某一重要成分，而形成一种加工农产品，蜂王浆就是一种典型的加工农产品。90 年代初，市场上又开始出现了“补脑口服液”。“补脑口服液”是主要针对人体疲劳、精神状态、头晕、失眠等症状而生产的一种保健产品，以蜂浆为基础添加各种药物成分，是一种更深层次的加工农产品。

20 世纪 90 年代后，我国居民对保健（药）品的需求日益多样化，要求保健功能性越来越多样化。市场上先出现了以“改善肠胃的微生态环境”为主要功能的三株口服液；1994 年又出现了以“补血”为主要功能的“红桃 K”；1996 年出现“补肾”功能的汇仁肾宝、“改善体内免疫”功能的昂立一号；90 年代末出现“补钙”、“核酸”等产品；21 世纪初又出现了“脑白金”、“黄金搭档”等产品。自此，市场上保健品的品种和功能越来越多，保健品的加工程度不断升级，我国保健品行业也得到高速发展。保健品行业在 20 世纪 80 年代起，以每年 20% 的速度增长，到 1994 年，保健品市场销售额达 300 亿元。之后，市场销售量基本稳定在这个层次。

此外，从世界市场来看，全球保健食品已占整个食品销售的 5%，销售额达上千亿美元，而且每年都以相当快的速度增长。美国目前的保健食品销售额达 750 亿美元，占食品销售额的 1/3；日本近两年的保健品销售额为 15 000 亿日元，年产保健品 3000 多种；欧洲的保健食品也有 2000 余种，销售额以每年 17% 的速度递增。

第二节 保健食（药）品产业中组织形态的跃迁

我国自 20 世纪 80 年代起到现在，保健食（药）品产业已经得到快速发展，在其产业化过程中，实现了组织形态的几次跃迁。

一、初级产品专业化农户产生阶段

这一阶段主要出现在改革开放之后，一些拥有生产某些农产品技能优势的农民，由兼业化生产不断走向专业化生产。例如，有部分农民开始既种粮食又养蜜蜂。但随着蜂蜜销量的扩大，有部分农民开始放弃粮食生产，专门养蜜蜂。养蜜蜂专业户既要负责蜂蜜采集、生产，又要负责蜂蜜销售。事实上，在20世纪80年代之初，我们可以在广大农村看到许多养蜂人，在田头扎一个小帐篷，摆下蜂箱，就地养蜂，生产蜂蜜。这种养蜂专业户的组织形式是一种初级农产品生产模式，也是保健食（药）品产业组织中的初级形式。汇仁集团董事长陈年代的父亲就是一个养蜂专业户，80年代初，他凭着敢为人先的执著精神，开始从事养蜂生产。那时，蜂蜜是社会上非常时尚的滋补品，故相对粮食生产来说，养蜂的利润更高。几年养蜂不仅改善了家庭生活条件，还积累了一笔资金。

由于这种蜂蜜是没有经过加工的初级农产品，其生产不需要多少资金和技术资源，很快就有许多养蜂专业户出现，行业竞争越来越激烈，因而产品的价格偏低，利润空间也不高。

二、作坊式粗加工生产阶段

随着社会不断向前发展，未经过任何加工的初级农产品给人们带来的效用越来越有限。人们要求保健和滋补功能更为有效的产品，这种产品通常需要简单加工生产。以普通蜂蜜和蜂王浆为例，后者功效更大。蜂王浆又称蜂乳，也名蜂皇浆，是工蜂舌腺的上颚腺分泌出来的一种半透明、乳白色或淡黄色、微黏稠的半流体，有特殊香气，味酸涩辛辣，略带甜味。蜂王浆是专供蜂王食用的，蜂王寿命要比工蜂长30～50倍。蜂王浆含有丰富的营养成分：高达45%的蛋白质、20%的糖类、14%的脂肪和多种氨基酸、维生素、激素、酶类等，对人体功能的调节和细胞的更新再生，都有莫大助益。

到20世纪80年代中期，蜂王浆已经成为当时重要的保健品，其市场收益也远远高于未作任何加工的普通蜂蜜了。这时，市场上就开始出现一些简单加工生产蜂王浆的产品。一些有眼光的养蜂专业化生产者，开始从初级产品中提炼蜂王浆，并添加一些其他药物成分，形成市场上新型的保健产品，从而掀起了一轮保健品发展的热潮。

这时的加工生产基本上属于作坊式粗加工，常常是加工者自己生产原材料或从市场购买，以家庭为单位进行加工。因此，技术含量非常低，产品质量也缺乏保证。1984年，汇仁集团董事长陈年代的父亲开办了一家生产经营蜂乳厂——南昌双环实业股份有限公司，是典型的“家庭作坊式”。

三、企业化深加工生产阶段

20世纪80年代中后期，一方面“家庭作坊式”组织越来越多，以蜂乳制品为主的保健补品在市场上日益同质化，组织竞争越来越激烈，利润越来越低；另一方面，人们对保健功能的要求更专业，普通的蜂乳制品已经很难满足居民的要求，市场呼唤深加工产品的出现。

广东太阳神采取企业化运作模式，通过密集广告宣传、卓有成效的公关活动和促销活动，进行需求引导，创建中国妇孺皆知的“太阳神”保健品牌，开创了保健品产业化的先河，也确立了太阳神集团在中国保健品市场上的领导地位。此后，企业坚持“以市场为导向，以科技为依托”的方针，每年从销售收入中提取5%作为科技基金，以雄厚的实力保证科研开发的强大后劲。

“太阳神”补脑液的成功标志着我国在保健品产业组织形态开始由“作坊式粗加工”向“企业化深加工”组织模式跃迁。此后，市场中越来越多的组织开始转型。此后，“三株集团”走“农村包围城市”的道路，通过电视、小报、POP、广播、户外、车体立体式广告宣传等方式，对广大消费者进行有效的需求引导，取得了保健品产业发展的骄人业绩，1997年销售额超70个亿。“红桃K”、“昂立一号”紧跟其后，也得到了快速发展。

1992年，在市场上摸爬了8年的陈年代，已过而立之年的他坚信这一事实，下定决心，力排万阻，将双环改造成一家制药企业，成立了中外合资江西汇仁集团有限公司，1993年，创建汇仁集团有限公司，从而实现了一次重大的组织形态跃迁。1994年底，汇仁正式投产，并将年销售量迅速做到了3000万元。1997年，产品“汇仁肾宝”取得了3亿元销售收入的骄人业绩。2001年，销售收入15.8亿元。2004年，被商务部评为农业产业化国家级重点龙头企业。

据统计，2000年，我国5万家保健品企业中，投资总额在1亿元以上的大型企业只占总数的1.45%，投资总额在5000万元至1亿元的中型企业占38%，100万元以下10万元以上的小型企业占了41.39%，投资不足10万元的作坊式企业占12.5%。

第三节　推动龙头企业发展的四大力量

一、卓有成效的需求引导

“汇仁肾宝”是汇仁集团的主要产品和重要的利润来源。“汇仁肾宝”技术配方不是企业的自主发明，而是从他人那儿买过来的。实际上，该产品技术配方在汇仁集团买来之前，曾被其他药厂运作失败。但汇仁集团通过卓有成效的需求引导取得了巨大的成功。

(一) 进入市场的时机恰到好处

我们知道，需求引导过程共分为三个主要阶段：前期消费教育阶段、营销定位阶段和促销阶段。消费教育是需求引导的基础，只有企业和社会大力宣传某一新产品，才能将人们的隐性需求转化为显性需求，并逐渐被人们所接受，形成一股新的消费时尚。现实生活中，牛奶、饮料、药品等加工农产品的销售过程都经历了前期消费教育阶段。在消费教育阶段，企业投入资金大、获利少，因此，企业在产品前期教育阶段快要结束时进入市场是一个不错的选择。

20 世纪 80 年代末，一部分刚刚富裕起来的男人们面对生活，似乎感觉到还缺点什么。“延生护宝液”灵敏地闻到了男人们这一声微弱的叹息，并不遗余力地进行市场教育，后来又有“护肾宝”等许多品牌加入到前期教育行列。到 90 年代中期，“补肾”需求的教育基本完成，一块巨大的蛋糕昭然若现。

“汇仁肾宝”借着这股东风，从 1996 年入市伊始，利用原有的市场网络，以排山倒海的气势开始大举进入市场。当年就取得良好的成绩，很快坐上“补肾市场”的头把交椅，至 2000 年，补肾市场以 18 亿元创历史最高。可以说，“汇仁肾宝”写就了我国医药保健品领域为数不多的神话。

(二) 准确的市场定位

要对产品进行准确定位，就需要在分析同类企业产品定位的基础上，再结合本产品的目标市场的消费特征和消费心理，寻找合适的定位。

汇仁企业通过市场调查发现，当时市场有“延生护宝液”、“护肾宝”和若干地方性强势品牌，其中“延生护宝液”销量最大，其产品定位就是“壮阳”，故其广告出现画面是男女充满诱惑性性欲的裸露。但汇仁企业发现有两类群体是主要目标对象：一类是 20～40 岁男性的购买动机，性暗示需求占主导；另一类是 40 岁以上男性，以肾虚症状需求为主导，如腰酸腿痛、夜尿频多、畏寒怕冷等，而后一类群体所占的比例近一半。

此外，汇仁企业还深入细致地对消费者进行心理测试，结果发现，尽管许多目标对象愿意尝试“壮阳”产品，但仍然不愿被人知道，人们对“性”的问题仍然不愿暴露在公众视野中，中国人喜欢用含蓄的方式来接受该产品。如果一个产品与“性”或“壮阳”画上等号，那么人们购买该产品时总感觉不好意思。

人们对“肾虚”的理解还不是特别清楚，觉得晦涩玄深，不明要义。但由于在大众的观念中，“补肾即壮阳，壮阳须补肾”，尽管汇仁肾宝当初设定的主要功能并非壮阳，但它并没有刻意回避，而是适时迎合这种心理。一句“他好，我也好”的广告语，流传大江南北，不知道给多少男女带来了心理慰藉！当这句广告语再也不能在大众媒体上出现时，“肾好，生活更好”又引起多少男女的无限遐思！

（三）独特的促销方略

汇仁集团在对“汇仁肾宝”进行了促销时采取了独特的促销策略，主要体现在以下两个方面。

1. 高密度的广告宣传

初期的汇仁肾宝，采取人海战术，在所及之处大量投递宣传小报、折页，大量张贴宣传画，大量悬挂横幅、条幅，广告在卫视台、城市台全面“开花”。这种“飞机加步枪”的方式极力强迫百姓接受产品信息，颇见成效。凭着这样的促销策略，“汇仁肾宝”开疆拓土，势如破竹。至1998年底，已在全国建立了7个销售大区，74家分公司，1500余个基层业务点，完成了全国性的通路建设。可以说，高密度的销售网络、高频次的电视广告、持之以恒的地面宣传，造就了“汇仁肾宝”的传奇，“汇仁肾宝”很快成为补肾市场的第一品牌。

2. 非常重视终端促销

视觉对人的影响非常大，视觉要素包括色彩、造型和书法，比较刺激的元素会给人们带来强大的视觉冲击。视觉促销就是要通过消费者获得视觉上的体验，上升到情感分享和思维联想的层次。汇仁集团在促销“汇仁肾宝”时，非常重视终端展示。药品包装以红黄颜色为主色调，色泽重，对视觉冲击力强。此外，汇仁企业还有专门的终端促销员负责维护OTC药店的柜台展示、吊棋、挂画、POP、张贴画等。市场上，汇仁企业还在公交车身、路牌、车站等处展示“汇仁肾宝”，这使得消费者能快速、有效地接收到产品信息，产生记忆，最终为产品的销售打下重要基础。

二、科技创新推动企业向前发展

汇仁集团高层在企业成长与发展的过程中深深地认识到技术创新和技术进步对企业持续发展的重要性，于是下定决心组建研发事业部，要走一条科技创新之路。

（一）构建科技创新组织机构

2002年，汇仁集团在中国药谷——上海市张江高科技园区成立研发事业部，研发事业部占地24亩，建筑面积达20 000米^2，总投资达1亿元。研发事业部下设四个中心：项目管理中心、研究中心、GAP中心、工程中心，部门拥有一大批专业技术人员，其中博士生导师2名、博士8名、硕士10名、高级技术人员20名，大专以上学历者占员工总人数的95%。GAP研究中心主要负责公司中药材GAP生产基地建设的前期研究任务；项目管理中心主要负责新药项目信息的收集、论证、立项、科技项目申报、专利申请、基础数据库的建设、研究项目注册、研究项目临床研究等工作；工程中心主要负责新药研发过程中的中试研究；研究中心负责自主开发，研制具有自主知识产权、以专利技术为核心的新药，培育药品制造技术和质量控制技术。

研发事业部同时是“江西省非处方中药工程技术研究中心”和“省级企业技术中心”，2004年1月被人事部正式批准设立“博士后工作站”。

（二）取得越来越多的科技成果

围绕集团立足中药产业现代化，按照医药产业链打造“医药工业、医药商业”发展平台的战略，汇仁研发事业部确定了研发战略规划，制定了以知识产权保护为重点的八大研发基本原则的工作思路，遵循行业规律，挖掘和引导客户需求，以自主开发为主，创仿结合，研制具有自主知识产权、以专利技术为核心的新药，培育以药品制造技术和质量控制技术为核心的研究技术，增强企业核心竞争力，由产品结构调整逐步发展为产品层次提升，形成集团产品结构的金字塔，为汇仁集团可持续发展提供技术和品种支持。

目前，研究中心新药在研品种10余个，其中，中药二类新药5个，西药二类新药2个，成功开发中药四类新药1个，化药四类新药2个。10多个新药已进入Ⅱ期临床试验，其中4项科研课题：“膜分离技术在肾宝合剂生产中的应用”、“采用指纹图谱技术控制中药‘肾宝合剂’质量的研究”、“螺旋振动流化干燥技术在丸剂生产中的应用”、“采用指纹图谱技术控制中药‘乌鸡白凤丸’、‘女金胶囊’、‘六味地黄丸’、‘延年钙’质量的研究”通过省级科技鉴定。

目前，GAP中心已经取得具有知识产权的一批中药材GAP研究成果，为公司通过中药材GAP企业认证和获取GAP药材生产批文提供技术保障，并且已经成功构建了GAP种植（养殖）及深加工的研究平台。承担的科技项目有：“江西道地药材规范化种植基地建设”、“蔓荆子、泽泻、乌骨鸡”专题研究，“江西道地药材栀子、枳壳GAP种植”等。在栀子基地选择、栀子品种、种质资源、施肥技术、病虫害综合防治技术、采收研究、栀子鲜果加工等方面取得了重要进展。

三、提高交易效率，推进农业产业化发展

作为中药产业化中的龙头企业，汇仁集团非常重视用制度创新来提升农业产业化经营的交易效率，减少其经营过程中的“外部阻力”，推动农业产业化经营向前发展。

（一）创新农业产业化组织模式，提高企业与农户的交易效率

企业发展离不开稳定、高品质的中药材供应。以前企业原材料主要从交易市场购买，或从各地中药材种植农户处直接收购。结果，一方面，企业常常收购到一些劣质中药材，药材的质量得不到保证；另一方面，由于市场中药材供应数量不稳定，价格波动大，严重影响到企业的经营决策。对于农民来说，也面临着巨大的交易费用，有时收成好却卖不出去，中药材市场价格高时，却收成不好，农民收入得不到保障。

企业投资2.3亿元建设中药材种植、加工一体化的中药材高技术产业化示范基地，采用“公司+农户”、“公司+专业户”、“公司+基地分公司”、“公司+基地+农户”、“公司+基地+中介组织+农户”等多种组织方式，实施中药材农业产业化经营，形成科、工、贸、农一体化，产、供、销一条龙的大型中药企业集团。

栀子是闻名中外的江西地道药材和大宗药材之一，生产量大，品质纯正，具体圆、皮薄、色红、饱满等特征，素有“小红栀”的美称，畅销全国并出口。2001年，汇仁集团开始建设栀子中药材GAP基地，目前建设的栀子GAP基地主要为：樟树市吴城乡栀子规范化种植基地2000亩、丰城市隍城镇栀子规范化种植示范基地150亩、新干县栀子规范化种植基地1500亩，总面积3650亩。计划今后几年采用“公司+基地+专业户”的方式，建设10 000亩栀子GAP基地，同时完成10 000亩老栀子园基地的GAP改造。

乌骨鸡发源于泰和县武山，泰和乌鸡体型娇小玲珑，外貌奇特艳丽，具有丝冠、缨头、绿耳、胡须、丝毛、毛脚、五爪、乌皮、乌骨、乌肉“十大”特征，是我国古老而著名的药食两用鸡种。汇仁牌乌鸡白凤丸以泰和乌骨鸡为主要原料。汇仁在泰和县建立乌骨鸡GAP养殖基地，养殖规模达到百万羽。

（二）与经销商结成伙伴关系，降低双方违约风险

汇仁集团在创业之初，首先避开省级市场，以县乡级市场为突破口，不断建

立市场网络，取得了良好的成绩。县级市场经销商数量较少，实力弱，而汇仁集团在创业之初实力也不强，双方谈判实力对等，有利形成契约关系，它采取如下几条措施。

1. 确定更合理的经销商数量

汇仁集团在区域市场都会寻找有潜力、有实力、有诚意并且地理位置合理的经销商，经销商不在多而在精，这有利于控制经销商之间发生恶性竞价，保护经销商的合法权益。

2. 加强与经销商的信息沟通

汇仁集团知道在开发市场时不听取经销商意见，片面决定广告、促销内容，效果不好，浪费资源，经销商一方面觉得没有得到尊重，另一方面又确实没有从厂家的市场活动中得到实现销量。汇仁集团非常重视经销商的反馈意见，能自觉调整销售政策来确保经销商的利益。2002 年，汇仁集团在南昌召开工商战略联盟大会，来自全国各地的300 多名汇仁集团一级经销商代表与汇仁集团共商来年的合作大计，大会也标志着汇仁集团“客户导向，沟通合作”新战略的开始。汇仁集团已经与全国近千家医药商业公司结成了长期的战略联盟伙伴关系，营销网络已经覆盖了全国大部分的医院和药店终端。

3. 加强对销售人员的管理

汇仁集团深知，很多销售人员在工作中为了实现自己的销售目标而不执行公司销售政策，在进行渠道的选择和调整时，不考虑后果，只要能多销售就好，没有长远打算，不顾及渠道伤害和长远利益，造成渠道过于不稳定。汇仁集团加大了对销售人员的过程考核管理力度，增加了一系列有利于维护经销商长远利益的考核指标。

实际上，汇仁集团已经成为超越“三株”农村市场品牌管理的杰出代表，汇仁营销队伍的实战性非常强，与经销商的合作关系做得非常扎实，令竞争对手无机可乘。

(三) 重视物流体系建设，提高产品交易和流通效率

随着企业的不断发展壮大，汇仁集团已经在全国30 个省、市、自治区建立了自己的市场网络，70 多个分公司也将产品渗透到各县、乡、村。企业每天都要将产品由江西发往全国各省，再由省市运输到各县、乡、村。运输成本已经构成企业重要的交易成本，降低运输成本、提高产品的交易流通效率变成一项重要

的任务。

2002年，汇仁集团在南昌高新区投资6000万元兴建起目前江西省最先进、规模最大的医药商业物流中心。汇仁医药物流中心借鉴国际医药物流的经验，采用德国SAP公司软件，严格按GSP标准建造，全面实行信息化管理、运作，将供应商、物流中心、终端销售网络进行合理的分工、整合，通过物流进行规模化配送，降低运输成本，提高流通效率。目前，其配送网络遍及江西省各地、市、县，并可辐射周边大部分地区，经营药品达8000余种，药价更便宜，配送更及时，是江西省医药产品的重要中转站和集散地。

汇仁集团自2001年开始进入医药商业领域以来，至2003年医药商业销售额已突破5亿元，进入全国医药商业100强。今后，汇仁还将在上海、深圳、哈尔滨、郑州、湛江等地陆续建设5个医药物流中心，辐射全国，逐步向全国性医药商业公司发展。

四、提高企业的管理效率，促进农业产业化发展

（一）把握创业机会，提高创业管理效率

汇仁集团总裁陈年代，1962年出生，曾经是一名教师。1984年，22岁的陈年代进入父亲开办的私营企业——以生产经营蜂乳为主的南昌双环实业股份有限公司。从生产厂长到总经理，陈年代一直思考和探索着这家企业的成长，他身上有一种与生俱来的创业精神，他从不轻易满足，他知道满足就意味着企业的终止。他内心深处常常充满了危机感，这种危机感是一种动力，使他总是处于捕捉机会的警觉状态，危机感对决策者决策能力产生“催化”作用。

蜂乳制品在20世纪80年代成为许多消费者的补品。当时我国居民的收入水平普遍偏低，人们刚解决温饱问题，部分收入高的居民有了增加营养和滋补身体的需求。到80年代末期，人们对保健、健康的需求日益加剧，蜂乳制品已经很难满足居民的要求。

1992年，在市场上摸爬了8年的陈年代，认真分析企业面临的形势，并断定随着人们收入的提高，消费者将更加关注身体健康，对保健品和药品的需求必然会提高。已过而立之年的他坚信这一事实，下定决心，力排万阻，将双环改造成一家制药企业，成立了中外合资江西汇仁集团有限公司。1994年底，汇仁正式投产，其年销售额达3000万元。这个数字比双环最高年销量的3倍还多。

两年后，陈年代意识到，没有“拳头”产品，企业很难有更大的发展。1997年，陈年代确定了“主导型产品发展战略”，并将目光锁定在“肾宝”上。这是汇仁的起点，当然，也成了陈年代创业史上一个重要的转折点。事实证明，陈年

代的判断是正确的。在铺天盖地的宣传单和墙贴广告的攻势下，“汇仁肾宝”很快就在广东、河南、福建等辐射能力较强的区域声名鹊起。陈年代又将成功的销售模式“复制”到全国各地，并在30个省市的2000多个县区迅速建立起自己的营销体系。1997年，“肾宝”取得了3亿元销售收入的骄人业绩；到2000年，“汇仁肾宝”的销售额达到10亿元！

1999年，汇仁集团又推出了第二个主导产品——乌鸡白凤丸，当年销售额过亿元。依靠主导型产品战略，汇仁集团实现了快速扩张。2001年，汇仁集团销售额列国内制药企业第11位，中成药第4位。

从2002年起，汇仁集团制定了新的发展战略——按照医药产业链拓展工业制造、药材饮片、医药商业三大事业平台，以集成经营方式进入处方药、中药材种植、中药饮片、医药商业等各个领域。

正是凭着创业者这种超强的永不满足的创业精神和创业意识，凭着这种对创业机会的警觉性和判断分析能力，汇仁集团才能一次次把握机遇，实现跨越式发展。

（二）提高企业内部管理效率，促进企业发展

1. 构建学习型组织，提高企业内部管理效率

汇仁集团非常重视对员工的培养，深知构建学习型组织对提高企业内部管理效率的重要性。集团在创建学习型组织活动中，不图形式，不搞花架子，而是认真领悟学习型组织的学习真谛，把学习型组织的学习特征理解为“团队沟通+解决问题+分享”；并采取多种形式的团队沟通，团队内部沟通活动蓬勃不断，既避免了读死书、死读书，又有效地提高了工作效率。

上海汇仁医药有限公司在创建学习型组织活动过程中，把团队沟通分为两大块：第一块是团队与团队之间的沟通；第二块是团队内部成员之间的沟通。又把团队之间的沟通分成三大类：第一类为碰到专门问题时的专题式沟通；第二类为随时出现问题时的临时式沟通；第三类为月度例会的固定式沟通。真正做到了沟通无处不在，无时不在。

团队之间的互相沟通减少和优化了传统型垂直管理的环节和流程的停留时间，又激发了不同团队成员之间的换位思考和协同作战的意识。最关键的是每个部门的建议都有发表的机会，每一种建议都能受到平等的对待，部门与部门之间的墙被打破，一种全新的大团队关系随之出现。

在团队内部沟通中，采购部每周的周一、周三、周五都会举行简短的内部沟通会，并邀请仓储等部门成员参加，通过沟通，上、下流程之间的配合越来越默契。采购部团队还与销售员建立了和谐的电话联系，销售员们总是积极地反馈所

在市场的品种变化、价格变化、竞争对手的优势、市场下一步的走势等信息，把这些信息放在内部沟通会上进行讨论，很多信息被分析挖掘后，演变成了有利于扩大销售、合理库存、品种优化、提高效益的行动。采购部团队的成员说：有了销售员的积极反馈，采购变得越来越灵敏了。

2. 实施信息化管理，提高企业内部管理效率

汇仁集团虽然在不依靠信息化的情况下，已经取得了骄人的成就，但陈年代已经意识到，要想在激烈的市场角逐中不丧失竞争力，信息化已经到了非上不可的时刻，而此时竞争对手“哈尔滨第六制药厂”和“广州三九制药厂”已经走在了前列。2003 年 8 月，汇仁集团董事长陈年代力邀年轻的胡健加盟江西汇仁集团，全面主持集团的信息化工作。在这之前，年产值高达 20 多亿、拥有“汇仁肾宝”和“乌鸡白凤丸”等知名品牌的汇仁药业在信息化方面还基本是一片空白，没有什么成体系的信息系统，没有 IT 部门，更没有首席信息运营官。

汇仁集团的信息化建设分两个步骤来进行。第一步先做基础建设，基础建设又分两步，首先建网络平台。汇仁药业是一个全国性的企业，在其他地方有分公司。在南昌总部先建立一个网络中心，再用光纤拉到其他比较大的城市，如上海、广州等，建好网络平台后，再建数据平台，购买服务器建立数据库。等这两个平台建好，即完成基础建设之后，再进行第二个步骤，在这两个平台上做应用软件，首先上信息资源计划系统，完善内部管理，之后再完成上下游的连接。

经过一年多的系统建设后，汇仁药业现在有了几个固定的合作伙伴。硬件方面是 IBM，网络是思科和华为，软件是 SAP。在不到两年的时间里，企业就完成了客户关系管理系统的实施。汇仁集团信息化系统的建设极大地提高了员工的工作水平，增强了企业部门之间信息沟通的效率，使整个企业能对复杂多变的环境产生快速、一致的反应。

结　语

国内外学者对农业产业化经营的研究比较多，但对农业产业链成长机制的研究却非常少。本书紧紧围绕农业加工产业链的延伸成长与发展的内在机理，构建农产品加工链的动态模型，运用超边际分析方法和博弈论方法，深入研究了制约农产品加工产业链成长过程中的重要影响因素，得出了若干结论，主要体现在如下几个方面：

（1）以系统、动态的视角来探索农业产业链成长机制。农业产业链延伸过程可分为五个首尾相连的阶段，即需求引导产生商业机会、企业管理决策俘获商业机会、加工生产农产品、销售农产品和满足消费需求、促进产业发展和技术进步。本研究结果表明，农业产业链的成长过程受到需求引导、技术进步、企业管理效率改善和交易效率提高这四种力量的综合影响。

（2）需求引导对促进农业产业链的成长具有重要作用。过去，我国理论界或多或少地忽视了需求引导对促进农业产业链成长的重要作用。实际上，由于人们对加工农产品的需求存在极大的不确定性，除了受到经济因素影响之外，还受到心理因素的影响。因此，企业在对消费者进行需求引导时一定要迎合消费心理。一般来说，需求引导包含前期消费教育、市场定位和促销三个过程。

（3）农产品技术进步是促进农业产业链成长的重要力量。通过案例分析得出，德兴异 VC 钠技术进步对经济增长的贡献率达 45.8%，远远高于其他生产要素对经济增长的贡献。

（4）企业管理是影响农业产业链成长的关键因素。龙头企业管理可分为创业管理和内部管理。目前，创业管理是一个新兴的研究领域，本研究构建了一个企业成长管理的动态模型，并实证分析了创业者资源禀赋对创业行为的影响，其中，创业者人力资源禀赋对创业行为的影响最为显著，经济资本只对工业创业行为产生显著性影响。

（5）交易费用是制约农业产业化成长的重要因素。交易费用可分为外生交易费用和内生交易费用。在农业产业化经营中尤其要重视农民与加工龙头企业、加工龙头企业与销售企业、中介组织与农民或龙头企业、龙头企业与消费者交易过程中的内生交易费用。

（6）构建一个超边际数学模型。利用新兴古典主义分工理论，结合影响农业产业链成长的四种因素，建立一个农业产业化发展过程的超边际数学模型。到目前为止，大部分学者都利用新古典主义和制度经济对农业产业化经营进行研究，很少有学者利用超边际分析方法对农业产业化经营进行系统的研究，本研究对杨小凯超边际分析理论模型中的效用函数和生产函数进行了修订。引入效用系数来修订杨小凯的效用函数；引入生产效率系数和道格拉斯生产函数来修订其生产函数。这不仅丰富了杨小凯模型的经济意义，而且能够率定其模型中的参数。

（7）探索出农业产业化成长的一般路径。通过对农业产业化超边际模型求解，得出我国农业产业化的成长路径本质上是农业组织形态由初级农产品自给自足型向加工农产品自给自足型、市场交易型、企业化经营型逐级跃迁的过程。汇仁集团发展案例证实了我国农业产业化的成长机制及成长路径。我国农业产业化的成长路径本质上是农业产业组织形态由初级农产品自给自足型向加工农产品自给自足型、市场交易型，再向企业化经营型逐级跃迁的过程。

总之，本书对我国农业产业化的成长机制不仅在理论，而且在实践指导上，都提供了新思路、新框架和新方法。随着我国农村经济的深入发展和社会主义新农村建设的推进，本书对地方政府管理农业产业化经营提供了理论基础和方法指导。

由于本书内容涉及面广，限于研究时间和精力，还有许多方面需要进一步深入探讨和研究。

其一，在探讨需求引导对农业产业化成长的促进作用时，指出了需求引导受经济因素和心理因素的影响，但忽视了文化因素的影响。事实上，文化因素也是影响需求引导的重要方面。例如，中国人对肯德基和麦当劳等洋产品的消费包含“崇洋”思想。因此，对需求引导的研究中应包含文化因素分析，笔者在今后的研究中需要进一步拓展。

其二，在创业管理研究中，本书给出了一个创业机会管理概念模型，但没有进行证明，也没有进行较为详细的实证分析，这有待于笔者在今后的研究中进一步充实和完善。

其三，本次研究选择的案例多以江西省为背景。我国地域辽阔，区域差异性非常大，发达地区与欠发达地区，西部地区、中部地区和东部地区的农业产业化经营有各自的特点，因此，对农业产业化成长机制的研究应该分类，或进一步细化，限于研究时间原因，只能留于今后进一步探索。